诠释与重建

陆陇其理学思想研究

单智伟◎著

九州出版社

JIUZHOUPRESS

图书在版编目（CIP）数据

诠释与重建：陆陇其理学思想研究／单智伟著．
北京：九州出版社，2025.10. -- ISBN 978-7-5225
-3946-1

Ⅰ. B249.9
中国国家版本馆 CIP 数据核字第 2025QV7963 号

诠释与重建：陆陇其理学思想研究

作　　者	单智伟　著
责任编辑	沧　桑
出版发行	九州出版社
地　　址	北京市西城区阜外大街甲 35 号（100037）
发行电话	（010）68992190/3/5/6
网　　址	www.jiuzhoupress.com
印　　刷	三河市华东印刷有限公司
开　　本	710 毫米×1000 毫米　16 开
印　　张	17.5
字　　数	268 千字
版　　次	2025 年 10 月第 1 版
印　　次	2025 年 10 月第 1 次印刷
书　　号	ISBN 978-7-5225-3946-1
定　　价	95.00 元

前　言

　　陆陇其是清初宗程朱理学的代表人物，其治学以朱子为尊，摈斥王学，严守程朱门户，被清廷誉为"本朝理学儒臣第一"，雍正二年（1724），入祀孔庙，成为清代第一位陪祀孔庙的学者。乾隆帝御制碑文赞其"研精圣学，作洙、泗之干城；辞辟异端，守程、朱之嫡派"。陆陇其卒后可谓享尽殊荣。陆氏生前仕宦不显，长期在地方担任县令，且生活清贫，廉洁如水，为官之余，以开馆授课为业，终生以昌明学术、端正人心为己任。

　　陆陇其理学思想最显著的特征在于他对朱子学的诠释和重建。明清易鼎后，随着学界对明代学术的反思与修正，朱子学得到复兴并重新成为学术主流，儒学的"反空疏化"和"注重经世"成为清初学风最突出的特点。然清初朱子学的复兴绝非简单的宋学回归，而是被赋予了一种新的理论特质，即向旧有的理学框架内注入经世、实用的理论内容，将之建构成为一种世俗化、日用化和经世化的理论形态。清初朱子学的建构共分两步来完成：第一步是对朱子学"形而下"实学内容的重视。它发轫于明末东林学派的"经世"思想，成熟于清初学者倡导的辟"二氏"及"弃虚蹈实"学风。顾炎武、王夫之、张履祥、陆世仪等宗朱或具有朱学倾向的学者反对理学形上层面的玄虚与空疏，注重形下层面的运用与实践，强调学术应"切用于世"，便是朱子学"形而下"内容践履化的结果。第二步是对朱子学"形而上"内容的"实学"化改造。它源于清初学者对朱子学的反省与修正。王夫之、张履祥、吕留良等学者对《四书》学的关注与诠释，表明他们对朱子学"形而上"内容的不满和改造的尝试。而朱子学"形而上"部分的改造最终由陆陇其来完成。

　　陆陇其对理学所关注的太极、理气、心性等本体论概念均进行了形下诠释，并将朱子学强调的理气论、心性论和格致论进行了"实学化"的重建，

1

把朱子学从"形上"和"形下"两个层面改造成为世俗化、日用化的实用哲学。陆氏对朱子学的"诠释"与"重建"上承清初"实学"学风，下启乾嘉学者义理思想的"实证""日用"特征，可以说，具有承上启下的意义。本书的研究正是以此认识为基础，将陆陇其的理学思想置于清初学风转变的背景下加以考察，以动态、全面和客观的视角对其学术思想的发展、变化、形成及影响做出系统的梳理和分析。

本书主体内容共分为五章：

第一章，将陆陇其理学思想的形成与清初学术的"反思"与"重建"关联起来加以互动考察，厘清陆陇其理学思想产生的学术背景。明清易代后，清初学者开始对明代的理学进行反思和修正，企图重新确立明末败坏的儒学正统。他们在批判阳明及其后学"空疏"和"阳儒阴释"的同时，也对程朱学说重新进行了审视与修正。他们认为，明末学术混乱的根源主要在于阳明后学关于"良知"和"无善无恶"的任意发挥，导致人们片面追求"本心"而放弃日用践履，指出儒学正统地位的确立应当回归程朱理学，发挥朱子学所强调的"齐家、治国、平天下"等形下实学的意义。即便是王学内部的学者也持此种观点，主张调和朱王。因此，清初朱子学的复兴绝非简单地回归宋学，它明显表现出重"形下"而轻"形上"的学术特征。

第二章，梳理陆陇其理学思想的渊源与发展。陆陇其"尊朱辟王"的思想并非一开始就具有的，其形成经历了一个不断变化的过程：于王学言，陆陇其经历了"相信"到"怀疑"再到"反对"的转变过程；于朱学言，他则经历了"接触"到"体悟"再到"坚信"的变化过程。陆陇其思想的变化是受多方面因素影响的，既有家庭内部环境的熏陶，又有外来学术因素的刺激。因此，本章从"家学渊源""陆陇其与吕留良""陆陇其与西学"三个方面来梳理他理学思想的渊源。同时，还对他理学思想的发展进行动态分析，按时间顺序将其思想变化分为三个时期：第一个时期，三十岁（1660）以前——存朱信王；第二个时期，三十岁至四十岁之间（1660—1669）——徘徊朱王；第三个时期，四十二岁（1671）以后——尊朱辟王。

第三章，探讨陆陇其对阳明学说的认识与批判。陆氏认为自明末以来学者对阳明学说的反思与批判均不彻底，也不深刻，在许多实质性的问题上并没有完全脱离阳明学说的影响，也没有给出有效的解决办法。他对阳明及其后学所宣扬的"良知见在""无善无恶""朱陆异同"等观点进行了深刻的分析与批判。他指出,阳明学最大的弊端在于"空"和混淆儒释,主张用朱子学之"实"来济阳明学之"虚",尤其批判清初学者强调的"朱王调和"观点,认为它是王学在清初存在的主要形式,严守朱学门户,并从"源流之辩"和"学才之辩"两个方面给出了"尊朱辟王"的方法论原则。

第四章,阐述了陆陇其对朱子学"形而上"内容的"实学化"重释。陆陇其在清初学者对朱子学"形而下"实学内容大力倡导的基础上,开始对朱子学"形而上"的思辨部分进行"实学化"改造。他对朱子学中的太极、理气、心性等本体论概念均做了形下诠释,指出"太极在人身""理在日用""性在气质",并对朱子学所关注的理气论、心性论和格致论进行了重释,提出了"理气合一,悬理重气"的理气论、"一本在心"的心性论和"敬在事为"的格致论,将朱子学改造成了世俗化、经世化的日用哲学。

第五章,归纳陆陇其理学思想的特点和影响。陆陇其对朱子学"形而上"内容的"实学化"重建,给朱子学的发展带来了两个比较显明的特征:理学本体意义的消解和理学"实学"发展的异化。这两个特征刚好又与清中叶学风的转变产生了共振,直接或间接地对乾嘉学者的义理思想产生了影响。从理学本体意义消解的层面来讲,从清初朱子学的复兴到乾嘉时期朱子实用哲学的确立,朱子学的发展存在着一条舍"道"就"器"的思想主线,而这条主线由陆陇其到汪绂再到程瑶田,最终由凌廷堪连接完成,它遵循着如下路径:"道在日用"(陆陇其)—"道见于事物"(汪绂)—"物则代理"(程瑶田)—"以礼代理"(凌廷堪)。从理学"实学"发展异化的层面来讲,清初复兴的朱子学中具有的"致用"和"务实"精神随着朱子学中形上思辨内容的不断清除和理学本体意义的逐步消解,逐渐异化为伦理纲常的维护和道德操守的实践等教化层面的运用。同时,陆陇其的理学思想还间接导致了清中期疑古思潮的出现,并为晚清理学的中兴提供了思想基础。

本书通过对陆陇其理学思想的梳理和分析发现:陆陇其的学术思想在清初理学思想的发展中具有承上启下的意义,陆氏对朱子学的"实学化"重建上承清初实学学风,下启乾嘉学者具有实证主义倾向的实用哲学,对清中叶学风的转变乃至晚清理学的中兴都有着直接或间接的影响。

目　录
CONTENTS

绪　论

一、选题缘起

论及清初①学术，当以梁启超的"反动说"和钱穆的"延续说"影响最深、最广，后治清代学术史者均以此二人为基础。

梁启超在《清代学术概论》中指出，清代思潮实则是对宋明理学之一大反动，他将清代学术分为四个时期：启蒙期、全盛期、蜕分期和衰落期。启蒙期之代表人物为顾炎武、胡渭、阎若璩，特点为反对理学空谈，"教学者脱宋明儒羁勒，直接反求之于古经"和"扫架空说之根据"，确立清学之规模。同时，启蒙期之反动派尚有颜元、李塨之实学，黄宗羲、万斯同之史学，王锡阐、梅文鼎之算学（自然科学）诸派。他指出，除了以上理学反对派，还有理学坚守者，诸如孙奇逢、李中孚、陆世仪等人，特点为学风由明而渐返于宋。基于理学反动的考虑，他在《中国近三百年学术史》中以顾炎武为清学开山之祖。

钱穆在《中国近三百年学术史》中提出了"不知宋学，则亦不能知汉学，更无以评汉宋之是非"的观点，认为东林学派正是继承了宋学重经世明道的特点，而明清之际的学者又多受东林学派的影响。他指出："梨洲嗣轨阳明，船山接迹横渠，亭林于心性不喜深谈，习斋则兼斥宋明，然皆有闻于宋明之绪论者也。"在钱穆看来，清初学术的变化实则是理学发展的必然结果，被称为"清初三大家"的黄宗羲、王夫之、顾炎武治学均受理学影响。同样，基

① 清初有广义和狭义之分：广义一般指顺治、康熙两朝，即康熙一朝及以前；狭义指梁启超所分"顺治元年到康熙二十年约三四十年时间"。本书采取广义概念。

1

于理学延续性的考虑，他在《中国近三百年学术史》中将黄宗羲列为清学第一人进行论述。

不论是梁启超抑或钱穆，他们在论述清初学术思潮时，都没有将重点放到朱子学的复兴。虽然梁启超在《中国近三百年学术史》第九讲列有《程朱学派及其依附者》一章，但也只是对当时信奉程朱的学者诸如张履祥、陆世仪、陆陇其、王懋竑等进行了简单介绍，且都评价不高①。钱穆亦是多置而不论，其《中国近三百年学术史》对于清初朱子学者不甚重视，除将吕留良、王懋竑列于黄宗羲、李绂后简略概述外，其他均鲜有论及。需指出的是，钱穆晚年治学颇以朱子为宗，20世纪60年代末，他在完成《朱子新学案》后，对清初宗朱学者有所重视，先后撰写了《陆桴亭学述》《陆稼书学述》《吕晚村学述》等文章，然所论大致不出前作《中国近三百年学术史》之观点②。受梁、钱二先生的影响，后治清代学术史者论及清初学术变化时均以顾炎武、黄宗羲、王夫之等上承明末学风，下开乾嘉学术，而将清初朱子学的短暂复兴忽略不论。加之，清初统治者标榜程朱学说，多数人以此为进阶之道，诸如孙承泽、李光地等人，其人品、学术均有瑕疵，理学家亦常出现言行不一的现象，程朱理学被斥为"假道学"，故学者治清代学术史均以此段时期朱子学的复兴不足论道。除梁、钱二先生外，像章太炎、刘师培、冯友兰、张君劢等学者均认为此段时期仅为朴学取代理学的过渡时期，无讨论之价值。此种认识到20世纪80年代才有所改变，陈荣捷在《〈性理精义〉与十七世纪之程朱学派》中指出："大多史家，均以程朱学派为钦定正统，而不以此派有其重要性。"③ "诸学者中，从无一人视程朱运动有何积极之贡献。此实一严重之疏失，不仅曲解程朱学派之真象，亦曲解十七世纪一般中国思想之真象。"④ 后部分学者逐步认识到了清初朱子学复兴这段时期的研究价值，樊克

---

① 梁启超称张履祥"对于学术上并没有什么新发明、新开拓，不过是一位独善其身的君子罢了"，称陆世仪"桴亭和程朱门庭不尽相同"，称陆陇其"天分不高，性情又失之狷狭"，等等。梁启超. 中国近三百年学术史 [M]. 夏晓虹，陆胤，校. 北京：商务印书馆，2011：122，125.

② 钱穆. 中国学术思想史论丛（卷八）[M]. 合肥：安徽教育出版社，2004：19-52，117-135，136-149.

③ 陈荣捷. 朱学论集 [M]. 重庆：重庆出版社，2021：395.

④ 陈荣捷. 朱学论集 [M]. 重庆：重庆出版社，2021：396.

政、陈来先后于 20 世纪 80 年代末 90 年代初，撰写了《陆陇其理学思想初探》《陆世仪思想略论》和《陆陇其实学思想》，肯定了清初朱子学者的学术价值，从点上论述了这一时期学风变化对程朱学者的影响。进入 21 世纪，林国标的著作《清初朱子学研究》从面上对清初朱子学的复兴进行了简要分析，其按"遗民期""重塑期""官学期"对清初朱子学者进行了分类，表现出清初朱子学作为整体研究的价值。

学者对清初朱子学复兴虽有所重视，但总的来说，研究仍局限在如下两个层面：

一是没有脱离清初朱子学为"官方钦定正统"学说的影响①，不能将其区别对待。清初统治者标榜程朱理学当始于康熙十年二月十七日（1671 年 3 月 27 日）康熙帝在保和殿首开经筵，由熊赐履进讲《大学》，完成于康熙五十一年（1712）朱熹升于大成殿十哲之次②。可知，康熙五十一年之前，虽康熙帝热衷于程朱理学，但影响范围仅限于朝臣之间，并未形成对全国学术之干预，且当时尊奉程朱的学者代表张履祥卒于康熙十三年（1674），陆世仪卒于康熙十一年（1672），陆陇其卒于康熙三十一年（1693），其卒年均在康熙表彰朱熹之前。因此，不能说张履祥、陆陇其、陆世仪等人对朱子学的推崇是受朝廷表彰朱子的影响。

二是清初尊奉程朱学者的研究虽有所增多，但多数为静态、单一的个案论述，研究者常常局限于某一点，不能将其与时代、学风等因素结合起来进行互动考察，且研究视角受前人影响较大。通过分析现有成果可发现，有关清初朱子学者的研究多集中在张履祥、陆世仪和吕留良等学者身上，而对被

---

① 王茂、蒋国保等著的《清代哲学》将清初朱子学分为"殿堂理学""馆阁理学"及"草野理学"，史革新著、龚书铎主编的《清代理学史》亦将清初朱子学者分为"高居庙堂的理学家"和"民间的理学家"。王茂，蒋国保，余秉颐，等．清代哲学［M］．合肥：安徽人民出版社，1992：13-14；史革新．清代理学史（上卷）［M］．广州：广东教育出版社，2007：158-244．按：以学者入仕与否作为划分标准，优点在于方便对理学家进行归类划分，缺点在于对这一时期理学家进行了分割，缺乏整体性研究，如陆陇其学术思想受吕留良影响较多，而陆为殿堂理学家，吕则为草野理学家，不能将其视为一体研究。

② 史革新．清代理学史（上卷）［M］．广州：广东教育出版社，2007：50-51．

清廷誉为"本朝理学儒臣第一"①的陆陇其却关注不够，且其学术价值长期得不到挖掘和重视。究其原因，或许同民国诸大师对其学术的否定有关：梁启超称其"天分不高"；钱穆在《陆稼书学述》中称其"论学实是强不知以为知，徒在字面上掉弄"②，且该文对陆陇其学术持否定、批判态度；刘师培称其"拾张、吕之唾余，口诵洙泗之言，身事毡裘之主，惟廉介之名与汤（汤斌）相埒"③。梁启超天分极高，清初程朱理学家皆难入其眼，曾言："清代理学家，陆王学派还有人物，程朱学派绝无人物！"④钱穆、刘师培或出于民族主义情结，连带言陆陇其学术不可取。但不管出于何种目的，我们在研究人物思想时，应将研究对象置于其所处时代背景下加以考察，不可孤立地做个案研究，也不可以现在的眼光来苛求或者评价古人。正如嵇文甫评论王夫之所言："假如用辩证法的观点来看，程朱是'正'，陆王是'反'，清代诸大师是'合'。陆王'扬弃'程朱，清代诸大师又来个'否定之否定'，而'扬弃'陆王。船山在这个'合'的潮流中，极力反对陆王以扶持道学的正统，但正统派的道学到船山的手里，却另变一副新面貌，带上了新时代的色彩。"⑤ 不要说王船山了，道学到了陆陇其的手里，何尝不是变成了一副新面貌，带上了新时代的色彩。

陆陇其（1630—1693）⑥，初名龙其，字稼书，后因避讳改名陇其，传为唐名相陆贽后裔，世居浙江当湖。明代当湖又析出平湖县（属嘉兴府），陆氏

① （清）吴光西，郭麟，周梁，等.陆陇其年谱［M］.褚家伟，张文玲，点校.北京：中华书局，1993：1.

② 钱穆.中国学术思想史论丛（卷八）［M］.合肥：安徽教育出版社，2004：135.

③ 刘师培.中国近三百年学术史论［M］.徐亮工，编校.上海：上海古籍出版社，2006：155.

④ 梁启超.中国近三百年学术史［M］.夏晓虹，陆胤，校.北京：商务印书馆，2011：67.

⑤ 嵇文甫.王船山学术论丛［M］.北京：生活·读书·新知三联书店，1962：121.

⑥ 关于陆陇其卒年有学者记为公元1692年，如萧一山、钱穆等人，有学者记为公元1693年，如侯外庐、陈来等人，褚家伟、张文玲点校的吴光西等编撰的《陆陇其年谱》将陆氏卒年标记为公元1692年，载"陆氏卒于康熙三十一年十二月二十七日"（第193、320页），据方诗铭、方小芬《中国史历日和中西历日对照表》载，康熙三十一年十二月二十七日当为公元1693年2月1日，故陆氏卒年应为公元1693年。方诗铭，方小芬.中国史历日和中西历日对照表［M］.上海：上海辞书出版社，1987：662.

所居之地即归平湖，故后来学者称其为"当湖先生"或"平湖先生"。陆陇其出身于书香世家，自五世祖以下，皆以儒术有名庠序。儿时由父亲教授《左传》和六经子史，十四岁丧母。明亡后，随父四处避难，生活清贫，常以坐馆为生，后补邑庠博士弟子员和廪膳生。康熙九年（1670）参加会试，中第三十五名，赐二甲第七名进士出身。康熙十四年（1675）入都赴部谒选，选授江南嘉定县知县。康熙十六年（1677）二月被诬"讳盗"而罢官。康熙十八年（1679），魏象枢上疏康熙帝极辩陆氏落职之冤，不久，得复原官。康熙二十二年（1683），出任灵寿县（今河北灵寿县）知县。康熙二十九年（1690），补四川道监察御史，不久去职，遂弃官归里。康熙三十一年十二月二十七日（1693年2月1日）卒于家中。主要著述有：《增订四书大全》四十卷、《四书讲义困勉录》三十七卷、《四书讲义续困勉录》六卷、《三鱼堂文集》十二卷、《三鱼堂外集》六卷、《松阳讲义》十二卷、《读礼志疑》六卷、《读朱随笔》四卷、《问学录》四卷、《松阳钞存》二卷、《战国策去毒》二卷、《灵寿县志》十卷、《三鱼堂日记》十卷，后人将其著作汇编为《陆子全书》。陆氏治学宗奉朱子，痛斥王学，守朱子门户最深，是清初朱子学派的重要代表人物。

基于此，本书拟以陆陇其的理学思想为研究对象，将其置于清初学术变化的大背景中加以考察，分析其理学思想在清初学术变化中呈现出的特点，借以反观清初学风过渡到乾嘉考据学的学术特征。同时，梳理陆陇其对朱子学的"诠释"和"重建"，分析其对朱子学的建设给程朱理学在清代的发展所带来的影响和意义。

二、研究意义

第一，陆陇其作为清初朱子学的重要代表，其学术思想自民国以来一直不被学者重视，即使有所论及，也是被打上"程朱卫道者""门户之见极深"的标签，不能给予客观和全面的认识。20世纪80年代以来，随着学界对清初朱子学研究的重视，对陆陇其的学术价值有所肯定，但研究者仍不能完全脱离"卫道者""门户之见"的偏见，不能将其置于清初学术变化的背景中加以客观地考察。因此，结合时代背景，客观地分析陆陇其尊朱的原因及严守门户的动机，有助于了解陆陇其学术思想的全貌，也有助于从理学内部厘清清初朱子学复兴的发展脉络、思想特点和时代影响。林国标在《清初朱子学研究》中所论："在明末清初王学被否定和朱子学重新被肯定之际，程朱理学的一些基本概念和观念被广泛地传述和引用，由于各家学术背景不同，各家重标理学的目的也不一样，故各人对程朱之学的理解也不免歧异。"① 可谓道出了陆氏卫道和严守门户的缘由。

第二，目前学界对陆陇其理学思想的研究多集中在点上，不够全面和深入，也不够系统。研究者多关注其"尊朱辟王""居敬穷理"的学术特征，兼及论述其对"太极""理""中庸"等理学概念的阐发，研究的结论基本上都是称其沿袭朱熹学说，而鲜有创见。正如前面嵇文甫先生所言，理学到了清初，已然变成了一副新面孔，带上了新的时代色彩。因此，陆陇其在阐发朱熹学说时，不可能不带有时代的意蕴，进而形成自己的学术体系和特色。如果简单地称其理学思想沿袭朱熹，而不加以比较分析（何处继承？何处修正？何处发展？），那么就不能全面地掌握陆陇其理学思想的精神和实质，也不能对其学术思想给予正确的认识和评价。

第三，学界在论及陆陇其理学思想时，总以"尊朱辟王"作为其学术特征，很少有学者从整体上对其学术思想的变化进行梳理，即使有，也多关注吕留良对其"尊朱"思想的影响，但如何影响、影响在哪些地方，鲜有学者对此进行专门的论述和研究。另外，陆陇其对朱子学"形而上"部分的"实学化"重建，表明他已经开始脱离宋明儒学所强调的玄虚的内在部分（心、性、意）而转向具体的外在规律的探索。这一转变，除了受当时崇实学风的影响，还与西学思潮的传播有关。陆氏与西方传教士交往密切，且对其治学有一定影响的座师魏裔介对西方传教士利玛窦、汤若望的"会通天儒论"表示赞同②，故西学思想不可能不对其学术产生影响。以往学者在论及陆陇其与西学关系时，往往称其囿于"门户之见"，不能对西学思想有所认同和吸收，而忽略了西学思想对其理学思想形成的影响。陆陇其将理学的发展转向具体外在规律的探索，开启了乾嘉学者诸如汪绂、程瑶田乃至凌廷堪对"理"的

---

① 林国标. 清初朱子学研究 [M]. 长沙：湖南人民出版社，2004：221.
② 徐海松. 清初士人与西学 [M]. 北京：东方出版社，2000：213.

逐步实体化的诠释，即出现了汪绂的"道见于事物"、程瑶田的"物则代理"及凌廷堪的"以礼代理"的理学实体化的发展。

因此，关于陆陇其理学思想的研究，就目前成果来看，还有许多值得关注的问题及进一步研究的意义。

三、学术史回顾

陆陇其治学尊奉朱子，严守门户，学者誉为"本朝儒宗第一"（钱大昕语）①，也是入祀孔庙的第一位清代学者。陆氏传记、言行、事迹见于《清史稿·列传》（卷五十二）、《清史列传》（卷八），以及《国朝先正事略》《从政观法录》《满汉名臣传》《文献征存录》《国朝先正事略》《鹤征录》《国朝耆献类征》《吴郡名贤图传赞》《儒林琐记》《昭代名人尺牍小传》《国朝臣工言行记》《清代七百名人传》《阙里文献考》《郎潜纪闻》等著述，另有私淑弟子张云锦撰《陆清献公传》、外甥陈济撰《陆清献公传略》、柯崇朴作《试四川道监察御史陆先生行状》、彭绍升作《故四川道监察御史陆清献公事状》、陈廷敬作《监察御史陆君墓志铭》载其生平。此外，除了其亲自写作的《三鱼堂日记》，其子陆宸征编辑的《长洲陆子年谱》《陆清献公年谱》，吴光酉增补的《陆稼书先生年谱定本》、张师载的《陆子年谱》、杨开基的《陆清献年谱》、卢浩然的《陆清献公年谱》、罗以智的《陆清献公年谱》、许仁沐的《陆当湖年谱》亦详载其事迹②。光绪年间，许仁沐按照传状、世系、年谱、遗书、政绩、祠墓、弟子、杂记等八目将陆陇其的相关材料编为《景陆粹编》，是书为清代收集陆氏材料较全的辑录著述。

清代最早关于陆陇其学术思想的评论见于汪绂的《读问学录》和《参读礼志疑》，《读问学录》是汪绂在陆陇其《问学录》的基础上，推究陆氏"尊朱辟王"之意而作，《参读礼志疑》亦是其读陆氏《读礼志疑》发挥己意而

---

① （清）钱大昕．优贡生候选儒学训导杨君墓志铭［A］//张天杰．陆陇其全集（第15册）［M］．北京：中华书局，2020：493．

② 上述众多《年谱》中，尤以吴光酉在雍正六年（1728）刊定的《陆稼书先生年谱定本》流传最广、内容最详，本文引用的褚家伟、张文玲点校的《陆陇其年谱》也主要以此本为基础。

成。稍后，钱大昕、夏炘、唐鉴等学者对陆陇其的学术思想均有所评论，但大体是肯定其对朱子的卫道之功，尤其是唐鉴对陆氏推崇最盛，他在《国朝学案小识》中将陆氏列在《传道学案》之首，在评述陆氏学说思想时，全面肯定了他对朱子学的传播、护卫之功。民国以来，梁启超、钱穆、萧一山、刘师培、蒋维乔等人的论著中均涉及陆陇其的学术思想，但出于民族主义和反封排满的需要，大体都评价不高，且相对来说论述较为简略①。另外，徐世昌以学案体形式编著的《清儒学案》卷十列有《三鱼学案》，但其所论亦没有脱离清代学者之影响，仍以表彰陆氏卫道之功为基调，且论述较为浅显②。20 世纪 80 年代，随着清初朱子学研究的兴盛，陆陇其的学术价值逐步被肯定，研究成果不断扩大和深入：樊克政的《陆陇其理学思想初探》③、陈来的《陆陇其的实学思想》④、晋圣斌的《陆陇其理学思想述评》⑤、王俊才的《清初"二陆"异同论》⑥ 是较早关注陆氏理学思想并给予肯定的研究成果。此外，侯外庐、邱汉生、张岂之主编的《宋明理学史》，杨向奎主编的《清儒学案新编》，史革新著、龚书铎主编的《清代理学史》（上卷），林国标著《清初朱子学研究》、陈谷嘉著《清代理学伦理思想研究》等均有章节涉及陆氏理学思想的论述⑦。进入 21 世纪，关于陆陇其的研究取得了较大的成果：一是

① 梁启超. 中国近三百年学术史 [M]. 夏晓虹，陆胤，校. 北京：商务印书馆，2011：125-126；钱穆. 中国近三百年学术史 [M]. 北京：九州出版社，2011：78-91；钱穆. 中国学术思想史论丛（卷八）[M]. 合肥：安徽教育出版社，2004：117-135；萧一山. 清代通史（卷上）[M]. 北京：中华书局，1986：1019-1022；刘师培. 中国近三百年学术史论 [M]. 徐亮工，编校. 上海：上海古籍出版社，2006：155；蒋维乔. 中国近三百年哲学史 [M]. 北京：中华书局，2015：12.

② 徐世昌，等. 清儒学案（卷十）[M]. 沈芝盈，梁运华，点校. 北京：中华书局，2008：465-502.

③ 樊克政. 陆陇其理学思想初探 [J]. 中国哲学史研究，1987（3）：105-112；侯外庐等主编的《宋明理学史》（下）中所载的《陆陇其的理学思想》亦由樊氏执笔.

④ 陈来. 中国近世思想史研究 [M]. 北京：生活·读书·新知三联书店，2010：625-649.

⑤ 晋圣斌. 陆陇其理学思想述评 [J]. 中州学刊，1994（2）：75-78.

⑥ 王俊才. 清初"二陆"异同论 [J]. 河北学刊，1990（1）：78-82.

⑦ 侯外庐，邱汉生，张岂之. 宋明理学史（下）[M]. 西安：西北大学出版社，2018：1614-1627；杨向奎. 清儒学案新编（第一卷）[M]. 济南：齐鲁书社，1985：645-650；史革新. 清代理学史（上卷）[M]. 广州：广东教育出版社，2007：169-185；林国标. 清初朱子学研究 [M]. 长沙：湖南人民出版社，2004：192-208；陈谷嘉. 清代理学伦理思想研究 [M]. 长沙：湖南大学出版社，2019：85-114.

出现了余龙生编著的首部研究陆陇其的专著——《陆陇其与清初朱子学》①；二是从不同视角研究陆陇其的期刊和学位论文日益增多。截至目前，关于陆陇其的相关研究，笔者所能看到的专著有1部，有学术价值的期刊、学位论文30余篇。粗略来看，主要包括对陆氏理学思想、《四书》学、政治实践等方面的研究，现简要概述如下：

（一）理学思想研究

目前，学界对于陆陇其理学思想的研究主要采取割裂、单一、静态的研究范式，研究内容主要聚焦在某一点或面上，诸如他关于理气、太极的论述，他的"居敬穷理"修养论，他的"尊朱辟王"思想，他的实学、实行主张等。相关研究中对陆氏理学思想较早重视且给予肯定的是杨向奎的《清儒学案新编》，杨先生在《杨园三鱼学案》中对陆陇其的"太极论""心性论"及其"辟王"思想均有所肯定，但论述较为简略。随后，樊克政的《陆陇其理学思想初探》和陈来的《陆陇其的实学思想》从不同层面对陆陇其的理学思想进行了较为详细的论述，肯定了陆氏理学思想的学术价值和影响。樊克政从"理""道"与"太极"，"中庸"，"居敬穷理"和"尊朱黜王"四个方面对陆陇其的理学思想进行了归纳和分析，肯定了陆陇其对朱熹哲学思想的发展，指出陆氏在理气论上更加看重自身，强调实用，在阐发"中庸"时走向了唯心主义和禁欲主义，在致知论上偏重"居敬"功夫等学术特点，但学术思想大体上仍不出朱熹哲学范畴。陈来则从陆陇其强调的"实学""实行"角度着手，从"清操廉介的一生""对王学的反省与批判""求之虚不如求之实""实行必由乎实学""地位与影响"等五个方面对陆陇其的理学思想进行了简要概述，指出陆氏通过对王学的反省和批判，强调实学、实行，其理学思想明显表现出趋实的倾向。此后，学者关于陆陇其理学思想的研究大多以樊、陈为基础，并进行适当发挥。林国标从"尊朱黜王"的方法论原则与"明人身之太极""居敬穷理"等方面来阐述陆陇其的理学思想，将陆氏与清初朱子学复兴联系起来，指出陆氏是清初朱子学"重塑"期的代表人物；陈谷嘉则主要关注陆陇其理学思想中的伦理价值，他主要从"以太极为核心的

---

① 余龙生. 陆陇其与清初朱子学［M］. 长春：吉林人民出版社，2010.

宇宙本体论""总结明亡教训""宗朱子为'正'学"和"建构强化封建伦理纲常的人伦道德体系及修养方法"等四个方面来论述陆陇其理学思想中的伦理思想。

余龙生的专著《陆陇其与清初朱子学》，共分为"清初文化政策与朱子学之复兴""陆陇其生平与学术渊源之考辨""陆陇其与清初崇朱思潮之蔚起""陆陇其与清初理学经学之争议""陆陇其对朱子学思想之阐发""陆陇其政治思想之评述""陆陇其与张履祥朱子思想之异同""陆陇其与陆世仪朱子思想之比较""陆陇其清初理学史之地位"九章，他将陆陇其置于清初朱子学复兴的背景下加以研究，侧重陆氏学术思想的横向分析，诸如陆氏与张履祥、陆世仪的学术异同比较等，忽略了陆氏学术思想的纵向考察。另外，该书为了兼顾陆氏学术思想的全面性（政治思想、经学思想），而对陆氏理学思想的论述显得不够深入和系统。

陈祖武、王俊才、张天杰等同样关注陆陇其理学思想的横向分析，注重陆氏与同时代其他宗朱学者诸如陆世仪、张履祥、吕留良的思想异同比较①，日本学者三浦秀一则关注陆氏与同时代宗王学者汤斌的思想差异②。张天杰还以陆陇其独尊朱子学为研究视角，分析了他独尊朱子学的原因和影响③。另外，对陆陇其理学思想关注较早的学位论文是香港大学陆志豪的《陆陇其思想述评》，论文将理学思想作为陆氏学术思想的一部分，进行了简要的分析和概述，并比较了其与李光地理学思想的异同；中国人民大学刘盛的《陆陇其尊朱黜王思想研究》关注陆陇其的"尊朱辟王"思想，对陆氏"尊朱辟王"的思想进行了分析和评述；淮北师范大学杜凯的《陆陇其理学思想研究》从"陆陇其家世与理学著述考论""陆陇其与并世理学家之交游""陆陇其理学思想之流变""陆陇其理学思想之政治实践"四个部分进行论述，论文能注意

① 陈祖武. 清初学术思辨录［M］. 北京：中国社会科学出版社，1992：197；王俊才. 清初"二陆"异同论［J］. 河北学刊，1990（1）：78-82；张天杰，肖永明. 从张履祥、吕留良到陆陇其——清初"尊朱辟王"思潮中的一条主线［J］. 中国哲学史，2010（2）：116-123。

② ［日］三浦秀一. 汤斌と陆陇其：清初士大夫の人间理解と经世意识［J］. 文化，1984（1）：74-92.

③ 张天杰. 陆陇其的独尊朱子论：兼谈其对东林以及蕺山、夏峰等学派的评定［J］. 中国哲学史，2021（3）：89-96.

到陆氏思想的动态变化，将陆氏理学思想分为早年、中年和晚年三个时期，但论述多流于表面，未能深入展开，且论文并未过多涉及理学家所关注的本体论内容的阐发①。

（二）《四书》学研究

陆陇其一生对《四书》用功最多，他关于《四书》的增订、评论和讲解均是其学术思想的重要体现。因此，陆陇其的《四书》学研究，也成为学者关注的重点。目前，学界对于陆陇其《四书》学的研究主要集中在陆氏《四书》学与理学之间的关系、陆氏《四书》学的解读特点等方面。台湾政治大学林雨洁 2009 年的硕士论文《陆陇其〈四书〉学研究》是目前能看到较早以陆氏《四书》学为基础来梳理其理学思想的研究成果，该文指出陆陇其对朱熹《四书章句集注》的解读和推崇，表明他对朱子学的服膺，强调陆氏以《四书章句集注》为依托来阐述他"尊朱辟王"的理学态度和治学主旨②；此外，日本学者浅井邦昭的《陆陇其の四书解释の变迁について》则以诠释的视角去关注陆氏《四书》学的发展③；朱修春的《论清初四书学中的经世思想》则从"经世致用"的角度论述了陆陇其对《四书》学解读的意义，她指出在"经世致用"思想的刺激下，陆氏的理学思想呈现出"尊朱黜王""提倡实学实行"及"强调在思辨中致知，在人伦日用中穷理"的学术特征④；同时，她在另外一篇文章《论清初四书学者群体"格物致知"思想的特色与意义》中就陆陇其对于"格物致知"的理解还提出了陆氏具有调和程朱陆王的色彩及强调实学实行的特色⑤；张天杰的《陆陇其的〈四书〉学与清初的"由王返朱"思潮》则将陆氏对于《四书》学的解读置于清初"由王返朱"的学风下加以考察，详细论述了陆氏解读《四书》所经历的三个阶段，并指

① 陆志豪．陆陇其思想述评（A Critical Study of the Thought of Lu Longqi 1630—1693）［D］．香港：香港大学，1999；刘盛．陆陇其尊朱黜王思想研究［D］．北京：中国人民大学，2005；杜凯．陆陇其理学思想研究［D］．淮北：淮北师范大学，2017.
② 林雨洁．陆陇其《四书》学研究［D］．台北：台湾政治大学，2009.
③ 吴旺海．近 40 年来陆陇其研究的取径及反思［J］．嘉兴学院学报，2019（2）：20.
④ 朱修春．论清初四书学中的经世思想［J］．清史研究，2005（1）：86-87.
⑤ 朱修春．论清初四书学者群体"格物致知"思想的特色与意义［J］．天府新论，2008（1）：27-30.

出陆氏对于《四书》学的解读同他"尊朱辟王"思想的形成相一致①。

另外，也有学者专门就陆陇其对于《四书》中某一本书籍的具体解读展开研究。朱华忠在博士论文《清代〈论语〉简论》中指出陆陇其对于《论语》的研究存在"笃信朱注""力驳陆王"和"倡导实学"三个学术特点②；唐贵明的《从〈松阳讲义〉看陆陇其〈论语〉学特点》同样侧重于陆陇其对《论语》理解的研究，在此基础上归纳出其"尊朱黜王"和"崇实黜虚"的治学特点③；孙建伟的博士论文《清代〈中庸〉学研究》从"居敬穷理，内外交养""刊除异说，羽翼朱子""崇实黜虚，实学实行"三个方面来论述陆陇其对于《中庸》的诠释④；蔡欣池的硕士论文《陆陇其孟子学思想研究》是目前能看到的最早将研究重点聚焦在陆陇其《四书》学中《孟子》解读的学位论文，她主要从"性""心""德"三个方面论述了陆陇其对于孟子的"性善论""求其放心"和"政治构想"的解读，具有一定的创见性⑤。

（三）政治实践研究

陆陇其为官清廉，颇有政绩，在清代就有许多关于他言行、政事的辑录。进入 21 世纪，越来越多的学者开始关注他的为官政事和政治实践，相关研究主要集中在其政治思想、法律思想、家庭教育及县志修撰等方面。余龙生、张文革的《清初理学名臣陆陇其的治政思想评述》从"理学为宗，尊朱黜王"的政治理念、"民生为本，恤民重教"的政绩观、"清廉为先，倡废捐纳"的廉政观等三个方面论述了陆陇其对朱子学政治思想的实践⑥；余龙生、李承红的《清初理学家陆陇其法律思想探析》则从"理学治政的法制观""因事立法的立法观""息讼无争的司法观"三个方面论述了陆陇其的法治思

---

① 张天杰．陆陇其的《四书》学与清初的"由王返朱"思潮 ［J］．浙江社会科学，2016 （10）：131-140.

② 朱华忠．清代《论语》简论 ［D］．武汉：华中师范大学，2002.

③ 唐明贵．从《松阳讲义》看陆陇其《论语》学特点 ［J］．社会科学战线，2008 （4）：36-39.

④ 孙建伟．清代《中庸》学研究 ［D］．武汉：华中师范大学，2015.

⑤ 蔡欣池．陆陇其孟子学思想研究 ［D］．上海：华东师范大学，2021.

⑥ 余龙生，张文革．清初理学名臣陆陇其的治政思想评述 ［J］．朱子学刊，2004 （0）：323-331.

想①；张猛的《陆陇其的民生思想及其当代价值研究》主要从"爱民""教民""富民"三个方面论述了陆陇其的"民生"思想，并指出"教民"是其民生思想的核心②；单智伟、张建琴的《陆陇其廉政思想的当代价值与启示》则主要分析了陆陇其廉政思想产生的文化背景、主要内涵和价值意义，强调程朱理学在陆氏廉政思想产生过程中起到的决定性作用③；姜婧姝的硕士论文《言行无愧的生哀死荣——清康熙朝名臣陆陇其研究》主要以陆陇其的政治思想为研究对象，从"勤政廉洁""经世济民""议改选政"等三个方面论述了陆氏政治思想的主要内涵，并指出他的政治思想是学术思想的实践和体现④；张宪博的《试论东林学派及复社对清初国家治理的影响——以清初几位理学名臣为个案》则重点强调了东林学派"经世致用"的思想和"批判王学"的观点对于陆陇其等清初理学名臣的政治和学术影响，指出了陆陇其等人"拯救苍黎为念"的为官动机，肯定了他们对于清初社会政治稳定做出的贡献⑤；朱昌荣的《清初程朱理学研究》肯定了陆陇其等程朱理学家对清初社会建设起到的作用⑥；孙杰的《陆陇其思想对〈灵寿县志〉修纂的影响》以陆陇其在河北灵寿担任知县时编修的《灵寿县志》为研究对象，指出《灵寿县志》的修纂是其理学思想在政治上的集中体现⑦。

此外，吴旺海的硕士论文《清儒陆陇其研究》将陆陇其的学术思想置于政治史的角度考察，提供了新的研究视角⑧。同时，还有一些学者将研究的重

---

① 余龙生，李承红.清初理学家陆陇其法律思想探析［J］.沧桑，2007（4）：89-90.
② 张猛.陆陇其的民生思想及其当代价值研究［J］.嘉兴学院学报，2017，29（2）：17-22.
③ 单智伟，张建琴.陆陇其廉政思想的当代价值与启示［J］.嘉兴学院学报，2018，30（1）：86-90.
④ 姜婧姝.言行无愧的生哀死荣：清康熙朝名臣陆陇其研究［D］.大连：辽宁师范大学，2011.
⑤ 张宪博.试论东林学派及复社对清初国家治理的影响：以清初几位理学名臣为个案［J］.明史研究，2014（0）：112-154.
⑥ 朱昌荣.清初程朱理学研究［M］.北京：中国社会科学出版社，2019.
⑦ 孙杰.陆陇其思想对《灵寿县志》修纂的影响［J］.中国地方志，2010（7）：53-57，5.
⑧ 吴旺海.清儒陆陇其研究［D］.长沙：湖南大学，2020.

点放在陆陇其学术思想的某些具体的点上，诸如许颖关注陆陇其的"礼"学思想①、孙达时关注陆陇其对八股文的批判②、翟盼盼关注陆陇其的《周易传义》的"笺注"研究③等。

综上而言，关于陆陇其的研究，大致可以分为三个阶段：

第一阶段自雍正朝起至清末，主要围绕陆陇其的生平经历、著述大要和学说概况展开，肯定其尊朱卫道的思想；第二阶段自 1912 年始至 20 世纪 80 年代，主要围绕陆陇其理学思想的批判展开，论者多能肯定其人品、操行，但普遍认为其理学成就不高，多沿袭朱熹旧说；第三阶段自 20 世纪 80 年代至今，陆陇其学术思想的研究逐步深入，研究者不再囿于成见，对其理学思想均能客观地评述和给予重视，研究的范围不断扩大，研究成果明显增多。

虽然自 20 世纪 80 年代以来，对陆陇其理学思想的研究不断深入，研究成果不断增多，但也明显暴露出以下几个弊端：一是对陆陇其理学思想的研究多集中在某一点或面上，研究方法多单一、割裂，研究内容往往就陆氏的理学论述而进行单纯的解读，未能将其理学思想置于明末清初理学（程朱和陆王）"反省"和"重建"的学术背景下予以考察，即使有，也多侧重在"王学的批判"和"由王返朱"这一学术表象的背景下，而忽略了朱子学"反省"和"重建"这一更深层次的学术背景；二是研究者在论述陆陇其理学思想时受民国学者影响较大，多以"门户之见""卫道者"来形容陆氏的治学特色，往往认为其对于朱子学的建设毫无创见，忽略了他在清初理学"反省"和"重建"的学术背景下对朱子学的发展所做出的贡献；三是研究者在论述陆陇其理学思想影响时往往侧重于横向的比较，集中在他与同时代学者诸如吕留良、张履祥、陆世仪的学术比较，而缺少纵向的考察，忽略了他对于清代中晚期朱子学发展的影响，譬如其对于乾嘉学者义理思想的影响及晚清理学复兴的影响等。

因此，就目前的研究成果来看，对陆陇其理学思想的研究还不够全面和系统，还不能完全展现陆氏理学思想的全貌和学术影响，还有进一步研究和

---

① 许颖．陆陇其《读礼志疑》研究 [D]．武汉：武汉大学，2011.
② 孙达时．陆陇其八股文批评略论 [J]．湖北社会科学，2017（9）：130-137.
③ 翟盼盼．陆陇其"笺注"《周易传义》整理与研究 [D]．绵阳：西南科技大学，2017.

挖掘的价值和空间。

四、研究思路与方法

（一）研究思路

将陆陇其的理学思想置于清初朱子学重建的基础上加以考察，指出清初朱子学的重建共分两步来完成：第一步是对朱子学"形而下"实学内容的重视，以顾炎武、王夫之、张履祥、陆世仪等学者提倡的"经世致用"为特征；第二步是对朱子学"形而上"部分的"实学"化改造，由陆世仪开其端，由陆陇其终其成。陆陇其对理学所关注的太极、理气、心性等本体论概念均进行了形下诠释，并给予朱子学强调的理气论、心性论和格致论以"实学化"的重建，把朱子学从"形上"和"形下"两个层面改造成为世俗化、日用化的实用哲学。

指出陆陇其建设清初朱子学所呈现出的两个非常重要的学术特征：一是理学本体意义的嬗变，二是理学"实学"发展的异化。理学本体意义的嬗变体现在理学本体意义的消解和心、性主动作用的减弱；理学"实学"发展的异化体现在朱子学中具有的"致用"和"务实"精神逐渐异化为伦理纲常的维护和道德操守的实践，最终成为僵化的纲常名教。

（二）"诠释"与"重建"的界定

大体而言，清初学者对于朱子学的改造共分两步完成。第一步是对朱子学"形而下"实学内容的重视和倡导。出于对王学空疏学风的厌恶，朱子学中关于性理修养等"形而上"的内容亦多不受清初学者喜爱，而"形而下"的经世、实用内容却得到大力提倡。张履祥首先提出"祖述孔孟，宪章程朱"① 的学术主旨，大力倡导朱子学中的实用、实行之学，成为清代"尊朱辟王"的第一人②，他和陆世仪分别从"形下""形上"两个方面奠定了清初朱子学重建的规模和格局，成为清初朱子学的开山人物。第二步是对朱子学"形而上"部分的"实学"化改造，它开始于陆世仪，完成于陆陇其。鉴于

---

① （清）张履祥. 杨园先生全集（中）[M]. 陈祖武，点校. 北京：中华书局，2002：772.

② 梁启超. 中国近三百年学术史 [M]. 夏晓虹，陆胤，校. 北京：商务印书馆，2011：122.

陆王心学空言心性的弊端，陆世仪开始对朱子学"形而上"部分进行修正，他肯定了朱熹"穷理"即"格物"的说法，主张将天文、地理、河渠、兵法等实用之学作为"格物"的主要内容，强调"明体适用"的治学方法，他的这些观点不虚谈诚敬修养，不空言心性理气，从形式上将朱子学的"形而上"部分引向了平实。《四库全书总目》的作者称"世仪之学，主于敦守礼法，不虚谈诚敬之旨；主于施行实政，不空为心性之功，于近代讲学诸家最为笃实"①。陆世仪对朱子学"形而上"的改造还仅仅局限在形式上，陆陇其则对朱子学"形而上"的本体概念和理论方法均进行了不同程度的"实学化"诠释和改造，最终从"形上""形下"两个方面完成了朱子学的重建。陆陇其对理学所关注的太极、理气、心性等本体论概念均进行了形下诠释，强调了"太极在人身""理在日用""性在气质"等观点，并对朱子学所重视的理气论、心性论和格致论也进行了实有化的构建，提出了"理气合一，悬理重气"的理气论、"一本在人心"的心性论、"义理不离事理"的格致论，将朱子学中的性理修养内容与人们日常生活的人伦日用紧密地联系在一起，从"形上"和"形下"两个层面把朱子学改造成了世俗化、日用化的实用哲学。

需加以说明的是，如何系统地把握清初学者（特别是经历了明亡的遗老和遗民）思想上的变化始终是学术思想史上的一个难题，本书无意也不能解决这一问题。本著作仍是一个个案研究，是通过陆陇其的学术思想研究来窥视清初朱子学转变到乾嘉考据学的思想脉络。之所以以陆陇其作为研究对象，基于以下两点考虑。第一，陆陇其是清初朱子学的重要代表，他的学术思想在清初理学思想的发展过程中具有承上启下的意义，他对朱子学做出的"实学化"诠释和重建上承清初实学学风，下启汪绂、程瑶田、凌廷堪等乾嘉学者倡导的实用哲学，对乾嘉时期学者的义理思想和理学发展走向有着直接的影响。第二，陆陇其宗朱意识最强，实学特色最明，卒后不久，学术思想便得到清廷的大力表彰，与同时代的其他宗朱学者相比，他的思想在后来理学家中影响最大、传播最广。道光年间，理学家夏炘曾这样描述清代宗朱学者的情况："昭代能为朱子之学者，大儒有三人焉。一为桐乡张杨园先生，一为

---

① （清）永瑢，等．四库全书总目（卷九十四）·子部四·儒家类四 [M]．清乾隆武英殿刻本，1549．

平湖陆清献公，其一则婺源双池先生（汪绂）也。清献以清操正学受圣祖仁皇帝之知，乌台奏议，海内莫不宗仰，故名最著，而其从祀胶庠亦最早。杨园为晚明诸生，隐居不仕，清献虽屡称之，而名不得与清献埒。若双池则僻处山邑，人或不能道其姓氏，其隐晦视张先生殆尤过之。"① 唐鉴在《国朝学案小识》中更是将陆陇其列在《传道学案》之首，以表彰其学术。

陈来曾以"诠释与重建"为题目来阐明王夫之的哲学思想。陈先生所言的"诠释"是指王夫之对于《四书》及《四书》的朱子学解释所做的义理诠释，而"重建"则是指王夫之致力于儒学正统的重建②。儒学"正统的重建"是清初学者的共同追求，他们根据自身的治学特点和兴趣从不同方向开始重建儒学学术思想上的正统。陆陇其作为清初的学者，他也将儒学"正统的重建"作为自己的治学追求，不过，本书题目中的"重建"不单是儒学"正统的重建"，更是他对朱子学"形而上"部分的"实学化"重建，而"诠释"也有别于陈先生所言王夫之对《四书》学的义理解释，主要指陆陇其对朱子学中"形而上"本体概念和理论的实有化解释。本书的定位是通过聚焦"诠释"和"重建"，突出陆陇其对朱子学的"实学化"改造，进而指出朱子学的"实学化"发展直接影响了乾嘉时期理学发展的走向（偏实证化和日用化）。所以，本书命名为《诠释与重建》。

最后再用点篇幅来解释一下书中经常出现的"实学"的含义。"实学"这一概念早已有之，且在不同的历史时期具有不同的内涵，而真正将"实学"的内涵统一起来，并赋予其"明体达用"的意义则始于北宋的程颐，故有学者将宋代理学家强调的"明体达用之学"称为中国实学真正意义上的开始③。然本书中所提到的"实学"却不同于理学家使用的实学概念。本书中使用的"实学"是指以"崇实黜虚"为基本特征，鄙弃理学末流的空谈心性，而在一切社会文化领域提倡"崇实"的学说。从理学的角度来讲，如果将理学进行两分的剖析，它应当包含"形上思辨"和"形下践履"两部分内容，而

① （清）夏炘. 汪双池先生年谱序［M］∥（清）余龙光. 汪双池先生年谱. 光绪二十二年刻本.
② 陈来. 诠释与重建：王船山的哲学精神［M］. 北京：北京大学出版社，2013：17-18.
③ 葛荣晋. 中国实学思想史（上卷）［M］. 北京：首都师范大学出版社，1994：9.

"形上思辨"则主要受佛、道本体论的影响，"形下践履"则受儒家资治的影响。故本书中所讲的"实学"主要是指理学家舍弃"形上之虚"而追求"形下之实"的治学方法，它以实有、实行和实用为主要特征。

（三）研究方法

1. 文本分析法

以陆陇其的《三鱼堂文集》《三鱼堂外集》《松阳讲义》《问学录》《读朱随笔》《松阳钞存》《三鱼堂剩言》《四书讲义》及《四书讲义续篇》等作为重点考察文本，反复阅读、比较文本内容，提炼文本思想。

2. 比较研究法

通过比较陆陇其的《四书讲义》和《四书讲义续篇》及《松阳讲义》中内容的异同，来梳理吕留良对陆氏思想的影响；通过比较陆陇其与汪绂理学思想的异同，揭示陆氏理学思想对汪绂的影响，同时还指出汪绂的理学思想对程瑶田理学思想形成的影响，进而肯定陆氏理学思想对乾嘉时期徽州学者理学思想发展的影响。

3. 动态分析法

考察陆陇其的理学思想，不能将其作为静态、单一的研究对象，应采用动态、全面的视角进行整体分析，诸如考察其理学思想的特征，不能只简单地停留在他最终形成的"尊朱辟王"的思想特征上，应将其理学思想进行动态分析，梳理他理学思想的发展变化及其在不同时期表现出的学术特点。

（四）创新之处

拓展了陆陇其理学思想的研究范围。指出了他对乾嘉时期徽州学者汪绂、程瑶田的学术影响，梳理了他与清中期疑古思潮的代表人物崔述之间的学术关系，分析了他与晚清理学中兴的内在关联，揭示了他对唐鉴等晚清理学家的学术影响。

对陆陇其理学思想的发展进行动态分析，指出陆陇其的理学思想按时间顺序可分为"三十岁以前""三十岁至四十岁""四十岁以后"三个阶段，按思想发展则经历了"存朱信王"到"徘徊朱王"再到"尊朱辟王"的变化，进而从整体上把握陆氏理学思想的演变。

强调西学思想对陆陇其理学思想形成的有益补充，论述西方传教士汤若望、利类思等人的"会通天儒论"在陆氏改造朱子学"形而上"部分过程中产生的影响，指出西方传教士对"理""气""心""性"的科学化、实证化的解释直接影响着陆陇其对理学本体论概念的诠释。

第一章

清初学术思想的"反省"与"重建"

明亡清兴，周鼎转移，天崩地解。清初那些经历过明清易代刺激的学者，在反思明亡原因时，无不将责任归结于阳明后学的"空疏误国"。于是，在晚明遗老的推动下，清初学界开展了一场声势浩大的针对阳明学说的批判和反省运动，批判的重点集中在阳明学说的谈玄论虚、阳儒阴佛和空言良知等方面，他们期望通过对阳明学说的反思和批判，重建儒学学术思想的正统。反思的结果是含有实学内容的朱子学的复兴，梁启超说："从顺治元年到康熙二十年约三四十年间，完全是前明遗老支配学界。他们所努力者，对于王学实行革命（内中也有对于王学加以修正者）。他们所要建设的新学派方面颇多，而目的总在'经世致用'。"① 又说："王学反动，其第一步则返于程朱，自然之数也。因为几百年来好谈性理之学风，不可猝易，而王学末流之敝，又已为时代心理所厌，矫放纵之敝则尚持守，矫空疏之敝则尊博习，而程朱学派，比较的路数相近而毛病稍轻。"② 可知，清初复兴的朱子学只是包含"经世致用"内容的"形而下"实学，而被梁启超称为"毛病"的性理之学要到陆陇其才得以修正。

---

① 梁启超．中国近三百年学术史［M］．夏晓虹，陆胤，校．北京：商务印书馆，2011：19.

② 梁启超．中国近三百年学术史［M］．夏晓虹，陆胤，校．北京：商务印书馆，2011：121.

第一节 援佛入儒与理学递变

一、儒体佛用：理学的学术路径选择

儒学发展到唐代，面临着自身和外在的双重挑战。唐建立统一帝国后，唐太宗便命孔颖达等人修撰《五经正义》，以便统一思想。此后，士子诵习儒经及应试皆以《五经正义》为准，不得任意解释经说。《五经正义》的颁行严重遏制了学术思想发展的活力，不可避免地使儒学陷入了僵化的境地。同时，南北朝以来佛学昌盛，唐玄宗时期六祖慧能对佛学的改革，也给儒学带来了最直接的影响。慧能主张不立文字，不废世俗，以心印心，见性成佛等简易修行的观点给当时受固定经义束缚的士子们以思想上的巨大冲击，加之佛学在本体论等形而上方面严谨的推理和精密的思辨，使得多数士大夫都热衷于佛学，诸如王维、白居易、柳宗元、刘禹锡治学常出入儒释之间。随着儒学自身的僵化和佛学不断的浸染，儒学式微，韩愈忧圣人之道不传，发起了以复兴儒学为目的的"古文运动"，主张从"古文"中寻找已丢失的圣人之道，提出了"文以载道"的口号，作《原道》《原性》诸篇，昌明道统。然而究竟何为圣人之道呢？韩愈在《原道》篇中说："博爱之谓仁，行而宜之之谓义，由是而之焉之谓道。"[①] 因此，这个"道"是周公、孔孟之道，是以"仁爱"为基础，在政治、文化、生活等各方面建立起的一整套精神价值和社会秩序。同时，他还指出"道"是要通过圣贤传递的，并勾勒出一个圣人之道的传承谱系，也即儒家所谓之道统。其言：

> 尧以是传之舜，舜以是传之禹，禹以是传之汤，汤以是传之文、武、周公，文、武、周公传孔子，孔子传孟轲。轲之死，不得其传焉。[②]

---

① 马其昶．韩昌黎文集校注（上）[M]．上海：上海古籍出版社，2021：25.
② 马其昶．韩昌黎文集校注（上）[M]．上海：上海古籍出版社，2021：26.

在韩愈看来，圣人之道由尧、舜、禹、汤、文、武、周公传之于孔子，孔子传之于孟子，孟子之后就中断了，圣人之学亦从此处于昏暗状态，故学者应以传递圣人之道、发明圣人之学为己任，将中断之道统重新续接。可知，他所理解的道是修身治国之道，是儒家文化的系统，绝非佛、老之道，"斯吾所谓道也，非向所谓老与佛之道也"①。韩愈对"道"的内涵的解释及对儒学道统的梳理为北宋理学家所吸收继承，理学家均以承接孟子后中断的儒学道统作为理想追求，程颐就曾称赞其兄程颢为孟子后道统中断的续接者②。

韩愈在明确了"文以载道"中"道"的内涵后，又举起了"辟佛归儒"的大旗，他对佛学的批判主要集中在佛学自身的文化特点和性理内容上。他指出佛学与儒学存在根本的差异，他说：

> 夫佛本夷狄之人，与中国言语不通，衣服殊制，口不言先王之法言，身不服先王之法服，不知君臣之义，父子之情。③

韩愈认为，佛学是一种异族文化，不言圣人之道、先王之法，不讲君臣大义、父子伦常，它的教义与儒学强调的伦理价值在本质上是对立的。因此，儒者为学应当独尊儒道，力排佛学，不应混淆儒释。韩愈还尝试着从儒学思想家和儒学经典中寻找力量以便从性理等形上层面对佛学展开批判，他最终选定了孟子和《大学》作为对抗佛学的武器。之所以选择孟子，除孟子辟杨墨异端、守儒学正道外，还在于孟子关于心性内容的阐发，可以与佛学精密的性理之说相抗衡。牟宗三曾言："周公创建的政教，究竟属外王而非内圣的，所以当宋儒为了对抗佛教，而深论'性理'的奥义之时，他们必须标出讲'内圣'之学的代表思想家，于是放弃了周公，而代以讲内圣之学的孟子，这是中国哲学史上的一个大关键。"④ 不独宋儒，其实早在唐代，韩愈就已经抬出讲内圣之学的孟子来对抗佛学了。所以，韩愈在梳理儒家道统时，将孟

---

① 马其昶. 韩昌黎文集校注（上）［M］. 上海：上海古籍出版社，2021：26.
② （宋）程颢，程颐. 二程集（上）［M］. 王孝鱼，点校. 北京：中华书局，1981：640.
③ 马其昶. 韩昌黎文集校注（下）［M］. 上海：上海古籍出版社，2021：877.
④ 牟宗三. 宋明儒学的问题与发展［M］. 上海：华东师范大学出版社，2004：11.

子列为孔子后的传道者，以彰显孟子儒学正统的地位。由于当时新禅宗宣称"人人皆有佛性""人人皆可成佛"，这些主张同孟子强调的"人人皆有善性""人人皆可为尧舜"在思想上相通，极易引起儒、释之间的混淆，柳宗元便从儒学的角度归纳六祖慧能的思想主旨为"性善"，他说："其教人，始以性善，终以性善，不假耘锄，本其静矣。"① 鉴于此，韩愈便从论述人性开始，入虎穴，得虎子，极辩儒、释论性之不同，其言：

> 性也者，与生俱生也；情也者，接于物而生也。性之品有三，而其所以为性者五；情之品有三，而其所以为情者七。
>
> 性之品有上中下三。上焉者，善焉而已矣；中焉者，可导而上下也；下焉者，恶焉而已矣。其所以为性者五：曰仁、曰礼、曰信、曰义、曰智。上焉者之于五也，主于一而行于四；中焉者之于五也，一不少有焉，则少反焉，其于四也混；下焉者之于五也，反于一而悖于四。性之于情视其品。情之品有上中下三，其所以为情者七：曰喜、曰怒、曰哀、曰惧、曰爱、曰恶、曰欲。上焉者之于七也，动而处其中；中焉者之于七也，有所甚，有所亡，然而求合其中者也；下焉者之于七也，亡与甚，直情而行者也。②

韩愈继承了董仲舒的论性之说，将性分为上中下三品，并指出性含有仁、义、礼、智、信五德。上品之性，有善无恶，五德具备；中品之性，善恶相杂，五德不足；下品之性，有恶无善，五德缺失。且情依性而定。上品之情，七情皆发而适中；中品之情，七情所发有所适中，也有放逸；下品之情，七情皆为放逸。可知，韩愈所论性情之内容实针对佛学之心性而发。新禅宗认为，众生平等，皆有佛性，尽可顿悟成佛，且视情为佛性之业障，主张灭情以见性。韩愈分人性为三品，特指下品之性有恶无善，需靠刑罚等外在手段进行约束，这显然有别于佛学之论人性，亦修正孟子性善之说。韩愈专以仁义礼智信说性，实沿孟子性善之旨而来，且开程朱"性即理"说之先河，他

---

① 尹占华，韩文奇. 柳宗元集校注（第二册）[M]. 北京：中华书局，2013：444.
② 马其昶. 韩昌黎文集校注（上）[M]. 上海：上海古籍出版社，2021：29.

的性三品亦揭宋儒分人性为天命之性与气质之性之端倪。朱熹曾说："他（韩愈）以仁义礼智为性，以喜怒哀乐为情，只是中间过接处少个'气'字。"① 又说："才又在气质之下。如退之说三品等，皆是论气质之性，说得尽好。"②

此外，韩愈还着重阐发了《大学》中的含义，将《大学》中正心、诚意等内圣的内容同修身、齐家、治国等外王的要求进行了初步结合，以批判佛学片面强调个人修行和出世的观点。他说：

> 传曰："古之欲明明德于天下者，先治其国；欲治其国者，先齐其家；欲齐其家者，先修其身；欲修其身者，先正其心；欲正其心者，先诚其意。"然则古之所谓正心而诚意者，将以有为也。今也欲治其心，而外天下国家，灭其天常；子焉而不父其父，臣焉而不君其君，民焉而不事其事。③

韩愈指出，古人之所以正心、诚意，注重个人德性修养，目的就在于齐家、治国、平天下，而现在学者却背道而行，单纯追求心性之精微，置家、国、天下于不顾，这种情况的出现，正是佛学盛行所致。所以，他特别注意对佛学性理的批判，企图利用儒家思想中"内圣"的知识来对抗佛学。然而儒学重于践履，疏于思辨，若从性理方面与佛学相争，则显得粗糙与凌乱。因此欲与佛学在性理上争长短，则不得不引佛学之概念与体系来支撑儒学。韩愈针对佛学的批判，或许自己也没有意识到会入其室，操其戈，将佛学精密的形而上体系引入儒学中去，发援佛入儒之先声。此后，其弟子李翱著《复性书》三篇，以佛学之性理说《中庸》，援佛入儒之意态显露无遗，已开宋儒论学之端绪。

对于韩愈在辟佛的同时又袭用佛学这一思想变化，陈寅恪在《论韩愈》

---

① （宋）黎靖德．朱子语类（卷四）：性理一［M］．王星贤，点校．北京：中华书局，2020：96.

② （宋）黎靖德．朱子语类（卷四）：性理一［M］．王星贤，点校．北京：中华书局，2020：80.

③ 马其昶．韩昌黎文集校注（上）［M］．上海：上海古籍出版社，2021：24.

中有明确的论述：

> 然《中庸》一篇虽可利用，以沟通儒释心性抽象之差异，而于政治社会具体上华夏、天竺两种学说之冲突，尚不能求得一调和贯彻，自成体系之论点。退之首先发见《小戴礼记》中《大学》一篇，阐明其说，抽象之心性与具体之政治社会组织可以融会无碍，即尽量谈心说性，兼能济世安民，虽相反而实相成，天竺为体，华夏为用，退之于此奠定后来宋代新儒学之基础，退之固是不世出之人杰，若不受新禅宗之影响，恐亦不克臻此。①

陈先生认为，韩愈在辟佛的过程中没有选择擅长心性论述的《中庸》作为理论基础，而是选择了《大学》，原因就在于《中庸》虽同佛学一样长于心性发挥，但于社会政治层面却有所忽略，不能像《大学》一样将抽象之心性（正心、诚意）与具体之政治社会组织（齐家、治国、平天下）统一起来，形成一个完整的理论体系。韩愈治学以恢复圣人之道为目的，他道统谱系里的尧、舜、禹、汤、文、武、周公、孔子、孟子均为倡导实施仁政的圣人，故他必定选择含有"外王"内容的《大学》作为理论支撑。陈先生又指出，韩愈阐发《大学》之义，既谈心说性（佛学所主），又济世安民（儒学所主），将佛学主张的"个人内修"与儒学强调的"经世资治"结合起来，使得这对原本相反的关系能够很好地联系起来，他概括为"天竺为体，华夏为用"。

"体""用"本是中国传统文化中的一对概念。"体用并举"最早见于《荀子·富国篇》中"万物同宇而异体，无宜而有用为人"的记载②，在《荀子·富国篇》里，"体"为形体，"用"为功用，还不具有哲学的意义。真正赋予"体""用"以哲学意义的是王弼③，王弼在《老子注》中将"体"理

---

① 陈寅恪. 金明馆丛稿初编［M］. 上海：上海古籍出版社，2020：326.
② 张岱年. 中国古典哲学中若干基本概念的起源与演变［J］. 哲学研究，1957（2）：67.
③ 钱穆曾言："康节之所以与古人异者，因古人无此体的观念，乃自王弼以后始有之。自有此体的新观念，于是一切言思，亦遂不得不与古人有异。"钱穆. 中国学术思想史论丛（卷五）［M］. 合肥：安徽教育出版社，2004：59.

解为抽象的存在。孔颖达在疏《易·系辞上》"形而上者谓之道，形而下者谓之器"时将"体""用"联系起来解释："道是无体之名，形是有质之称。凡有从无而生，形由道而立，是先道而后形，是道在形之上，形在道之下。故自形外已上者谓之道也，自形内而下者谓之器也……既有形质，可为器用，故云'形而下者谓之器也'。"① 在孔颖达看来，"道"为道体，是无形的，处于首要地位；"器"为器用，是有形的，处于次要地位。他将"体""用"与"道""器"联系起来解读。入宋后，程颐将"体""用"概念引用到了理学中，"至微者理也，至著者象也。体用一源，显微无间"②。微妙的理为体，显著的象为用，体用之间不存在差别，是一个事物的两面：言理，则先体后用；言事，先用后体。程颐将"体""用"的概念从孔颖达的重"体"轻"用"转变成了"体""用"并举，提高了"用"的地位，表明理学在袭取佛学性理时，刻意突出儒学资治功用的治学主旨。

陈先生言韩愈治学"天竺为体，华夏为用"，实际上是指韩愈开启了将佛学擅长的形上本体的阐发（抽象之心性）与儒学重视的形下资治的践履（具体之政治社会组织）相嫁接的尝试，这为后来二程阐发《大学》之义，构建格物、致知、正心、诚意等内圣层面与修身、齐家、治国、平天下等外王层面相统一的新的治道体系提供了理论基础。需加以说明的是，陈先生所言"天竺为体，华夏为用"是从新儒学即理学的理论构成方面讲的，佛学多讲形而上，所以为体，儒学偏重形而下，所以为用，且这里的"天竺为体"已不是指佛学，而是指韩愈借用佛学有关本体论的思想及精密的逻辑推理来发挥儒学的性理之义。简言之，"天竺为体，华夏为用"即指韩愈袭取佛学精细的本体论思想来丰富儒学的天道心性等形而上的理论，并与儒学强调的纲常名教、经世资治等形而下的践履相结合的一种学说体系，也就是新儒学，或者说是宋明理学。然儒学毕竟以入世为目的，即便是强调"内圣"修养的理学家，最终孜孜以求的还是"外王"，所以从理学的思想功用来看，"天竺为体，华夏为用"其实也可以说成"华夏为体，天竺为用"或者"儒体佛用"，即理学只是借用了佛学形而上的思辨形式，其最终主旨还在于儒学纲常名教和

① （魏）王弼，（唐）孔颖达. 周易正义［M］. 北京：中国致公出版社，2009：279.
② （宋）程颢，程颐. 二程集（下）［M］. 王孝鱼，点校. 北京：中华书局，1981：689.

经世资治的道德践履。《二程集》载:"有人问明道先生:'如何是道?'明道先生曰:'于君臣父子兄弟朋友夫妇上求。'"① 程颢言"天理"需于纲常伦理等道德实践中寻求,便是"儒体佛用"最好的诠释。自韩愈将佛学之性理与儒学之践履相嫁接,构建了新儒学的理论模式后,又经二程的不断丰富,至朱熹终于形成了形上形下兼备,体用一源的理论体系,"儒体佛用"② 的理论框架成为宋明理学的基本学术路径。

二、体用分离:阳明后学的佛儒融合

理学最显著的特征就在于通过借用佛学形而上的思维形式,使得儒学本身的性理之学趋于精密和系统,再与儒学强调的纲常名教等道德践履相结合,形成了形上形下兼备的理论体系。理学虽然也讲天道心性等形而上的范畴和命题,但它的形而上内容是为形而下的实践服务的,即形而上的思辨最终是为形而下的践履提供合理的借口和法则。"理"作为理学思想体系的最高范畴,自程颢提出后,便被赋予了形而上的意义。它既是自然的普遍法则,更是人类社会的当然原则,适用于自然、社会和一切具体事物的存在与发展;它重新诠释了儒学自董仲舒后构建的天人关系,使天道和人道以更加紧密、合理的形式联系起来,把人道提高到了天道的意义上加以论证和推广。理学家认为,人类社会中的君臣、父子、兄弟、朋友、夫妇等人之五伦及存于其间的纲常大义便是"天理",维护君臣、父子、夫妇之间的纲常关系,便是顺从天道、遵循天理,反之,则有违天道、有损天理。程颢曾明确言"天理"需"于君臣父子兄弟朋友夫妇上求"。可知,理学虽将"天理"作为世界的本原,但"天理"的主要功用还在于为纲常名教的普遍性和必然性提供合理的理论支撑。

二程虽将人道提高到了天道的地位,但他们很清楚道德的实践最终要着落在个人身上,如果个人置天道于不顾,不去遵循纲常伦理秩序,则"天理"

---

① (宋)程颢,程颐. 二程集(上)[M]. 王孝鱼,点校. 北京:中华书局,1981:433.

② 按:本书中后面提到的"体""用"的含义,均指"儒体佛用"的内涵,即"体"是指儒学纲常名教和经世资治的形下践履,"用"是袭用佛学精细的本体论思想来丰富儒学天道心性的形上思辨。

也将无法对其产生约束。所以，二程在提倡"存天理"的同时，也指出要"灭人欲"，即"外王"（体）与"内圣"（用）兼备，通过"内圣"的体认天理自觉地去完成"外王"的道德践履。因此，二程阐发《大学》之义，构建了"内圣"与"外王"相统一的新的治道体系，在这个体系中"外王"是"内圣"的目的和追求，"内圣"是"外王"的保证和前提。二程虽从形式上将《大学》强调的格物、致知、正心、诚意等内圣的内容与修身、齐家、治国、平天下等外王的要求进行了统一，并把它们纳入了"天理"的范畴，但未能从学理上将其阐释得圆融无碍。程颢主张个人修养的工夫是定性，定性的方法是"不须防检，不须穷索"，而"不须防检，不须穷索"就意味着要遵从个人内心的意愿毫不干涉。因此，这种内圣的修养方法必然同外王的秩序约束产生冲突。程颐则讲主敬和致知，强调"涵养须用敬"的修养方法，但他所讲的"敬"的工夫并没有区分心体的未发和已发，这样笼统地讲"敬"极易与佛、老所讲的"静"相混淆。针对二程理论体系中存在的罅隙，朱熹进行了必要的补充和发展，他通过对《大学》中"格物"的阐释，将人们的心性修养等内圣内容同道德践履等外王追求紧密地融合在了一起，形成了一个内外相合、体用一源的理论体系。朱熹对"格物"的解释主要体现在他对《大学》"格物"章的"补传"中，他说：

> 所谓致知在格物者，言欲致吾之知，在即物而穷其理也。盖人心之灵莫不有知，而天下之物莫不有理，惟于理有未穷，故其知有不尽也。①

朱熹在"补传"中为"格物致知"设定了两个前提："人心之灵莫不有知"和"天下之物莫不有理"。"人心之灵莫不有知"指的是心的感知功能，它以"心具众理"为基础，强调的是人们可以通过"格物"的工夫获得事物中存有之"理"，进而来验证本心中所具之理以达到知识的扩充和本心的明净，它是人们内圣修养的前提和基础；"天下之物莫不有理"指的是"理"的普遍性和客观性，它以"理一分殊"为基础，强调的是"理"存于事物之

---

① （宋）朱熹. 四书章句集注［M］. 北京：中华书局，1983：6-7.

中而不发生改变，人们可以通过学习、应物、道德实践等手段来获得它，它是人们外王践履的前提和基础。朱熹"格物致知"的方法遵循如下路径：心中所具之理和天地万物之理在内容和本质上是相同的，只是心中所具之理常常受欲望的干扰不能显现出来，所以需要通过外在的不断学习和积累来获得事物之理（格物），进而恢复内心被私欲遮蔽的天理（致知），然后再用内心恢复之理支配人们的意识去进行更多的实践，以达到"豁然贯通焉，则众物之表里精粗无不到，而吾心之全体大用无不明矣"① 的境界。需加以说明的是，朱熹虽然认为"理"具有普遍性和客观性，但他所说的"理"主要是体现在人类社会中的道德原则，"心具众理"主要指先天存于人们心中的仁义礼智等道德因素，即是说：朱熹并不主张人心先天具有一切知识，在他看来，人心先天具有的只是仁义礼智等不学而知的道德因素，要使这些因素完全支配人们的意识进而付诸实践，就必须经过不断学习和积累使其得到扩充和运用，而这个学习和积累的过程就是"格物"的过程。可知，朱熹以"格物"为纽带，将理学中强调心性修养的"内圣要求"（用）和道德践履的"外王实践"（体）巧妙地结合在了一起，弥补了二程理论体系中的罅隙。

从朱熹"格物"说的逻辑体系可以看出，他析心、理为二，言心侧重于心的知觉能力，言理侧重于理存于万物。朱熹之所以析心、理为二，就在于他要兼顾理学体系中体、用的关系，换言之，他要将理学体系中形上思辨的内圣要求同形下践履的外王实践圆融无碍地统一起来。所以，心在他的哲学体系中只能处于工夫论的范畴，工夫完成的结果就是"复心尽性"；理则是作为本体论的范畴，以普遍、客观的性质存于事物之中，通过规律、制度、原则等形式来指导人们的意识活动。虽然朱熹对二程学说体系中的罅隙进行了修补，但他构建的以"格物"为核心的理学体系本身也隐含着不可调和的理论缺陷。一是朱熹强调"天下之物莫不有理"，主张"即物穷理"和"理一分殊"。那么存在于宇宙间一切事物中的"理"便是分殊的表现，体现在人类社会便是仁义礼智等道德原则，体现在自然社会便是自然规律。不论是道德原则还是自然规律，它们都是外在于心的客观存在，是不以人们的意愿而发

---

① （宋）朱熹．四书章句集注［M］．北京：中华书局，1983：7.

生改变的。这样就会出现一个问题，从人类社会的角度考察，仁义礼智、三纲五常等封建道德是存于人类社会中的天理，人们在日常生活中只能去认识它，自觉地顺应它、服从它，而绝不能抗拒它，也就是说，人们在日常生活中面对仁义礼智等道德原则时只能放弃自己内心的主观意愿而自觉地去遵从它。按照这一理论逻辑，人们内心的意愿便被牢牢地限定在了道德原则的范围内，这就必然会导致人们内心所想和实际所做不一，出现所谓的"假道学"或"假理学"现象。二是朱熹的"格物"说主张格物穷理，强调"天下之物，莫不因其已知之理而益穷之"①，然宇宙间事物众多，绝非能够格之殆尽，所以他的"格物"方法必然会使人们陷入支离、烦琐的困境，这也正是陆王学者讥讽程朱学说弊病之所在。

正是由于朱熹学说在理论逻辑上的缺陷，王阳明起而矫之。他指出，朱熹学说最主要的问题就在于他析心、理为二，从根本上错解了"格物"的含义。所以，他提出了"心外无理"和"心外无物"的观点加以反驳。在王阳明看来，心即是理，人们的一切活动都是由心这个理来支配意识完成，活动的行为取决于实践活动的主体（心）而非参与活动的客体（活动对象），他举例说：

> 且如事父，不成去父上求个孝的理？事君，不成去君上求个忠的理？交友治民，不成去友上、民上求个信与仁的理？都只在此心。心即理也。②

因此，事父、事君、交友、治民等所含的忠孝仁义等"天理"不是外存于父、君、友、民身上，而是内存于心。正是由于心中所含的忠孝仁义之理支配意识将其实践出来，从而才表现为事父的孝、事君的忠、交友的信与治民的仁。他同时又强调"心外无物"的观点，将"物"解释为内心的意识活

---

① （宋）朱熹 . 四书章句集注［M］. 北京：中华书局，1983：7.
② 吴光，钱明，董平，等 . 王阳明全集（第 1 册）［M］. 上海：上海古籍出版社，2014：2-3.

动,指出"意之所在便是物"①,把朱熹理解的外在客观之物转变成内心意识的存在。在此基础上,他对"格物"进行了重新解释,他解"格"为"正","正其不正以归于正"② 之义,解"物"为"意之所在"。因此,在王阳明看来,"格物"的核心就是正心,心正则意诚。然而,如何才能保证格物的成功呢?也即如何才能保证心正呢?王阳明指出,要靠良知来约束,关于良知的内涵,下节将专门论述。大体上,阳明学说存在如下逻辑:心之本体是至善无恶的,心体一旦发动便会产生意,善、恶也随之而生,好善恶恶便是诚意;那么如何才能达到诚意呢?则需致知(致良知)。即是说存善去恶需要以良知为准则,然良知在个体中又常受私欲蒙蔽,表现得不是很完备,如何使良知在内心中发展成为一个健全圆满的是非准则呢?则要"格物"。"格物"则是在意念刚刚产生时的存善去恶。按照阳明的理解,"诚意"和"格物"的工夫虽都是存善去恶,但"诚意"主要侧重于意念的真实,即好"善"之意真真实实,去"恶"之意亦真真实实,指的是意识活动本身的真实无妄;"格物"则指意念进行实践时的"好善恶恶",是指意念在指导实践时行为要真实地遵循良知的指导。所以,"诚意"指的是意念上的"存善去恶","格物"则指的是实践中的"存善去恶",我们在理解阳明学说时应加以区分。

阳明的"格物"学说把格物的重点放在了"格心"上,这就改变了朱熹向外求理的治学路径,转而向内问求本心。然而,由于儒学在心性等本体论方面论述的零散与浅薄,故要在本心上构建严谨的理论体系,则又不得重新去佛学那里吸收养分。因此,阳明学说同程朱理学相比援佛入儒的倾向更加明显,治学路径更偏重形上思辨,轻视形下践履,呈现出重用轻体,甚至是体用分离、融合佛儒的学术特征。而这些特征在阳明后学尤其是泰州学派那里得到了很好的发展。

泰州学派的赵贞吉就明言儒学于性理方面支离和浅陋,不如佛学阐释得精密和系统,他说:

---

① 吴光,钱明,董平,等.王阳明全集(第1册)[M].上海:上海古籍出版社,2014:6.

② 吴光,钱明,董平,等.王阳明全集(第1册)[M].上海:上海古籍出版社,2014:28.

（朱熹）凡诸灵觉明悟，通解妙达之论，尽以委于禅，目为异端，而惧其一言之污也。顾自日看案上《六经》《论》《孟》及程氏文字，于一切事物理会，以为极致，至太极无极，阴阳仁义，动静神化之训，必破碎支离之为善，稍涉易简疏畅，则动色不忍言，恐堕异端矣！夫如此学道，乌得不陋？谓灵觉明妙，禅者所有，而儒者所无。非灵觉明妙，则滞窒昏愚。岂谓儒者必滞窒昏愚，而后为正学耶？①

在赵贞吉看来，儒学在形而上的性理方面如果不去借用佛学对于本体、心性的精密论述，则必然会"破碎支离"，学者也会"滞窒昏愚"。如果说程朱在构建理学体系时，对佛学的引用还处于"犹抱琵琶半遮面"的状态，那么赵贞吉则已将援佛入儒公开化。他直言佛学于性理方面的"明妙"，强调以佛解儒，主张佛儒融合。然而，佛学毕竟是一门内向修养的学问，主张人们出世修行，这与儒学的入世思想有着本质的差别，所以，阳明后学在融合佛儒的过程中，必然要解决佛学重形上而轻形下的矛盾，使之与儒学的入世思想相吻合。因而，对于儒学中体用之间关系的处理，他们采取的方法往往是偏重形上思辨的"用"而忽略形下践履的"体"，出现体、用分离的情况。对于这一现象，泰州学派的另一位学者焦竑在《答友人问释氏》中有这样的记载：

问："伯淳言'佛唯务上达而无下学'，然则其达岂有是也？"曰："离下学，无上达。佛说种种方便，皆为未悟者设法，此下学也。从此得悟，即名上达。学而求达，即掘井之求及泉也。泉之弗及，掘井奚为？道之弗达，学将安用？"②

---

① （清）黄宗羲．泰州学案（二）[M]∥吴光．黄宗羲全集（第7册）．杭州：浙江古籍出版社，2012：881.

② （清）黄宗羲．泰州学案（四）[M]∥吴光．黄宗羲全集（第8册）．杭州：浙江古籍出版社，2012：88-89.

程颢批评佛学只有形上思辨的理论，没有形下践履的应用。焦竑为此辩解，指出形下实践的目的就是获得形上思辨的开悟，他将形上比喻为泉水，形下比喻为掘井，通过掘井获得泉水的例子来说明佛学强调形上的意义。

阳明后学尤其是泰州学派的学者正是持着这样的态度来融合佛儒的，在这一态度的指导下，阳明后学片面强调内心德性的阐发，忽略外在"资治"的实践，出现了体、用之间的分离，最终导致明末学术思想的混乱，引起了晚明学界的讨伐和反思。

第二节 王学的批判与修正

一、王学的困境及其后学的偏失

朱熹作为北宋理学的集大成者，生前虽长期著述立说、收徒讲学，但他的学说在当时并未得到统治者的认可，一度被定为"伪学"，禁止传播，直到去世后才得以开禁。元承宋祚，朱熹学说的地位也随之发生了变化，突出的表现是元仁宗皇庆二年（1313）制定的科举条制，将朱熹的著作作为科举考试的主要内容和依据，基本上预示着朱熹学说成为官学。到了明代，明成祖永乐十三年（1415）纂成和颁行以朱学为主的《五经大全》《四书大全》《性理大全》，作为科举考试的准绳，废古注疏不用，标志着朱熹学说在思想上统治地位的正式确立。此后，朱熹的学说思想被奉为为政和修身的理论指导，代圣贤立言，统治者科举取士皆以朱学为圭臬，士子读书皆以朱学为根底，对外稍有涉猎便被斥为"杂览"而非"正学"。由于朱熹学说在科举考试中的独尊地位，士子们如果想入仕做官就必须学习和接受朱熹的理学思想。在封建社会，学术一旦与政治发生关联，在政治的强大压力和驱使下，学术定然不能保持自身思想的独立性和客观性，况且理学本身就以"资治"为目的。朱熹学说由于强调"理"外存于事物，具有客观性和永恒性，体现在人类社会就是仁义礼智等道德原则，所以人们在为学和生活中必须加以遵循，这就必然会出现人们内心的主观意愿同理性的道德自觉发生冲突的情况，也即外在行为的支配是出于内心的真实意愿还是理性的自觉选择，关于这一点在上节阐述朱熹学说弊端时已有论及。

因此，士子们为了入仕做官，即使是内心所想与道德原则不符，也不得不迎合道德原则的要求，表现出言行不一的情形，换言之，即所言所行绝非出自内心真实的想法。针对这一情况，王阳明有过清晰的论述和批评，他说：

> 后世良知之学不明，天下之人用其私智以相比轧，是以人各有心，而偏琐僻陋之见，狡伪阴邪之术，至于不可胜说；外假仁义之名，而内以行其自私自利之实，诡辞以阿俗，矫行以干誉，掩人之善而袭以为己长，讦人之私而窃以为己直，忿以相胜而犹谓之徇义，险以相倾而犹谓之疾恶，妒贤忌能而犹自以为公是非，恣情纵欲而犹自以为同好恶……则无怪于纷纷籍籍，而祸乱相寻于无穷矣！①

可知，在阳明生活的时期，世人在朱熹理学思想的影响下，心中所想与所言所行背离得已经非常严重，进而"人各有其心"，表现出"外假仁义之名，而内以行其自私自利之实"。在阳明看来，这一情形出现的主要原因就在于人们的行为不是出于内心思考（阳明所谓的"正心""诚意"）后的真实反映，换言之，人们的行为不是内心经过良知裁定后的反映，这也正是他说的"良知之学不明，天下之人用其私智以相比轧，是以人各有心"出现的根由所在。故而，阳明提出了"良知"之学，强调人们的行为应当出于内心的真实想法，而内心又需要以"良知"为依据，他感叹道："仆诚赖天之灵，偶有见于良知之学，以为必由此而后天下可得而治。"② 阳明所言的"良知"主要来自孟子的"良知""良能"，孟子曾说："人之所不学而能者，其良能也；所不虑而知者，其良知也。孩提之童无不知爱其亲者；及其长也，无不知敬其兄也。"③ 依孟子所言，"良知""良能"是人们先天具有的道德本能，自足

① 吴光，钱明，董平，等．王阳明全集（第1册）［M］．上海：上海古籍出版社，2014：90.

② 吴光，钱明，董平，等．王阳明全集（第1册）［M］．上海：上海古籍出版社，2014：90.

③ 杨伯峻．孟子译注·尽心上［M］．北京：中华书局，1960：283-284.

圆满，随用随显。阳明则进一步发挥了孟子的"良知"内涵，他说：

> 心自然会知，见父自然知孝，见兄自然知弟，见孺子入井自然知恻隐，此便是良知，不假外求。①

又说：

> 尔那一点良知，是尔自家底准则。尔意念着处，他是便知是，非便知非，更瞒他一些不得。②
>
> 良知只是个是非之心，是非只是个好恶，只好恶就尽了是非，只是非就尽了万事万变。③

在阳明看来，良知能"知是知非""知善知恶"，是可以对意念活动进行监督、评价和判断的道德原则，具有先验性、现成性和圆满性的特征。按照阳明学说的逻辑体系，良知应具有两个方面的理论意义：一是本体意义，一是工夫意义。本体意义是指良知本身具有知善恶、辨是非的功能，它先天存在，自足圆满，不假外求，故而人们在见父时内心自然会流露出"孝"的意念，见兄时自然会流露出"悌"的意念，这正是良知本体意义的发挥；工夫意义是指良知虽然在本体上具有"知善知恶"的功能，但这一功能在个体中常常会受到私欲的蒙蔽，所以人们又当通过"格物"的手段来扩充良知（致良知），而"格物"则是指良知在意念（经过良知判断后的意念，即诚意后的结果）的实践过程中确保"知是""知善"得以实施。换言之，人们见父、见兄时，在良知的指导下，孝和悌的意念会产生，但孝和悌的意念如果要落到实践处，仍需要良知的发挥，以确保孝、悌意念的实施不出偏差，这就是

---

① 吴光，钱明，董平，等．王阳明全集（第1册）［M］．上海：上海古籍出版社，2014：7.

② 吴光，钱明，董平，等．王阳明全集（第1册）［M］．上海：上海古籍出版社，2014：105.

③ 吴光，钱明，董平，等．王阳明全集（第1册）［M］．上海：上海古籍出版社，2014：126.

"格物"的过程。可知，在阳明的学说体系里，良知实兼本体和工夫的意义于一身，且不管是本体意义或者工夫意义，良知都表现出先天圆满、随用随显的先验性和显在性特征。然而从本体意义上讲良知自足圆满，现成存在于人心是没有问题的，但从工夫意义上讲良知自足圆满，现成存有则必然会使良知学说陷入一个困境：良知既然现成存于人心，随用随显，也就意味着无须再通过"格物"的工夫来"致良知"，儒家所讲的格致诚正工夫也就失去了存在的意义，"格物"工夫的缺失进而可能导致人们以情欲作为良知，使良知陷入率性所行、放任自然的境地。要之，在阳明思想中，情和意是联系在一起的，意念包括思维与情感，有是非、有善恶，意念的善恶由良知来判断。然而，良知虽能判断意念的是非善恶，但并不能保证恶的意念不产生，也不能先验地保证人只遵循良知的指引，这就需要"格物"来发生作用。如果从工夫意义上讲，良知处于圆满、现成的状态，就不需要进行扩充，"格物"的工夫也就没有存在的意义，从而人心意念的产生便是良知，作为良知的意念失去了"格物"工夫的评判就有沦为情欲的可能，进而以情欲作为良知来发生作用。

因此，在阳明的思想体系中，讲良知的自足圆满、现成发用应当进行本体和工夫意义上的区分，否则就会陷入无法调解的困境。正因如此，阳明特别强调"致良知"，重视《大学》中"诚意"和"格物"的工夫，他说："《大学》之要，诚意而已矣。诚意之功，格物而已矣。"① 而《大学》在阳明看来又是人们了解圣学之功的必要途径，弟子钱德洪曾言："吾师接初见之士，必借《学》《庸》首章以指示圣学之全功，使知从入之路。"② 阳明去世后，阳明后学对于良知在本体和工夫意义上的理解产生了分歧：罗念庵主张良知应当本体和工夫兼论，反对良知在工夫意义上的自足和现成；王畿则强调良知在工夫意义上的现成性，主张"良知现成"说，陷入了良知在工夫意义上自足、圆满和现成的误区。此后，泰州学派更是在"良知现成"的基础

---

① 吴光，钱明，董平，等. 王阳明全集（第1册）［M］. 上海：上海古籍出版社，2014：270.
② 此段话为钱德洪在王阳明《大学问》前所记按语。吴光，钱明，董平，等. 王阳明全集（第3册）［M］. 上海：上海古籍出版社，2014：1066.

上将阳明心学发展成了狂禅之学，在晚明思想界引起了强烈的反响。

"良知现成"说正是在阳明强调良知在本体意义上自足圆满、随用随显的基础上，将良知的自足性、现成性及当下性特征运用到了工夫意义的范畴内。它具体包含两个方面的含义：一是良知作为人的道德原则，先天存于人心之中，自足圆满，无有亏欠，这是从本体意义上来说的；二是良知作为人的道德意识，随用随显、当下圆满、直截了当地体现在人伦日用生活中，这是从工夫意义上来说的①。所以，王畿曾说：

> 先师提出"良知"二字，正指见在而言。见在良知与圣人未尝不同，所不同者，能致与不能致耳。且如昭昭之天与广大之天，原无差别，但限于所见，故有大小之殊。若谓见在良知与圣人不同，便有污染，便须修证，方能入圣。良知即是主宰，即是流行，良知原是性命合一之宗。故致知功夫，只有一处用。若说要出头运化，要不落念、不成念，如此分疏，即是二用，二即是支离，只成意象纷纷，到底不能归一，到底未有脱手之期。②

"见在"即指"当下现成""当下圆满"之义。欧阳修在《归田录》中有"见在佛"的记载："太祖皇帝初幸相国寺，至佛像前烧香，问当拜与不拜，僧录赞宁奏曰：'不拜。'问其何故，对曰：'见在佛不拜过去佛。'"③ 这里的"见在佛"就是当下成佛，现在是佛的意思。王畿所说的"见在良知"就是当下良知、现成良知，是指意念在发用时指导意念实践的良知当下圆满。在他看来，常人的"见在良知"和圣人的良知是相同的，在意念进行实践时表现出自足圆满，这个过程不存在意念与良知的脱离（污染），无须修证（格物），否则就会沦为二用，陷入支离。那么，是否可以说王畿将"致良知"的工夫给省去了呢？显然，王畿也强调"致良知"，只不过他理解的"致"同

---

① 关于"良知现成"说的形成、展开及影响，吴震有过专门论述．吴震．阳明后学研究 [M]．上海：上海人民出版社，2003：1-34．
② 吴震．王畿集（卷四）[M]．南京：凤凰出版社，2007：81．
③ （宋）欧阳修．归田录（卷一）[M]．林青，校注．西安：三秦出版社，2003：1．

阳明有所不同，他把"致"理解成了"悟"，也即从本体上来体悟良知。他说："体用显微只是一机，心意知物只是一事，若悟得心是无善无恶之心，意即是无善无恶之意，知即是无善无恶之知，物即是无善无恶之物。"① 这正是有名的"四无说"。王畿的"四无说"是在阳明"四句教"的基础上提出的，阳明称之为上根之人的学习方法。

王畿关于"见在良知"的理解得到了泰州学派王艮等学者的进一步发挥，王艮提出了"日用即道"的观点，将良知的当下圆满引入了百姓的日用生活中，扩大了良知见在的运用范围。黄宗羲在《明儒学案》中对于王艮"日用即道"的观点有这样的论述：

> 阳明而下，以辩才推龙溪，然有信有不信。唯先生（王艮）于眉睫之间，省觉人最多。谓"百姓日用即道"，虽童仆往来动作处，指其不假安排者以示之，闻者爽然。②

可知，王艮所强调的"日用即道"就是人们在日常生活中意念付诸实践时良知处于当下圆满自足的状态，这正是"见在良知"的翻版。所以，王艮说童仆之间的视听、往来、持行都是心体的不假安排，是良知的自由发用，都体现着"道"的存在。这里的"不假安排"也即程颢在《识仁篇》里提到的心体"不须防检，不须穷索"，程颢曾有"识得此理，以诚敬存之而已，不须防检，不须穷索"③ 的言论。程颢虽讲心体"不须防检，不须穷索"，但是有一个前提，即"以诚敬存之"，阳明后学特别是王畿和泰州学派则置"诚敬"这一前提于不顾，片面强调心体"不须防检，不须穷索"的自然流露，认为心体不加干预的自然流露就是良知发用的体现。所以，王艮说人们在日常生活中内心不加干扰的自然流露都是"良知"的发用，都是"道"的存在。那么，这样必然会产生一个现实的问题：如果人们内心的自然流露就是

---

① 吴震. 王畿集（卷一）[M]. 南京：凤凰出版社，2007：1.

② （清）黄宗羲. 泰州学案（一）[M]//吴光. 黄宗羲全集（第7册）. 杭州：浙江古籍出版社，2012：829.

③ （宋）程颢，程颐. 二程集（上）[M]. 王孝鱼，点校. 北京：中华书局，1981：16-17.

"良知"的体现，那么，当他人的"良知"与自己的"良知"发生冲突，该以谁的"良知"作为标准呢？换言之，判断是非标准的原则是听从自己内心的"良知"还是采纳他人的"良知"呢？对此，阳明有过专门论述，他说："夫学贵得之心，求之于心而非也，虽其言之出于孔子，不敢以为是也，而况其未及孔子者乎？求之于心而是也，虽其言之出于庸常，不敢以为非也，而况其出于孔子者乎？"① 也就是说，人的行为要听从自己内心的安排，自己内心的流露就是良知的表现，但阳明此论还有一个前提——"格物"，而王畿和王艮等阳明后学突出了阳明本心的作用，片面强调了良知的本体意义而忽略了良知在工夫上的修养意义。正是在此基础上，王艮得出了"满街都是圣人"的结论，罗汝芳提出了"赤子之心"当下即是的思想，何心隐、李贽则承认情欲乃天性良知所发，一反理学家"存天理，灭人欲"的宗旨，声称"酒色财气不碍菩提路"，将理学家要求的道德准则、天理秩序统统抛在了情欲之后。可见，阳明后学尤其是泰州学派在理解阳明良知思想时与阳明本意渐行渐远，最终使阳明心学走向了禅学和异端。

总之，阳明学说以"良知"为核心，从本体意义上强调"良知"为人们先天具有，不假外求，自足圆满，但也承认良知在发用时会受到私欲的干扰，故而需要"致良知"，要求"诚意""格物"等修养工夫。王畿、王艮等阳明后学则过分强调良知在工夫意义上的现成性、圆满性，主张"良知见在"，把阳明所讲的本体和工夫混为一谈，认自然为宗，轻视礼法，提出了"日用即道""满街圣人"的异端思想。王畿、王艮及其以后的颜均、罗汝芳、何心隐等泰州学者对阳明学说理解的偏差，终将阳明的思想引入了禅学和异端，造成了晚明思想上的混乱。明亡后，清初学者对于阳明学说的批判也主要针对于此。

二、清初学者对王学的批判及王学内部的修正

明亡清兴，清初学者尤其是经历了"亡国"之痛的遗民学者在反思和总结明亡原因时无不将其归咎于阳明学说的空疏，他们认为，阳明学说的阳儒

---

① 吴光，钱明，董平，等. 王阳明全集（第1册）[M]. 上海：上海古籍出版社，2014：85.

阴释和阳明后学的"离经叛道"造成了晚明学界思想的混乱，进而成为明亡的主要原因。在他们看来，明王朝的问题虽然暴露在政事上，但根源却在学术，他们得出了一种普遍性的结论：明亡的问题暴露在政事，政事的衰败取决于人心，而人心的败坏则来自学术。有"海内大儒"之誉的李颙曾说过："天下之大根本，人心而已矣。天下之大肯綮，提醒天下之人心而已矣。是故天下之治乱，由人心之邪正；人心之邪正，由学术之晦明。"① 因而，对于王学的批评和反思、对于晚明以来学术思想的重建成为清初学者共同努力的方向，梁启超称之为"王学革命"② 或者"王学的反动"③。

顾炎武是清初对王学批判最为激烈、影响最大，也是最具代表性的学者，梁启超称"当此反动期而从事于'黎明运动'者，则昆山顾炎武其第一人也"④。顾炎武（1613—1682），字宁人，初名绛，明亡后改名炎武，江苏昆山人。因家乡有一亭林湖，故人称亭林先生。顾炎武对王学的批判主要集中在阳明及其后学造成的"束书不观，游谈无根"的社会风气，他将阳明的良知之学同王衍的清谈、王安石的新说相提并论，认为它们是导致"神州荡覆，宗社丘墟"的主要原因。他说：

> 五胡乱华，本于清谈之流祸，人人知之。孰知今日之清谈，有甚于前代者！昔之清谈，谈老庄；今之清谈，谈孔孟。未得其精，而已遗其粗；未究其本，而先辞其末。不习六艺之文，不考百王之典，不综当代之务，举夫子论学论政之大端，一切不问，而曰"一贯"，曰"无言"，以明心见性之空言，代修己治人之实学。股肱惰而万事荒，爪牙亡而四国乱，神舟荡覆，宗社丘墟。⑤

---

① 朱铸禹. 全祖望集汇校集注（上册）[M]. 上海：上海古籍出版社，2000：234.
② 梁启超. 中国近三百年学术史 [M]. 夏晓虹，陆胤，校. 北京：商务印书馆，2011：19.
③ 梁启超. 中国近三百年学术史 [M]. 夏晓虹，陆胤，校. 北京：商务印书馆，2011：121.
④ 梁启超. 清代学术概论 [M]. 北京：人民出版社，2008：7.
⑤ （清）顾炎武. 夫子之言性与天道 [M]// （清）黄汝成. 日知录集释（卷七）. 栾保群，校点. 北京：中华书局，2020：363-364.

这里所讲的"今之清谈"和"明心见性之空言"均指阳明的良知之学。他还对阳明的"良知"学说点名批评：

> 以一人而易天下，其流风至于百有余年之久者，古有之矣。王夷甫之清谈，王介甫之新说。其在于今，则王伯安之"良知"是也。孟子曰："天下之生久矣，一治一乱。"拨乱世反之正，岂不在于后贤乎！①

阳明的"良知"学说建立在"心即理"的基础上，它摒弃了朱熹学说中"格物"的认识功能，代之以格心，否定了对于经典的研究和外部现象规律的考察，完全变成了内向性的修养之学。在阳明学说中，"理"由具体、客观的理性自觉变成了抽象、主观的意志自愿，它虽然克服了朱熹学说中支离和以理性压制内心意愿的弊端，但将"良知"上升为"天理"，并作为判断是非的标准，"良知"又由于自身的先验性、现成性和无法衡量性必然导致人们内心意愿的无限扩大，从而最终挣脱理智的约束，走向狂禅。对此，顾炎武有过明确的批评，他说："近世喜言心学，舍全章本旨而独论人心、道心，甚者单摭'道心'二字，而直谓'即心是道'，盖陷于禅学而不自知，其去尧、舜、禹授受天下之本旨远矣。"② 在顾炎武看来，阳明主张的"心即理"说偏离儒学本旨太远，势必使学者陷入佛学而不自知，他在《日知录》卷十八《李贽》篇中便指出李贽的"离经叛道"皆由阳明及其后学所致，他记道："然推其作俑之由，所以敢于诋毁圣贤而自标宗旨者，皆出于阳明、龙溪禅悟之学。"③

针对晚明以来败坏的世风和学风，顾炎武提倡学术应以经世为本，应从经典中寻找切实致用之学。他纠正了自阳明以来儒学体（形下）、用（形上）分离的情形，强调儒学应以经世致用的"体"（形下）为根本，反对阳明及

---

① （清）顾炎武. 朱子晚年定论［M］//（清）黄汝成. 日知录集释（卷十八）. 栾保群，校点. 北京：中华书局，2020：956.

② （清）顾炎武. 心学［M］//（清）黄汝成. 日知录集释（卷十八）. 栾保群，校点. 北京：中华书局，2020：939.

③ （清）顾炎武. 李贽［M］//（清）黄汝成. 日知录集释（卷十八）. 栾保群，校点. 北京：中华书局，2020：958.

其后学禅学化的"用"（形上），他说：

> 古之圣人所以教人之说，其行在孝、弟、忠、信，其职在洒扫、应
> 对、进退，其文在《诗》《书》《礼》《易》《春秋》，其用之身在出处、
> 去就、交际，其施之天下在政令、教化、刑罚……亦有体用之分，然并
> 无用心于内之说。①

在顾炎武看来，儒学本身就是切于实用之学，大到国家的政令刑罚，小
到个人的行为规范都有着明确的要求，它虽也有体、用之分，但绝非阳明及
其后学所提倡的体、用分离之学。故而，他说圣人之教并无"用心于内"的
心学内容，"用心于内"的心学内容实则是禅学，绝非儒家强调的圣人之道。
随后，顾炎武又对"圣人之道"进行了明确的界定，他说：

> 愚所谓圣人之道者如之何？曰"博学于文"，曰"行己有耻"。自一
> 身以至于天下国家，皆学之事也；自子臣弟友以至出入、往来、辞受、
> 取与之间，皆有耻之事也。②

顾炎武从批判晚明空言心性、纲常败坏的学风、世风出发，指出圣人之
道无他，"博学于文，行己有耻"而已。所谓博学之"学"绝非阳明学说的
"良知"空疏之学，而是指《大学》所言的修身、齐家、治国、平天下的外
王践履之学；"行己有耻"之"耻"也是指人们在日常生活中对于道德规范
的遵循而不逾礼。可知，顾炎武改变了阳明学说重内轻外、重"用"轻
"体"的学术倾向，主张治学应当内外并举、体用兼备，最终由"下学"而
"上达"。所以，他特别重视外在的学习和实践，强调学术应以"致用"为旨
归，应从经典中寻找切于实用的知识和方法，开启了清代考据治经的学风。
　　自顾炎武后，清代的其他学者诸如王夫之、颜元、朱舜水、张履祥、应

---

① （清）顾炎武.内典［M］∥（清）黄汝成.日知录集释（卷十八）.栾保群，校点.北
　京：中华书局，2020：936.
② （清）顾炎武.顾亭林诗文集［M］.华忱之，点校.北京：中华书局，1959：41.

撝谦也纷纷展开对阳明学说的批判,清初学术展开了一场规模浩大的批王运动。对此,萧一山曾做过这样的概括:"清初之学术,几无一不为明学之反动;故其时之理学家,亦大抵力排明季学风者也。"① 在这些批判王学的学者中,既有来自王学以外的学者,也有来自王学内部的学者。王学内部的批判主要源于阳明后学的弊端,他们以纠正阳明后学的偏失为目的,属于王学的"修正派",其中尤以孙奇逢和黄宗羲为代表。

孙奇逢(1584—1675),字启泰,号钟元,晚年号岁寒老人,原籍河北容城县,后迁居河南辉县。明万历二十八年(1600)举人,明亡后,避乱于河北易县五公山。晚年在辉县夏峰村讲学,学者又称为"夏峰先生",著有《理学宗传》《四书近指》《读易大旨》《书经近指》等著作。孙奇逢早年信奉程朱,后接受陆王之学,他曾论述自己的治学兴趣:"某幼而读书,谨守程、朱之训,然于陆、王亦甚喜之。"② 在他看来,陆、王同程、朱一样,都是圣学真传,他说:"四书五经之外,诸儒语录固多可观。而陆子静直接孟氏之传,阳明《传习录》透胸达背,全体灵通,由二子而得我心,得我心,即可睹面而见孔孟矣!"③ 他所讲的阳明学说"透胸达背""全体灵通"是指阳明"良知"之说的直透心底和简单易捷,这也是针对程朱理学过分压抑内心意愿和容易走向支离的弊端而发。所以,他对阳明学说的直指内心和自然洒脱表现出了喜爱和欣赏,对阳明学说纠正程朱理学的弊病进行了肯定,他说:

> 读前圣前贤之书,总借以触发我之性灵。不能触发性灵,不能强为之喜也。能触发性灵,不能强为不喜也。少壮时,与吾友鹿伯顺读诸儒语录,有扞格处,取阳明语证之,无不豁然立解。因妄意以闻知之统归之阳明,非优于宋之诸大儒。而词章汩没之后,有扫荡廓清之功,则宋

---

① 萧一山. 清代通史(卷上)[M]. 北京:中华书局,1986:993.
② (清)孙奇逢. 寄张蓬轩 [M]//张显清. 孙奇逢集(中). 郑州:中州古籍出版社,2003:721.
③ (清)孙奇逢. 答问 [M]//张显清. 孙奇逢集(中). 郑州:中州古籍出版社,2003:1041.

诸大儒之忠臣也，孝子也。①

　　阳明学说注重内心意愿的真实表达，强调本心的自然发用而不受干扰，这种治学特征在孙奇逢看来可以使人"触发性灵"，进而达到"豁然立解"的状态（外在之理与本心之理的互相体验）。他承认程朱理学以闻见之知见长，但也指出阳明学说对于程朱理学流于辞章支离的弊病具有"扫荡廓清"之功。他认为阳明同程、朱一样，都是圣学的传道者。因此，在《理学宗传》中他将阳明同周敦颐、二程、朱熹等一道列为理学正宗，承认阳明的理学宗主地位。

　　孙奇逢虽对阳明学说进行了肯定，却对阳明后学的种种弊端提出了尖锐的批评。他在《理学宗传》中列"补遗"一卷，以显示其有别于儒学，"补遗"被他称为"外学"："十一子与诸子其内也，补遗诸子其外也。"② "补遗"共列宋、明学者六人，明代所列四人均为阳明后学，分别为王畿、罗汝芳、杨起元、周汝登，而罗、杨、周均为泰州学派的代表。孙奇逢对阳明后学的批评主要集中在他们混淆儒释和空言心性上，他说："近见有窃吾儒格物致知以解法华经者，方异之，不意吾儒亦借佛教以明道也。其流弊将至儒释同归而不可解矣。"③他又批评王畿的"四无"之说流弊滋甚，连累阳明学说遭受批评，因而为阳明叫屈："龙溪独持四无之说，群起而疑之。乃先生亦复唯唯。于是龙溪之言满天下，后传龙溪之学者流弊滋甚。因是遂疵阳明之学。嗟乎！岂阳明之过哉？亦由于传阳明者之过耳！"④ 在他看来，阳明学说本身是没有问题的，晚明出现的"扫闻见以明心""任心而废学"及混淆儒释的弊端，并非阳明之过，乃是阳明后学对阳明学说的曲解所致。那么，如何从

---

① （清）孙奇逢. 传习录［M］// 张显清. 孙奇逢集（上）. 郑州：中州古籍出版社，2003：847-848.

② （清）孙奇逢. 义例［M］// 张显清. 孙奇逢集（上）. 郑州：中州古籍出版社，2003：622.

③ （清）孙奇逢. 补遗［M］// 张显清. 孙奇逢集（上）. 郑州：中州古籍出版社，2003：1260.

④ （清）孙奇逢. 补遗［M］// 张显清. 孙奇逢集（上）. 郑州：中州古籍出版社，2003：1245.

根源上纠正这些弊端呢？孙奇逢主张用朱熹学说的"实"来补阳明后学的"虚"，强调"以朱补王"，走调和朱、王的路子。他说：

> 然仆所辑《宗传》，谓专尊朱，而不敢遗陆、王。谓专尊陆、王，而不敢遗紫阳。盖陆、王乃紫阳之益友忠臣，有相成而无相悖。①

为了证明朱、王在学术上的相通，孙奇逢特别指出阳明的"良知"之学同朱熹的"格物"之学最终在学术上的旨归是相同的，不同的只是它们的学术路径。他说：

> 文成之良知、紫阳之格物原非有异，如主文成则天下无心外之物，无物外之心，一切木砾瓦石一览即见，皆因吾心原有此物。起一念事亲则亲即是物，起一念事君则君即是物，知与物不相离者也。如主紫阳则今日格一物，明日格一物，诗书文字、千言万语只是说明心性，不是灵。知原在吾心，如何能会文切理通晓意义？且一旦豁然则物即是知，物物皆知。水月交涵，光光相射，不复辨别格之与致矣。此亦知与物不相离者也。②

孙奇逢指出，阳明的"良知"之学主张"心外无物"，认为"物"是意念的发生，而意念最终要在良知的支配下付诸实践。所以，阳明理解的"格物"实质上就是本心之"知"（良知）对意念的把握。朱熹的"格物"之说强调"物"为外在事物，"格物"的目的是求得事物之"理"，进而验证本心所存之理，以便达到豁然贯通的境界。孙奇逢认为朱熹"格物"说中"豁然贯通"境界下本心所存之理的完全显现便是阳明所说本心"良知"的表现，因此，两者的治学路径虽不同，但最终的学术旨归是相同的，学者无须区分知

---

① （清）孙奇逢．与魏莲陆［M］//张显清．孙奇逢集（中）．郑州：中州古籍出版社，2003：727.

② （清）孙奇逢．大学［M］//张显清．孙奇逢集（上）．郑州：中州古籍出版社，2003：278-279.

与物、无须辨别"格"（"格物"之"格"）与"致"（"致良知"之"致"）。

在孙奇逢看来，朱学和王学都是有体有用、内外兼修之学。朱子重外不轻内，阳明重内不废外，但他们的后学在传播学说的过程中各取一端，造成了朱子重"外"（形下），阳明重"内"（形上）的现象，现在为了纠正阳明后学片面重"内"的弊端，应以朱子学的"外"加以互补。所以，孙奇逢主张用朱学来弥补王学，用朱学的形下之"实"来修正王学的形上之"虚"。他在《四书近指》卷十三《洒扫应对》章中就引朱子之解，承认形下践履在儒学中的重要性，借以纠正阳明后学凡事只问本心的空疏学风。他说："朱子曰：'洒扫应对是事，所以洒扫应对是理。事即理，理即事，道散在万事，那个不是。若事上有毫发差过，则理上便有间断欠缺，故君子直是不放过，只在谨独，谨独须贯动静做工夫。'"①

如果说孙奇逢对晚明王学的修正是靠借用外力——朱子学之"实"来克服王学末流的弊端，那么黄宗羲则是从内部学理上对王学加以修正。针对晚明王学的种种弊端，黄宗羲重新强调工夫的重要性并对王学立论的核心基础"心即理"加以修正，他提出了"心即气"的观点，将阳明学说中飘忽不定、无法着落的具有抽象意义的"心"看成了客观存在的物质实体"气"。

黄宗羲（1610—1695），字太冲，号南雷，学者称为梨洲先生，浙江余姚人。黄宗羲为学近承刘宗周，远宗王阳明，他是阳明心学在清初的重要代表。黄氏治学虽以阳明为宗，但对晚明王学末流之弊深恶痛绝，他在其师刘宗周纠正王学末流偏失的基础上，进一步对王学进行了修正和总结。黄宗羲对王学的修正主要体现在两个方面，一是对阳明后学中"良知现成"说的批判，一是发挥其师刘宗周的"气即理"说，提出了"心即气"的观点，将阳明学说的核心"心"由"虚"引向了"实"。

阳明去世后，弟子王畿任意曲解师说，将阳明所讲的本体和工夫混为一谈，进而标榜良知的当下自足，无须扩充，提出了"良知现成"的说法。泰州学派的颜均、罗汝芳、何心隐、李贽等学者进一步发挥"良知现成"说，将王学引向了"狂禅"，道德礼法丧失殆尽，导致了晚明学术的极度混乱。黄

---

① （清）孙奇逢. 子张第十九［M］//张显清. 孙奇逢集（上）. 郑州：中州古籍出版社，2003：517.

宗羲在《明儒学案》中曾描述这一情况：

> 阳明先生之学，有泰州、龙溪而风行天下，亦因泰州、龙溪而渐失其传。泰州、龙溪时时不满其师说，益启瞿昙之秘而归之师，盖跻阳明而为禅矣。然龙溪之后，力量无过于龙溪者；又得江右为之救正，故不至于十分决裂。泰州之后，其人多能赤手以搏龙蛇，传至颜山农、何心隐一派，遂复非名教之所能羁络矣。①

针对王畿及泰州学派认本体为工夫的情况，黄宗羲进行了批评和修正。他提出"心无本体，工夫所至，即其本体"的论断，将阳明后学从片面强调"本体"扭转到了重实践"工夫"的学术路径上来，他说：

> 盈天地皆心也，变化不测，不能不万殊。心无本体，工夫所至，即其本体。故穷理者，穷此心之万殊，非穷万物之万殊也。②

在阳明那里，心是身的主宰，至善为心之本体。本体圆满自足，无须工夫着力。阳明曾言："心者身之主宰……然至善者，心之本体也。心之本体，那有不善？如今要正心，本体上如何用得功？必就心之发动处才可着力也。"③ 现黄宗羲指出，"心无本体，工夫所至，即其本体"，这显然有别于阳明所论。对此，黄氏不可能不知，他取消"至善"作为心体的本体性内容，却言工夫所至乃是本体，这就将治学的重点放到了"工夫"上，避免了阳明后学认"本体"为"工夫"的弊端，心体"良知"原本的自足圆满被他变成需经过"致知"、扩充后才可以达到的状态。黄宗羲虽然将阳明学说从"本体"扭转到了"工夫"上，但囿于阳明学说"心即理"的宗旨，并不能完全

---

① （清）黄宗羲. 泰州学案［M］∥吴光. 黄宗羲全集（第 7 册）. 杭州：浙江古籍出版社，2012：820.

② （清）黄宗羲. 明儒学案（自序）［M］∥吴光. 黄宗羲全集（第 7 册）. 杭州：浙江古籍出版社，2012：3.

③ 吴光，钱明，董平，等. 王阳明全集（第 1 册）［M］. 上海：上海古籍出版社，2014：135.

放弃心在本体意义上的发挥，所以他又说"穷理者，穷此心之万殊，非穷万物之万殊"，表现出了他在对待阳明学说"工夫"和"本体"上的矛盾性。这一特点还体现在他为学生陈锡嘏撰写的墓志铭中：

> 君从事于格物致知之学，于人情、事势、物理上工夫不敢放过，而气禀羸弱……苟一事一物精神之不到，则此心危殆，不能自安。凡君之所以病，病之所以不起者，虽其天性，亦其为学有以致之也。夫格物者，格其皆备之物，则沓来之物，不足以掩湛定之知，而百官万务，行所无事。若待夫物来而后格之，一物有一物之理，未免于安排思索，物理、吾心终判为二。故阳明之学而致病，君学之而致死，皆为格物之说所误也。①

黄宗羲认为陈锡嘏治学主张朱熹的外向求理，最终本心受人情、事势、物理干扰，不能收拾精神、自作主宰，进而因学伤身。可知，关于"格物"的解释，黄宗羲还是站在阳明的立场上，认为"格物"应当以"格心"为主，强调心在应物时的主体性和主动性，反对朱熹向外"格物"。他指出，如果向外求理，则本心必然会被外物所累，造成心、理的分离，甚至会劳神伤身。黄宗羲将陈锡嘏的早卒归咎于外物求理的羁绊，表现出了明显的王学倾向。但他又担心过于肯定本心主体作用的发挥会导致王学末流弊端的出现，所以他又主张读书明理、经世实务。全祖望《梨洲先生神道碑文》载其治学："公谓明人讲学，袭语录之糟粕，不以《六经》为根柢，束书而从事于游谈，故受业者必先穷经。经术所以经世，方不为迂儒之学，故兼令读史。"② 所以，黄宗羲治学体现了他既想将本心放归自由，又恐其过于放佚，既想偏向读书求理，但又恐本心为外物所累的双重矛盾性。

为了克服这一学理上的矛盾，黄宗羲尝试着对阳明学说的立论宗旨"心即理"进行了改造。他在其师刘宗周"气即理"的基础上，进一步发挥，提

---

① （清）黄宗羲．翰林院编修怡庭陈君墓志铭［M］//吴光．黄宗羲全集（第10册）．杭州：浙江古籍出版社，2012：446.

② 朱铸禹．全祖望集汇校集注（上册）［M］．上海：上海古籍出版社，2000：219.

出了"心即气"的观点，他说：

> 天地间只有一气充周，生人生物。人禀是气以生，心即气之灵处，所谓知气在上也……理不可见，见之于气；性不可见，见之于心；心即气也。心失其养，则狂澜横溢，流行而失其序矣。养气即是养心，然言养心犹觉难把捉，言养气则动作威仪，旦昼呼吸，实可持循也。①

黄宗羲以气作为宇宙万物的本体，强调人禀气而生，然又由于心为人的核心，则他得出了心为气之灵处的结论。以现在眼光来看，黄宗羲所得结论未免有以偏概全之嫌，但由于宋明理学（程朱和陆王）属于以人为中心的道德哲学，所以从这层意义上来看，黄氏所论亦无不妥。在此基础上，黄宗羲进一步提出了"心即气"的观点，在他看来，心作为流行发用的主体，不易把捉，一旦放佚则会出现"狂澜横溢""流行失序"的现象，不如作为物质实体的"气"容易把握和持循。那么，如何养气呢？黄宗羲指出"存养工夫，不出于敬"②，他又具体细化为"诚敬""防检""穷索"三种方法："盖存得好就是诚敬，诚敬就是存也。存正是防检，克己是也；存正是穷索，择善是也。若外此而为防检穷索，便是人伪，未有不犯三者之病也。"③ 可知，他这里提到的"防检"和"穷索"正是针对程颢《识仁篇》中的"不须防检，不须穷索"而发。前已论及，王畿和泰州学派弃程颢提出的"诚敬"于不顾，片面发挥"不须防检，不须穷索"，强调以自然为宗，进而导致了认情欲为良知，人们的行为摆脱道德约束的种种异端的出现。现黄宗羲以气言心，又强调主敬、防检、穷索等工夫手段，正是为了从根源上修正王学末流的种种弊端。

---

① （清）黄宗羲．孟子师说（卷二）［M］∥吴光．黄宗羲全集（第1册）．杭州：浙江古籍出版社，2012：60-61.

② （清）黄宗羲．孟子师说（卷二）［M］∥吴光．黄宗羲全集（第1册）．杭州：浙江古籍出版社，2012：63.

③ （清）黄宗羲．孟子师说（卷二）［M］∥吴光．黄宗羲全集（第1册）．杭州：浙江古籍出版社，2012：63.

第三节　朱子学的复兴与诠释

一、经世思潮与朱子学"形下"实践的发展

万历时期的明代社会可谓百弊丛生、危机四伏，神宗长期不理朝政，朝中党争不断、官员倾轧，朝外人民反抗、后金崛起，加之连年战乱，急剧恶化的社会现状深深刺痛了文人士大夫的"资治卫道"之心。顾宪成、高攀龙重建无锡东林书院，作为讲学据点，倡导实用、经世之学。他们希望通过讲学，唤醒人心，进而改变晚明在政治上的种种弊端。他们以"风声、雨声、读书声，声声入耳；家事、国事、天下事，事事关心"相勉励，主张学术应以经世致用为旨归。一时学者竞相呼应，风动南北，形成了影响巨大的"东林学派"，《明史》称顾、高"为一时儒者之宗。海内士大夫识与不识，称高、顾无异词"[1]。

顾宪成、高攀龙倡导的实用、经世之学是建立在对王学批判的基础上，他们认为自王阳明心学提出后，学者治学只问本心，不去读书明理，尤其是王学末流谈空说无流于禅学，造成了人们思想上的混乱，进而导致了人心的败坏、政事的衰败。顾宪成认为阳明强调的心体"无善无恶"可谓"为惑世诬民之最也"[2]，是以"学术杀天下万世"，他说：

> （无善无恶）上之可以附君子之大道，欲置而不问，彼其所握之机缄甚活，下之可以投小人之私心。即孔孟复作，其亦奈之何哉！此之谓以学术杀天下万世。[3]

---

① （清）张廷玉，等．明史（列传一百三十一）：商攀龙传［M］．北京：中华书局，1974：6314.

② 尹楚兵．高攀龙全集（上）［M］．南京：凤凰出版社，2020：397.

③ （明）顾宪成．小心斋札记（卷十八）［M］．李可心，点校．北京：中国社会科学出版社，2020：209.

顾宪成指出，阳明的"无善无恶"之论使得人们"上可以附君子之大道""下可以投小人之私心"，是导致人伦败坏、道德沦丧的根源，晚明社会的败象也由此引起。所以，他直言"无善无恶"之论是以"学术杀天下万世"。高攀龙也同样批评阳明学说使人走向空谈，脱离规矩绳墨，进而流于释、老，他说：

> 自世庙（明世宗）以前，虽有训诂词章之习，而天下多实学。自穆庙（明穆宗）以来，率多玲珑虚幻之谈，而弊不知所终。笑宋儒之拙，而规矩绳墨脱落无存；以顿悟为工，而巧变圆融不可方物。故今高明之士半已为佛、老之徒，然犹知儒之为尊，必藉假儒文释、援释入儒者，内有秉彝之良，外有惟皇之制也，而其隐衷真志则皆借孔、孟为文饰，与程、朱为仇敌矣。①

在高攀龙看来，明世宗嘉靖以前程朱学说盛行，朱子后学虽有流于训诂、辞章支离之弊，但整体上天下学术以"实学"为主（按：高氏所言之"实学"当为实际有用之学，指的是程朱理学维持社会秩序、人伦纲常的道德哲学，这有别于清乾嘉时期具有"实证"性质的考据实学）。明穆宗隆庆以来，王学盛行，学者多"玲珑虚幻之谈"，以至于"弊不知所终"，他们"笑宋儒之拙，而规矩绳墨脱落无存；以顿悟为工，而巧变圆融不可方物"，进而高明之士假儒文释、援佛入儒，皆与程、朱为仇敌。

针对王学及其末流出现的种种弊端，顾宪成、高攀龙提出了崇正学、辟异端的要求，他们希望通过重新确立学术上的正统，解决人们思想上的混乱，达到国家治化的目的。高攀龙在上给万历皇帝的奏疏《崇正学辟异说疏》中指出：

> 臣惟自古治天下者，未有不以教化为先务。而教化之污隆，则学术之邪正为之，所系非小也。是以圣帝明王必务表章正学，使天下晓然知

---

① 尹楚兵．高攀龙全集（上）［M］．南京：凤凰出版社，2020：362-363．

所趋，截然有所守，而后上无异教，下无异习，道德可一，风俗可同，贤才出而治化昌矣。①

他们认为，学术不正则教化不兴，教化不兴则天下不治。因此，要扭转晚明急剧恶化的社会现状，就必须对混乱的学术思想加以整顿，推崇正学。学术正则可以达到"上无异教，下无异习，道德可一，风俗可同"，最终实现"贤才出而治化昌"。那么，如何整顿学术，推崇正学呢？顾宪成、高攀龙指出，学术应当回归朱子学，以程朱理学为正学。顾宪成说："孔子表章六经，以推明羲、尧诸大圣之道，而万世莫能易也。朱子表章《太极图》等书，以推明周、程诸大儒之道，而万世莫能易也。"② 他将朱熹视为孔子之后传承儒学之道的又一圣人。高攀龙更是明言"今日对病之药，正在扶植程、朱之学，深严二氏之防，而后孔、孟之学明"③。他在奏疏中也建议万历皇帝能"身体孔、孟之微言，首崇程、朱之正学"④。可知，在顾宪成、高攀龙看来，程朱理学才是孔孟圣学之真传，是可以改变晚明衰败乱象的正学。因此，他们在学术上主张朱子学的复兴，强调用朱子学来替代王学在思想上的统治地位。

然而，顾宪成、高攀龙所倡导的朱子学已与宋代的朱熹学说有所差异，他们看重的更多是朱熹学说中用于"修齐治平"的形下践履之学，而于理气心性等形上思辨的内容则不喜多论。顾宪成鉴于阳明后学以"良知"为宗，而弃道德纲常于不顾，所以他希望通过复兴朱子学，重新建立已经败坏的人伦秩序，他说：

窃见迩时论学，率以悟为宗，吾不得而非之也。徐而察之，往往有如所谓以亲、义、别、序、信为土苴，以学、问、思、辨、行为桎梏，一切藐而不事者，则又不得而是之也。识者忧其然，思为救正，谆谆揭

① 尹楚兵．高攀龙全集（上）[M]．南京：凤凰出版社，2020：360.
② （明）顾宪成．小心斋札记（卷三）[M]．李可心，点校．北京：中国社会科学出版社，2020：29.
③ 尹楚兵．高攀龙全集（上）[M]．南京：凤凰出版社，2020：363.
④ 尹楚兵．高攀龙全集（上）[M]．南京：凤凰出版社，2020：363.

修之，一路指点之，良苦心矣。①

阳明学说强调"良知"，主张以"悟"为宗，使得人们视亲义别序信等道德原则为土苴，以学问思辨行等为学方法为桎梏，导致了道德沦丧和学术混乱。所以，顾宪成要求以朱子学来修正阳明后学导致的道德和学术上的弊端。可知，他所关注的朱子学还主要是朱子学中的道德实践和外向穷理的实学内容。

高攀龙直接将朱子学称为"有用之学"，他讲的"有用"也主要指朱子学中有益于"修齐治平"的实践之学，他说：

> 事即是学，学即是事。无事外之学、学外之事也。然学者苟能随事精察明辨，的确处之，事事合理，物物得所，便是尽性之学。若是个腐儒，不通世务，不谙时事，在一身而害一身，在一家而害一家，在一国而害一国，当天下之任而害天下。所以《大学》之道，先致知格物，后必归结于治国平天下，然后始为有用之学也。不然，单靠言语说得，何用？②

所以，高攀龙虽然奉朱子学说为正学，但他肯定的还是朱子学中"治国平天下"的内容。在他看来，学术和时事是联系在一起的，如果只是单纯地谈论学术，空言理气心性，则是腐儒的表现，是会害身、害家、害国的。因此，真正的学者应当通事务、谙时事，以"治国平天下"作为学术的旨归。他明确指出程朱学说是"博文""约礼"之学，是指导人们日常运用的"有用"之学，他说：

> 即世则所论程、朱之学，亦可谓不得其门者矣。夫程、朱之学，其

---

① 《东林书院志》整理委员会. 东林书院志（卷二）：顾泾阳先生东林会约［M］. 北京：中华书局，2004：18.

② 《东林书院志》整理委员会. 东林书院志（卷五）：高景逸先生东林论学语（上）［M］. 北京：中华书局，2004：89-90.

始终条理之全，下学上达之妙，固未易言语形容，然其大要则不出"涵养用敬""进学在致知"二语。此非程、朱之教也，孔子之教也，故"穷理"即博文之谓也，"居敬"即约礼之谓也。①

程朱理学本来包括理气心性等形上思辨的"上学"内容，也包括格物穷理（诸如读书明理、修齐治平）等形下践履的"下学"内容，现高攀龙特别肯定具有实践意义的"下学"，直言"下学上达"之妙，并托孔子之名将程朱学说中的"涵养须用敬""进学在致知"解释为"约礼"和"博文"，使得程朱学说中内向修养的方法转向了外在具体的实践。我们都知道，"涵养须用敬""进学在致知"是程朱学说中重要的治学方法，"涵养须用敬"是指心在未发、已发状态下的主一、无适，讲的是人们的内向修养方法。高攀龙直接以外在具体的"约礼"来解释它，其提倡朱子学中形下实践之学的意态可谓显露无遗。

顾宪成、高攀龙出于士大夫"资治卫道"的目的，在批评阳明心学的同时主张复兴朱子学，但他们所强调的朱子学具有强烈的资治旨归，主要是复兴朱子学中形下践履的实学内容。尤其是高攀龙将程朱理学中的治学法门"涵养须用敬""进学在致知"概括为具有实践内容的"约礼"和"博文"，并托名孔子之教，表现出了他对朱子学中"形上"内容"形下"诠释的尝试，开启了朱子学"实学化"重建的先河。

二、"回归"还是"重建"——以学术本体为视角

公元 1644 年，崇祯皇帝自缢于煤山，明朝灭亡。随后，清军入关，清朝建立。早在晚明时期，部分有识之士鉴于政治的衰败和王学末流造成的思想混乱，便开始对当前学术进行批评和反思，以期待重建儒学的正统。明清易鼎后，清初学者（包含明代的遗民学者）不管是出于总结前朝亡国的原因还是为本朝提供资治的经验，无不将明代的亡国归咎于学术的败坏，因此他们更加急需对晚明以来的学术进行反思、总结和重建。所以，对于清初学者，

① 尹楚兵. 高攀龙全集（上）[M]. 南京：凤凰出版社，2020：361.

批判和反思王学成为他们共同的学术倾向，重建儒学的正统成为他们共同的学术动力。然而，不管是在晚明还是清初，理学都是影响最大的学术体系，它其中的两个基本派别——程朱理学和陆王心学先后成为儒学学术思想的主流。清初，随着人们对王学空疏学风的批判，作为王学的对立面且又强调躬行实践的程朱理学自然为学者所重视，学界形成了由王返朱的学术动向，朱子学出现了复兴的局面。对此，萧一山曾这样论述道："清初学者，力挽明季之学风以返于宋，其尊程朱者十之八九，不尊程朱者，十之一二而已。"① 然而，需明确的是清初朱子学的复兴究竟是回归宋代朱熹学说的简单重复还是被赋予了新的学术特征，重建为一种新的学术形态，这是需要加以考察的。

我们在考察清初朱子学的学术特质之前，先来梳理下清初学界的学术格局，以便从整体上把握清初学术发展的规律，进而以学术本体的视角来考察清初朱子学的学术特质。大致上来讲，清初学界的学术格局呈现出以下三个方面的态势：

一是理学的批判和儒学正统地位的重建是清初学术发展的内在动力。早在晚明时期，部分学者就对王学末流造成的学术混乱进行了批判和修正。清初承晚明批王学风，学界开始对理学进行全面的反思和总结，学者不但对陆王心学进行批评和纠正，而且还对程朱理学进行了反思和总结，他们最终的目的是通过总结前朝混乱的学术思想，剔除佛、道对儒学的影响，进而重新确立儒学的正统地位。清初学者对儒学正统地位的重建是同他们批判和反思理学交织在一起的，这也是他们共同的学术倾向。顾炎武在对理学的批判和总结中选择了具有实学内容的经学；王夫之通过对王学的批判，全面总结和改造了整个宋代的道学（濂洛关闽）；黄宗羲从对王学的修正着手，进而对整个陆王心学进行了反思和总结，并最终开创了具有经世意义的浙东史学；孙奇逢、李颙在反思和修正王学弊端时，走向了朱王调和的道路；颜元、李塨则将程朱、陆王一并打倒，强调"实用""实行"的实践之学。然而，清初学者对于理学的批判和总结虽然取径不一，但从不同的层面不约而同地集中到了同一个时代课题上来，这就是清初儒学正统的重建。因此，理学的批判

---

① 萧一山. 清代通史（卷上）[M]. 北京：中华书局，1986：994.

和儒学正统地位的重建成为清初学术发展的主要内在动力。

二是实学的兴起及经世思潮的提倡是清初学术发展的主要脉络。明代后期，面对国事的凋敝和学术的败坏，以东林学派为代表的有识之士打出了"经世致用"的旗号，他们强调躬行实践，反对空谈误国，提倡"有用"之学。入清后，清初学者在反思明亡原因时，更是将明朝的灭亡归咎于王学的空疏和无用。他们在反思和总结晚明学术的基础上，进一步发挥了明代学者提倡的实学学风和经世致用的思想。顾炎武、黄宗羲、王夫之等诸大师的学术思想，无不受当时实学学风的影响和经世思潮的滋养。顾炎武曾以"拯斯人于涂炭，为万世开太平"为己任，他说："天生豪杰，必有所任……今日者拯斯人于涂炭，为万事开太平，此吾辈之任也。"① 顾炎武于经济民生、政治变革、风俗礼仪、经史百家等实有之学无不深究，他的《日知录》和《天下郡国利病书》更是体现了浓厚的经世致用色彩。黄宗羲也表达出了体"万民之忧乐"的抱负，他说："天下之治乱，不在一姓之兴亡，而在万民之忧乐。"②《明夷待访录》体现了黄宗羲较高水平的政治思考，里面关于君民共议、工商皆本、寓兵于民的治世主张，是他针对晚明以来政治败坏思考的结果。王夫之同样怀有经世安邦的抱负，去世前，他在自题《碑铭》中发出"抱刘越石之孤愤，而命无从致"的感慨。他的《读通鉴论》《宋论》旨在总结历史经验教训，尤其是明亡的教训，为后世的国家治理提供借鉴。

三是西学的传播是清初学术构成的有益补充。明末清初，随着欧洲耶稣传教士来华传教，西学开始在中国传播。早在明朝万历时期，意大利传教士利玛窦便来到中国开始传教。为了使得天主教在中国能够快速传播，利玛窦采用了"会通天儒"的方法，企图用儒学经典来解释天主教义，进而走"学术传教"的道路。利玛窦等传教士在传播天主教的同时也带来了西方其他的科学文化知识，涉及人文、哲学、医学、法学、音乐等学科，给中国的传统文化带来了极大的冲击。简言之，明清之际所输入的"西学"主要有两部分内容：天主教义和科学技术。其中，天主教义是西方传教士输入的目的，科

---

① （清）顾炎武．顾亭林诗文集［M］．华忱之，点校．北京：中华书局，1959：48.

② （清）黄宗羲．明夷待访录：原臣［M］//吴光．黄宗羲全集（第1册）．杭州：浙江古籍出版社，2012：5.

学技术则是他们输入的手段。西方传教士利用明末清初人们对于空疏学风的厌恶及经世思潮的倡导，向中国输入了大量的关于科学技术的著作，一时科学思想和科学方法吸引了大量具有经世意识的士大夫的关注。晚明的徐光启、李之藻、杨廷筠被称为"天主教三柱石"，清初的方以智、黄宗羲、陆陇其等学者同样对西学表现出了极大的兴趣。但不管是晚明的徐光启还是清初的黄宗羲等人，他们关注的重点还在于西方科学技术的实证、实用的经世价值。徐光启曾直言西方的"格致"之学切于世用，他在《几何原本杂议》中将几何之学比作绣鸳鸯的"金针度人"，他说："若此书者（《几何原本》）又非止金针度与而已，直是教人开矿冶铁，抽线造计；又是教人植桑饲蚕，涑丝染缕。有能此者，其绣出鸳鸯，直是等闲细事。"① 显然，徐光启是将几何学中的"由数达理"的逻辑思维方式用到了经世致用中。总体来讲，晚明兴起的实学思潮和经世致用的思想为西学在中国的传播提供了契机，但西学尤其是科学技术的实证、实用、精密和准确的特征又反过来为清初学术的重建提供了有益的思想补充。

可知，理学的反思与批判、实学及经世致用思潮的兴起及西学尤其是科学技术的传播是清初学术集中表现出的特征，然而这些学术特征最终都以清初学术的重建为中心。所以，清初朱子学的复兴正是在这一学术背景下学术内部选择与重建的结果。因此，清初的朱子学必然含有黜虚、崇实和致用的特点，这也就有别于宋代的程朱理学。

论及清初的朱子学当以张履祥为开山，梁启超称其为"清儒辟王尊朱的第一人"。张履祥，字考夫，号念芝，浙江嘉兴桐乡人。世居桐乡杨园村，学者称为杨园先生。15 岁时，应童子试，补县学弟子员。34 岁时（明崇祯十七年，1644）师从刘宗周。明亡后，不肯仕清，以授徒著述终老。张履祥早年受刘宗周影响对于阳明学说深信而服膺之，后阅读了朱熹的《近思录》，加上王学末流造成的学术混乱，遂尽弃王学，归于程、朱。他曾自述治学经历：

予二十三四岁以后，释氏之书已绝不入目。盖笃信先儒之言故也。

---

① 王重民．徐光启集（上）[M]．北京：中华书局，2014：78.

然于阳明、龙溪之书，则深信而服膺之，以为圣贤地位，盖可指日而造其域矣。后读《近思录》以及程、朱诸书，渐觉二王之言矜骄无实而舍之。①

可知，张履祥正是感于王学的"矜骄无实"才转向具有实学内容的程朱理学。他又进一步论述了王学"矜骄无实"产生的原因和危害：

近世学者，祖尚其（按：指陆九渊）说，以为捷径，稍及格物穷理，则谓之支离烦碎。夫恶支离则好直捷，厌烦碎则乐径省，是以礼教陵夷，邪淫日炽，而天下之祸不可胜言。②

在张履祥看来，正是由于陆王心学凡事问求本心，厌恶朱子格物穷理的实践之学，才导致了"礼教陵夷，邪淫日炽"，进而使得天下之祸不可胜言。然而，如何避免天下之祸呢？他指出应"洗心涤虑，体究濂、洛、关、闽之遗书，以求得乎孔、孟之正传，见诸躬行而无所愧怍焉"③。张履祥认为，濂、洛、关、闽才是孔孟真传，只有从他们的学说中寻找方法，并且加以实践，才可以纠正王学末流造成的诸多弊病。所以，他最终确定了"祖述孔孟，宪章程朱"的学术宗旨。

然而，张履祥虽奉程朱为尊，但他强调的更多是程朱理学中形而下的实学内容。他特别重视程朱理学中"居敬穷理"的方法，在他看来，"居敬穷理"是最能从根本上纠正王学弊端的治学方法，也是朱、王分歧的核心所在。针对陆王心学将"居敬穷理"完全视为正心的方法，张履祥则从实有的角度将其理解为"博文约礼"。他说："夫穷理者，博文之谓；居敬者，约礼之谓也。"④ 我们知道，"居敬穷理"作为程朱理学中最基本的道德修养方法和认识论原则，它强调的是内（居敬）、外（穷理）统一的治学路径。张履祥担

---

① （清）张履祥. 杨园先生全集（下）[M]. 陈祖武，点校. 北京：中华书局，2002：1073.

② （清）张履祥. 杨园先生全集（上）[M]. 陈祖武，点校. 北京：中华书局，2002：111.

③ （清）张履祥. 杨园先生全集（上）[M]. 陈祖武，点校. 北京：中华书局，2002：79-80.

④ （清）张履祥. 杨园先生全集（上）[M]. 陈祖武，点校. 北京：中华书局，2002：114.

忧人们将程朱理学中"居敬"的修养方法发展为王学末流近于释氏的"虚空"之法，所以他将具有内向意义的"居敬"方法解读成了外在具体的礼仪约束，使得程朱理学中的"居敬穷理"由内、外统一的修养方法完全变成了外在具体的道德实践。他批评聪明之士以"居敬"为默识，不去具体实践而悬空想象，最终堕入释氏虚空之学，他说：

> 一等人是欲默识的，却失之悬空想象，不知在物为理，处物为义，无地不有，无时不然，如何舍却日用行习，别寻一个道理。①

张履祥强调程朱理学的"居敬"方法应当同"格物穷理"一样从实处着手，不断日用行习，最终便可达到致知明理的境地。正是由于他强调"在物为理，处物为义"，主张"居敬"为日用行习，所以他特别重视实用、实践之学。在此基础上，张履祥还提出了耕读并重的"治生"思想，他认为读书可以使人明廉耻、守礼义，耕稼则关系着国家治乱兴衰。所以，他强调说："然耕与读又不可偏废，读而废耕，饥寒交至；耕而废读，礼义遂亡。"② 又说："食者，生民之原，天下治乱，国家兴废、存亡之本也。古之人自天子以至于庶人，未有不知耕者。"③ 同时，张履祥虽然一直未出仕，但他在《愿学记三》中却从田制、学校、科举、铨法、官制、资格、军政、赋法、衙役等九个方面为当政者提出了变革的措施和方法，表现出了浓厚的经世思想。

三、《四书》学的兴起：朱子学"形上"改造的尝试

清初朱子学的复兴是明末清初学术内在发展和选择的结果。清初学者鉴于晚明学风的空疏及其造成的学术混乱，他们强烈要求清初的学风转向实学和经世，企图重新建立儒学思想上的正统。出于对王学的厌恶，作为王学的对立面且含有实学内容的程朱理学迅速被清初学者接受，并发展为清初学术

---

① （清）张履祥．杨园先生全集（中）［M］．陈祖武，点校．北京：中华书局，2002：780.
② （清）张履祥．杨园先生全集（下）［M］．陈祖武，点校．北京：中华书局，2002：1352.
③ （清）张履祥．杨园先生全集（中）［M］．陈祖武，点校．北京：中华书局，2002：993.

思想的主流，梁启超将这一学术选择称为"自然之数也"①。需加以说明的是，有学者在论及清初"由王返朱"的学术特征时，往往从政治角度考虑，认为清初朱子学的复兴离不开当时统治者尤其是康熙帝的大力提倡。无可否认，康熙帝对程朱理学的大力表彰确实促进了朱子学的广泛传播，但是康熙帝正式确立程朱理学的官方地位发生在康熙五十一年（1712）朱熹升于大成殿十哲之次后，这时几乎已是康熙一朝的末期了。而清初学术格局的形成主要完成于康熙二十年（1681）左右，这一点梁启超在《中国近三百年学术史》中已有论述②。所以，将清朝统治者对程朱理学的表彰视为清初朱子学复兴的主要原因是值得商榷的。

清初朱子学的复兴首先表现在学者对空谈心性的厌恶及对形下践履实学内容的提倡。顾炎武倡导的"博学于文，行己有耻"、张履祥强调的"明理在适用"、陆世仪奉行的"明体而适用"，都是清初宗朱学者反对"明心见性之空言"，倡导"修己治人之实学"的表现。在清初学者批判王学末流空谈心性、束书不观的学术背景下，朱子学中含有形上思辨的内容是否也一起得到复兴了呢？这是一个值得注意的问题。如果是，那么朱子学中复兴的形上思辨的内容是否同宋代程朱理学中形上思辨的内容相同？如果不是，那么清初复兴的朱子学是否并非朱子学的整体，只是其形下部分的内容呢？梁启超曾言："几百年来好谈性理之学风，不可猝易，而王学末流之敝，又已为时代心理所厌，矫放纵之敝则尚持守，矫空疏之敝则尊博习，而程朱学派，比较的路数相近而毛病稍轻。"③ 在梁氏看来，理学谈心论性的学风已经传承了几百年，是不会随着朱子学的复兴而马上改变的，但朱子学中形上思辨的内容相较于王学末流的"放纵""空疏"弊端，"比较的路数相近而毛病稍轻。"也就是说，清初复兴的朱子学中同样含有心性理气等形上思辨的玄虚内容，只是这些内容相较于王学"毛病"较轻。显然，程朱理学作为体用兼备、结构

---

① 梁启超．中国近三百年学术史［M］．夏晓虹，陆胤，校．北京：商务印书馆，2011：121.

② 梁启超．中国近三百年学术史［M］．夏晓虹，陆胤，校．北京：商务印书馆，2011：19.

③ 梁启超．中国近三百年学术史［M］．夏晓虹，陆胤，校．北京：商务印书馆，2011：121.

严谨的学说体系，清初学者是不可能放弃它精密、细致的形上内容的。但是，为了避免陷入梁启超所言的"好谈性理"的"毛病"中，清初学者开始了对朱子学形上思辨的内容进行形下诠释的尝试，这突出表现为《四书》学研究的兴起。

自朱熹将《大学》《中庸》《论语》《孟子》并为一书并为之作注，成《四书章句集注》后，《四书章句集注》便成为体现朱熹思想的最具有代表性的著作之一，直到朱熹去世前一天，他还在修改《大学·诚意章》的注，足见其对《四书章句集注》的重视。清初，随着朱子学的复兴，学者在倡导朱子学中形下践履实学内容的同时，还通过对《四书》的解读，试图对朱子学中形上思辨的内容进行实学化的改造。据统计，清顺治、康熙两朝关于《四书》学研究的著作达 25 种之多①。

表 1-1　清初《四书》学的主要代表作和作者

序号	书名	卷数	作者	生卒年份	学术宗旨
1	《四书近指》	20	孙奇逢	1584—1675	调和朱王
2	《读四书大全说》	10	王夫之	1619—1692	宗朱
3	《四书笺解》	11	王夫之		宗朱
4	《四书训义》	36	王夫之		宗朱
5	《四书稗疏》	1	王夫之		宗朱
6	《四书考异》	1	王夫之		宗朱
7	《四书改错》	22	毛奇龄	1623—1716	调和朱王
8	《四书讲义辑存》	1	陆世仪	1611—1672	宗朱
9	《四书翊注》	42	刁包	1603—1669	宗朱
10	《四书讲义》	未知	朱用纯	1627—1698	宗朱
11	《四书讲义》	43	吕留良	1629—1683	宗朱
12	《四书语录》	46	吕留良		宗朱

这些理学著作的问世不是偶然的学术现象，也不是单纯个人的兴趣爱好，而是清初学者对理学尤其是朱子学中含有心性理气等形上内容实学化改造的

---

① 史革新. 清代理学史（上卷）［M］. 广州：广东教育出版社，2007：111.

尝试。他们基于对理学家空谈心性的厌恶，企图对朱子学中形上思辨的内容做出形下的解释，为此，他们经过了一系列的努力和尝试。譬如王夫之发挥张载的"气本论"思想，将程朱理学关注的道德准则"天理"转移到了世界的物质性基础"气"。他说："一动一静，皆气任之。气之妙者，斯即为理。气以成形，而理即在焉。两间无离气之理，则安得别为一宗，而各有所出？气凝为形，其所以成形而非有形者为理。"① 吕留良指出理学家在讲致知、主敬的工夫前，须先从出处、去就、辞受、交接处划定界限、扎定脚跟，否则必陷入心性之空言。他说："人必取舍明而后可以言存养，吾见讲学宗师，谈心论性，诃诋古人，至其趋膻营利，丧身失脚，有不可对妻子者，吾不知其所讲者何事也。"② 朱用纯则更加明确地强调"圣贤之道"不离乎"事事物物"，他指出："圣贤之道，不离乎事事物物；即事事物物而道在，即事事物物而学在。"③

在清初学者对朱子学形上内容进行形下改造的尝试中，尤以陆世仪对朱子学的解读最具有代表性。陆世仪（1611—1672），字道威，号刚斋，晚号桴亭，江苏太仓人。死后，门人私谥为"尊道先生"，又称"文潜先生"。明诸生。明亡后，隐居不出，以讲学授徒为业。与陆陇其并称为"二陆"，甚受清代宗程朱学者推崇。陆世仪对朱子学形上内容的改造主要体现在他对人性及格物穷理的理解上。

按照朱熹的理解，天地间有理有气，人物禀受天地之理为本性，禀受天地之气为形体，因为天地之理是至善的，所以人的本性也是至善的。朱熹还指出，天地之理一旦进入人的形体与天地之气相遇，便会受到气质不同程度的污染，进而表现出有善有恶的情况。又由于人在禀受天地之气为形体的过程中，阴阳二气配合得最为灵秀和完美，所以人可以通过习养等方式来为善去恶，保持本性的至善。至于同样禀受天地之理的物为何没有呈现出至善的

---

① （清）王夫之．读四书大全说（卷五·上册）：论语·泰伯篇［M］．北京：中华书局，1975：325.

② （清）吕留良．吕晚村先生四书讲义（卷七）：论语四［M］//俞国林．吕留良全集（第5册）．北京：中华书局，2015：130.

③ （清）朱用纯．又答徐昭法书［M］//徐世昌．清儒学案（卷四十二）：南畇学案．沈芝盈，梁运华，点校．北京：中华书局，2008：1650.

本性，为何不能为善去恶，朱熹只是讲人最为灵秀，至于物其并未过多论述。对此，陆世仪感到不满，他认为，既然人禀受天地之理为性善，那么草木禽兽等物禀受天地之理也同样应该表现为性善，为何独独只是人性至善呢？所以，他指出人性至善不应该从天地之理上看，应从构成人形体的气质上探究。他说：

> 人性之善不必在天命上看，正要在气质上看，何以言之？性字是公共的，人有性，物亦有性，禽兽有性，草木有性。若在天命上看，未著于人，未著于物，人之性即物之性，物之性即人之性，无所分别也。无所分别而谓之至善，则人至善，物亦至善，何以见得至善必当归之于人？惟就气质之性上看，则人之性不同于物之性，禽兽之性不同于草木之性。①

在陆世仪看来，人之性善与物之性不善都是由他们各自的气质来决定。那么，这是否意味着气质就是本性呢？他回答道："气质不是性，离气质亦不是性。性者气质之理也。人气质之理善，物气质之理杂。"② 陆世仪认为，气质不是性，性只是人在禀受气质为形体的过程中使形体（各个器官）自然遵循的一定规律（理），同样物之性也是如此。其实，陆世仪在这里对人、物本性的论述已经比较接近科学的范畴了，但他为了解释儒家长期以来关注的人性本善的命题，又用"人气质之理善，物气质之理杂"来说明人之性善、物之性恶，使本可以向科学发展的"性者气质之理也"的观点重新回到了理学的怪圈。换言之，在他看来，人禀受气质为形体，而气质中自然含有恻隐羞恶等道德准则，这就是性。反之，物却没有。所以他说："人之气质得于天者较物独为纯粹，故有是善。非于气质之外别有所谓义理，物不能得之而人独能得之也。然则何以谓之义理也？曰是即气质中之合宜而有条理者指而名之也。何者为合宜而有条理？即恻隐羞恶辞让是非之四端是矣。"③那么，为何

---

① （清）陆世仪. 陆桴亭先生遗书［M］. 清光绪二十五年唐受祺刻本.
② （清）陆世仪. 思辨录辑要（卷二十七）：人道类［M］. 清文渊阁四库全书本.
③ （清）陆世仪. 陆桴亭先生遗书［M］. 清光绪二十五年唐受祺刻本.

人禀受的气质独能较为纯粹，含有恻隐羞恶等道德准则，物却没有呢，陆世仪同样没有给出解释。应当指出的是，陆世仪将朱熹学说中解释人性论的天地之性和气质之性的性二元论转变成了只在气质上论性的性一元论，将人性本善的来源问题从玄虚的天地之理转移到具体的气质之理加以解释，显示了他对朱子学形上内容进行形下诠释的尝试。对此，陈来称之为"理学内部自身出现的变化"①。

陆世仪对朱子学形上内容实学化改造还体现在他对"格物穷理"的解释上。他说：

> 凡格物，须从身心性命、三纲五常、日用饮食切近的格去。格之既久，其余万事万物自然贯通，不可先于一草一木上理会。②

又说：

> 愚以为格物之法，必由近以及远，由粗以及精，由身心以及家国天下，由日用饮食以至天地万物，渐造渐近，乃至豁然。夫然后天下、物我、内外、本末、幽明、死生、鬼神、昼夜，皆可一以贯之。③

陆世仪虽然肯定朱熹所言的理先天存于心中，"天下之理，皆吾心之理，故格天下之物，即所以致吾心之知，非求之于外也"④，但为了避免陷入阳明的"良知"之学，他又特别强调"理"在心外的客观存在。在朱熹那里，"理"大致可以分为三种：心之理、物之理、人之理（事理）。现在，陆世仪认为，"格物"先从事理和物理入手，先从自身做起，由近及远、由身心到家国天下、由日用饮食到天地万物。换言之，"格物"也即由实到虚、由易到难，最终会豁然贯通，"用力之久，而一旦豁然贯通，此彻首彻尾之格至

---

① 陈来. 中国近世思想史研究 ［M］. 北京：生活·读书·新知三联书店，2010：620.

② （清）陆世仪. 思辨录辑要（卷三）：格至类 ［M］. 清文渊阁四库全书本.

③ （清）陆世仪. 思辨录辑要（卷三）：格至类 ［M］. 清文渊阁四库全书本.

④ （清）陆世仪. 思辨录辑要（卷三）：格至类 ［M］. 清文渊阁四库全书本.

也"①。这是说，陆世仪虽然承认了朱熹讲的理存于天地万物之中，但他主张"穷理"要先从自身、日用饮食等实实在在的地方去求，不要去那些玄虚、无法把握的地方去求。因为，求得日用饮食中的"理"，然后用力体悟，久之就必然会豁然贯通。可知，陆世仪强调的"格物致知"还是首先从身心、日用等实处着手，进而把握宇宙中理之全体。

---

① （清）陆世仪．思辨录辑要（卷三）：格至类［M］．清文渊阁四库全书本．

第二章

陆陇其理学思想的渊源与发展

理学反省和弃虚崇实是清初学术最主要的两个特征，陆陇其的理学思想正是这两大学术特征下的产物。理学的反省是以王学的批判为基础的，反省的结果便是朱子学的复兴和实学思潮的兴起。虽然，朱子学的倡导和王学的批评与反思是清初学者的普遍共识，但陆陇其于此却表现得更为坚决和彻底，也更具代表性。我们知道，"尊朱辟王"是陆氏理学思想最显著的特征，然还须清楚的是，这一特征并非一开始即为他所坚持，朱学和王学最初在他那里是处于共存的状态，随着他学识的不断增加和思想的不断成熟，最终才确立了"尊朱"和"辟王"的观点。具体而论，于王学言，他是经历了一个"相信"到"怀疑"再到"反对"的转变过程；于朱学言，他则是经历了"接触"到"体悟"再到"坚信"的变化过程。目前学界普遍认为，陆氏的理学思想深受吕留良的影响，钱穆曾直言："稼书之学，实自吕晚村。"① 又说："稼书较晚村生晚一年，其治朱学，亦受晚村影响。"② 诚然，吕氏对陆陇其"尊朱辟王"思想的确立确实有着非常大的影响，但除吕氏外，家学渊源、西学的传播等因素对他理学思想的产生都有着非常重要的影响。总之，陆氏的学术思想是经过了一个不断变化的发展过程才最终得以确立的，而这一思想的确立又受多种因素的影响。

---

① 钱穆. 中国近三百年学术史［M］. 北京：九州出版社，2011：285.
② 钱穆. 中国学术思想史论丛（卷八）［M］. 合肥：安徽教育出版社，2004：122.

第一节 陆陇其理学思想的渊源

一、家学渊源

陆陇其出生在一个书香世家，他的家族"自五世祖以下，皆以儒术有名庠序"①。他的父亲陆元"性宽和，生平未尝有疾言遽色，虽尝有横逆相加者，绝不芥蒂于胸中。好坦直，不喜为城府，入与家人言，出以告于人，未尝有二也。一生惟以真诚宽厚为主，宁阔略于节文，而不欲矫饰以欺世；宁过于和平，而不欲立崖岸以自异"②。其父在幼年时，家道殷实，后遇战乱，家业尽落，以授书为生，凡十有六年，安之若素。陆陇其称其父"虽未尝达而在位，而常以苍生为念。每语子弟云'贪与酷，皆居官大戒，然贪而酷，人皆知恶之。若自持廉谨，而刻以绳人，人慕其风节，竞相仿效，祸不可言矣'"③。父亲宽厚、坦诚的性格及其以苍生为念的抱负对陆陇其后来的学习、为官及处事都产生了很大的影响。

陆陇其在十一岁（1640）时，便已熟读《四书》《五经》及《左传》诸书，在父亲的教导下，对于以上诸书的理解也显得要比同龄人精熟许多。《陆陇其年谱》载："先生《四子书》《五经》既卒业，塾师授以《左氏内传》节文。暮归，必就封公问其详。封公具为指示，即觅全本，篝灯夜读，诘朝皆已成诵。封公又手录古文授读，旦暮自为讲解，务期精熟。故先生幼年为文，即原本经术，醇而后肆，侪辈莫不倾服。"④ 需注意的是，陆氏幼年生活的时

---

① （清）陆陇其．三鱼堂文集（卷十一）：先府群圹记［M］∥张天杰．陆陇其全集（第2册）．北京：中华书局，2020：348.

② （清）陆陇其．三鱼堂文集（卷十一）：先府群圹记［M］∥张天杰．陆陇其全集（第2册）．北京：中华书局，2020：348-349.

③ （清）陆陇其．三鱼堂文集（卷十一）：先府群圹记［M］∥张天杰．陆陇其全集（第2册）．北京：中华书局，2020：349.

④ （清）吴光酉，郭麟，周梁，等．陆陇其年谱［M］．褚家伟，张文玲，点校．北京：中华书局，1993：14.

期正处于明末，彼时科举考试是以朱熹注解的《四书》《五经》作为主要内容。也就是说，陆氏幼年时期父亲讲授给他的《四书》《五经》等儒家经典的内容主要是以朱熹的注解作为标准的，目的是使他便于举业。这是陆陇其接触朱学的开始，但此时的他对于朱学的认识还仅仅是停留在诵读的阶段，并没有过多的理解和体悟。

明清易鼎后，清代的科举考试延续了明代八股取士的制度，考试内容仍以朱熹注解的《四书》《五经》作为准绳。《清史稿·选举三》中明确记道："有清科目取士，承明制用八股文。取《四子书》及《易》《书》《诗》《春秋》《礼记》五经命题，谓之制义。"在父亲以苍生为念的影响下，陆陇其早在十三四岁时便树立了学习伍子胥报国为民的志向，"伍公吾十三四时即心慕其人"①，后在参观伍公庙时，又重新表达了这一志向，"今入其庙，不觉慨然有动也。嗟乎，大丈夫当如此矣"②。因此，受此激励，陆氏并没有因为新朝的建立而放弃举业，反而是怀着匡世救民的抱负于顺治十四年（1657）参加了乡试，但最终不幸落第，是年他二十八岁。乡试的落第并没有磨灭他匡世济民的志向，反而极大地刺激了他精心研读《四书》《五经》等儒家经典的决心。吴光酉在《陆陇其年谱》中记道："先生既不得志于有司，益发愤下帷读书。取《大全》（按：《四书大全》），反复参订，得其要领。"③ 勤读《四书》等儒家经典加深了他对朱学理解的体认。他在《日记》中明确记录了当时的心境：

> 八月初九。在武林寓中阅"养气"章，中多疑义，未尽晰也。思得《大全》读之，自《学》《庸》至《论》《孟》，约计一载，庶得要领。此志畜之已期年矣，为试事急迫，不能行此事。今已得暇，可行吾志，

---

① （清）陆陇其. 三鱼堂日记（卷一）："丁酉"条［M］. 杨春俏，点校. 北京：中华书局，2016：2.

② （清）陆陇其. 三鱼堂日记（卷一）："丁酉"条［M］. 杨春俏，点校. 北京：中华书局，2016：2.

③ （清）吴光酉，郭麟，周梁，等. 陆陇其年谱［M］. 褚家伟，张文玲，点校. 北京：中华书局，1993：17.

归即当从友人借读耳。①

通过上述记载可知，陆氏学习《大学》《中庸》《论语》《孟子》等儒家经典已不单单是为了应付科举，而是开始去理解和体认经典中的内容，所以当他乡试失败后，未能做到孟子所言的"养气"，进而对"养气"的方法产生了疑惑，并企图通过阅读《四书大全》来加以释疑。陆氏对于儒家经典的困惑，反映出他并不迷信经典，而能够根据自己的亲身经历来体认经典，并使经典中的道理成为指导人们生活的有用之学，"圣经贤传，上足以明心见性，次足以匡时济众"②。陆陇其对待学术的态度正是受父亲治学的影响，他在《先府君圹记》中称其父治学"读书必究极源委，深恶俗学卑陋，尤不喜务虚名"③。而陆父所谓的"俗学"即指专以获取利禄为目的的八股举业之学。乡试落第后，陆陇其虽发愤研读《四书》《五经》等儒家经典，但他并不将其作为获取功名的工具，而是继承了父亲厌恶俗学、崇尚实学的治学精神，希望借助圣贤言论来实现他揽辔澄清、匡时济众的志向。后来，陆陇其在担任灵寿县令，为诸生讲书时，又进一步明确学术当成为昌明世道、拯救人心的有用实学，而不应变成追名逐利的卑陋俗学。他说："就举业论之，今日大家读书，还是要讲求圣贤义理，身体力行，上之继往开来，次之免于刑戮乎？抑只要苟且悦人，求保门户，求取功名富贵乎？若只从保门户起见，便是'怀土'；若只从取功名富贵起见，便是'怀惠'。是终日读书，终日只做得小人工夫。这个念头熟了，一旦功名富贵到手，不是将书本尽情抛却，彻内彻外，做个小人；便是将圣贤道理外面粉饰，欺世罔人，败坏世道。"④ 可知，父亲崇尚实学、反对俗学及治学穷极源委的学术精神无疑为后

① （清）陆陇其．三鱼堂日记（卷一）："丁酉"条［M］．杨春俏，点校．北京：中华书局，2016：1.
② （清）陆陇其．三鱼堂日记（卷一）："丁酉"条［M］．杨春俏，点校．北京：中华书局，2016：1.
③ （清）陆陇其．三鱼堂文集（卷十一）：先府君圹记［M］//张天杰．陆陇其全集（第2册）．北京：中华书局，2020：349.
④ （清）陆陇其．松阳讲义（卷五）：论语［M］//张天杰．陆陇其全集（第3册）．北京：中华书局，2020：246-247.

来陆陇其治学强调"实学"奠定了思想基础。

顺治十五年（1658），陆陇其因《四书大全》一书间有繁杂、尚多缺略，不易于阅读，重新增订该书。其间，向族人上隆请教讲章之法，上隆以《四书蒙引》《四书存疑》诸书告之，遂得《四书大全》阅读之法。《陆陇其年谱》载道：

> 先生因附舟，遇族人上隆，问看讲章之道。上隆曰："以《大全》为主，然非《蒙引》《存疑》，则《大全》为呆物矣。"先生因觅《蒙引》等书并阅之。以《大全》为纲，以《蒙引》《存疑》《浅说》及顾麟士《说约》为辅，采诸说之醇者，附于额头，务折衷于朱子。①

上隆为陆氏族人，生平事迹今已不可考。他告知陆陇其读《四书》当以《大全》为纲，《蒙引》《存疑》诸书为辅，否则《大全》将成为呆物。上隆关于《四书》的阅读方法对陆陇其治学产生了重要影响。我们知道，陆氏治学毕生以《四书》为主，其治《四书》的方法即以《大全》为纲，兼采《蒙引》《存疑》诸书，最终又以朱熹注解作为标准。他教育弟子读书也是遵循此法，在《与席生汉翼汉廷》的书信中他告诫席氏兄弟读书"每日应将《四书》一二章，潜心玩味，不可一字放过。先将白文自理会一番，次看《本注》、次看《大全》、次看《蒙引》、次看《存疑》、次看《浅说》。如此做工夫，一部《四书》既明，读他书便势如破竹，时文不必多读而自会做"②。

由此可知，父亲及其族人在陆陇其学术思想的形成过程中都产生过重要的影响。因此，我们在梳理陆氏理学思想渊源时不应当忽略家学因素对他的影响。

二、吕留良学术的影响

康熙十一年（1672），吕留良出游嘉兴，陆陇其与其相会于郡城旅舍，彼

---

① （清）吴光酉，郭麟，周梁，等．陆陇其年谱［M］．褚家伟，张文玲，点校．北京：中华书局，1993：226.

② （清）陆陇其．三鱼堂文集（卷六）：与席生汉翼汉廷［M］//张天杰．陆陇其全集（第1册）．北京：中华书局，2020：175-176.

此有相见恨晚之感，一时往复，所论皆关学术人心。此次会面，对陆陇其"尊朱辟王"思想的确立有着非常重要的影响。他后来自己也承认此次会面的意义，"壬子癸丑，始遇先生（按：吕留良），从容指示，我志始坚，不可复变"①。按照陆氏所述，正是由于吕留良在学术上的从容指示，他才最终确定了"尊朱辟王"的学术思想。然而，吕氏究竟在学术上给予了他何种指示，才使得他"尊朱"之志始坚而不可复变呢？比较吕、陆二人的学术思想可知，吕氏对陆陇其的影响主要体现在以下三个方面：

一是尊奉朱子为圣学正脉，强调朱子学为治世救弊之良药。吕留良极尊朱子，一生始终奉朱子学为正学，曾自述："某平生无他识，自初读书即笃信朱子之说，至于今老而病且将死矣，终不敢有毫发之疑，真所谓宾宾然守一先生之言者也。"② 面对明中叶以来学术混乱、政治败坏的境况，他指出世人尤其是读书人当以拯救乱世为己任，而救弊之法就在于遵从朱子之学。其言：

> 毒鼓妖幢，潜夺程朱之坐以煽惑天下也亦久矣，此又孟子以后圣学未有之烈祸也。生心害事，至于此极。谁为历阶，不知所届。此凡有血气所当共任之责，况于中读书识字又颇知义理者耶？某窃不揣，谓救正之道，必从朱子；求朱子之学，必于《近思录》始。又窃谓朱子于先儒所定圣人例内，的是头等圣人，不落第二等；又窃谓凡朱子之书，有大醇而无小疵，当笃信死守，而不可妄置疑凿于其间。③

吕氏此论是其尊信朱子的理论基础。在这里，他共表述了四层意思：一是邪说横行、异端四起、圣贤之学尽失，学术混乱的程度为孟子后之最；二是凡有血气之人，尤其是读书人，都应以辟异端、辨学术、昌明圣学为己任；三是救正之道，必须遵从朱子，朱子为圣人之中的头等圣人；四是凡朱子之

---

① （清）陆陇其．三鱼堂文集（卷十二）：祭吕晚村先生文［M］//张天杰．陆陇其全集（第2册）．北京：中华书局，2020：369.

② （清）吕留良．答吴晴岩书［M］//俞国林．吕留良全集（第1册）．北京：中华书局，2015：23.

③ （清）吕留良．与张考夫书［M］//俞国林．吕留良全集（第1册）．北京：中华书局，2015：1.

书、朱子之学，皆有大醇而无小疵，应当笃信死守，而不可有所质疑。以上言论，足见吕氏对朱子推崇之意，而这一思想直接影响了陆陇其对于朱子学说的认识。

在结识吕氏之前，陆陇其对朱子学说的认识仅仅停留在举业之学，对其治世救弊的思想还没有更深的理解和体悟，他之所以重订《四书大全》也是为了便于举业，他曾自叙当时的情况："然是时，虽粗知读书之门户，而程、朱之《语录》《文集》，皆未之见，敬轩、敬斋诸君子之书，皆未知求。"① 结识吕氏后，陆陇其对朱子学有了全新的认识，最终坚定了他"尊朱"的决心。后来，陆氏在《答嘉善李子乔书》② 中明确表达了他"尊朱"的主旨，其言："陇其尝以为近世学术之弊，起于不能谨守考亭。故救弊之法无他，亦惟有力尊考亭耳。"③ 又说："夫朱子之学，孔、孟之门户也。学孔、孟而不由朱子，是入室而不由户也。"④ 可知，对于朱子学的认识，陆陇其是有一个变化过程的，并非一开始就认定朱子学为救弊之良药。

二是斥责王学为异端，力辨"良知"之学非孔、孟圣学。吕留良从两个方面力证王学为异端，是阳儒阴释之学。首先，他批判阳明"四句教"及"龙场悟道"中强调的"无善无恶""利根""顿悟"等内容都是佛家的修养方法，儒家无此讲法。他说："若以本体为无善无恶，必将并去其善而后可以复本体也，则凡所谓择善固执，乐善不倦者，不几皆本体之障乎？"⑤ 这是说，按阳明所讲，心体如果无善无恶，则儒家要求的"择善固执""乐善不

---

① （清）陆陇其. 三鱼堂文集（卷八）：旧本四书大全序［M］//张天杰. 陆陇其全集（第2册）. 北京：中华书局，2020：241.

② 《答嘉善李子乔书》写作的确切时间，《陆陇其年谱》和《三鱼堂日记》均无记载。不过可以确定的是，该书完成于陆陇其51岁之后，即康熙十九年（1680）之后。因为《三鱼堂日记》"庚申"（康熙十九年）条中记道："二月廿五，李巢来兄弟来，不及会，留李子乔及杨天藻二札子。乔书中欲辑文清、敬斋、泾阳、启新、景逸五先生语录，其留心先儒，亦不易得也。"这一记载刚好和《答嘉善李子乔书》中内容相符。

③ （清）陆陇其. 三鱼堂文集（卷五）：答嘉善李子乔书［M］//张天杰. 陆陇其全集（第1册）. 北京：中华书局，2020：111.

④ （清）陆陇其. 三鱼堂文集（卷五）：答嘉善李子乔书［M］//张天杰. 陆陇其全集（第1册）. 北京：中华书局，2020：113.

⑤ （清）吕留良. 吕晚村先生四书讲义（卷一）：大学一［M］//俞国林. 吕留良全集（第5册）. 北京：中华书局，2015：12.

倦"等修养方法将无所着落。又说："圣学但分安勉，无顿渐。顿渐者，异端了悟之说，为禅相律教之分，即阳明利根习心之别。若圣学有顿渐，则尧、舜必是顿诣矣，何复云人心道心乎？岂尧之接舜，反不如阳明之接利根乎？"① 可知，顿悟绝非儒学治学之法，如果儒学讲顿悟，则人们就无须通过不断地学习来约束人心而复明道心了，舜也不必去学习尧的圣贤之法了。所以，他直斥王学借佛学来败坏圣贤之道："若姚江良知之言，窃佛氏机锋作用之绪余，乘吾道无人，任其惑乱。"② 并最终呼吁："今日辟邪，当先正姚江之非；而欲正姚江之非，当真得紫阳之是。"③ 其次，他又通过分辨"良知"之"良"、"知至"之"知"及"致知"之"致"来解释阳明"致良知"之学绝非孟、曾之学，而是披着儒学的外衣来宣扬佛学的思想。他说：

> 孟子"良知""良"字，不过指不必学虑而自然可见，以明仁义为人心之同，犹其言乍见孺子入井可以观仁，非以乍见为仁之至，以不虑为知之极也。若"知至"之"知"，则知性知天，而心无不尽之谓，与良知之义不同。良知正以不致见其良，致知正以不恃其良为致，三字牵合不拢，牵合则其义各失。夫言岂一端，各有所当也。自阳明牵合此三字为宗旨，彼自指其所为知，既非曾子格致之知，亦非孟子仁义之知，不过借儒家言语说法耳，岂可以此解曾孟之道哉？④

吕留良认为，孟子所讲的"良知"即人们先天具有的天地之性，而"良知"之"良"则是指天地之性中含有的仁义礼智信等道德因素，它为人们先天具有，可以不虑而知、不学而能。因此，在他看来，孟子所言的"良知"是以"性"为基础的，当心应物时，产生的思维活动如果处在"本性"的约

①　（清）吕留良．吕晚村先生四书讲义（卷一）：大学一［M］//俞国林．吕留良全集（第5册）．北京：中华书局，2015：13.

②　（清）吕留良．吕晚村先生文集（卷一）：复商汇旃书［M］//俞国林．吕留良全集（第1册）．北京：中华书局，2015：10.

③　（清）吕留良．吕晚村先生文集（卷一）：复高汇旃书［M］//俞国林．吕留良全集（第1册）．北京：中华书局，2015：10.

④　（清）吕留良．吕晚村先生四书讲义（卷一）：大学一［M］//俞国林．吕留良全集（第5册）．北京：中华书局，2015：13.

束下，人的行为便合于理，便是"良知"的体现，否则，便是违背"良知"。所以，他指出人们见孺子入井可以观仁而非见仁，不能用不思、不虑作为"知之极"，他用"观"和"见"的区别来体现"良知"在"性"和"心"上的差异。接着，他又解释《中庸》里"致知"的"知"和"良知"的"知"在本质上是有差别的。他指出"致知"之"知"指的是知天、知性，强调的是认识功能，需要格物穷理来获得，而"良知"之"知"则指的是人的本性，强调的是道德因素，人们先天具有。正是由于两者指代的意义不同，所以，"良知"中的"良"（仁义礼智信）不会因为外在格物而受到影响，"致知"中的"知"也不会因为人们先天具有"良知"的道德因素而就放弃格物穷理。阳明正是将"良知"的"知"和"致知"的"知"混为一体，把"良"（先天具有）和"致"（后天获取）认作一事，所以才用本心的"致良知"来替代外在的格物穷理。对此，吕氏批评道："圣贤所谓格至，只是事物之理，讲求体会，到贯通彻尽处便是。格至不分内外，若谓缘解外物以求识内心，正是分内外。圣贤只要明理以行道耳，要识心则甚？识自然之心，尤属邪异之旨。"①

吕留良对于王学的批评，尤其是对"良知"之学的辨析，给陆陇其认识王学带来了很大的影响。康熙二十二年（1683），陆氏与学者秦云爽就王学展开论辩，其中他在辨析阳明"良知"之学不同于孟子"良知"之说时，提出"孟子之良，以性之所发言；阳明之良，以心之昭昭灵灵者言"② 的观点，正是对吕氏辨析"良知"之说的发挥。

三是坚守儒学界限，反对朱王调和。吕留良认为，王学既然是异端曲学，那么就必须坚决加以反对和抵制，而不应将其和儒学混为一体，不加区分。当治学颇有调和朱王倾向的学者施闰章批评其辟王太过时，他反驳道："至谓痛抹阳明太过，为矫枉救弊，此则非某所知。平生于此事不能含糊者，只有是非二字。阳明以洪水猛兽比朱子，而以孟子自居，孟子是，则杨墨非，此

---

① （清）吕留良. 吕晚村先生四书讲义（卷一）：大学一［M］// 俞国林. 吕留良全集（第5册）. 北京：中华书局，2015：13.

② （清）陆陇其. 三鱼堂文集（卷五）：答秦定叟书［M］// 张天杰. 陆陇其全集（第1册）. 北京：中华书局，2020：135.

无可中立者也。若谓阳明此言亦是矫枉救弊，则孟子云云，无非矫救，将杨墨告子皆得并辔于圣贤之路矣……使阳明而是，则某为邪说，固不得谓之太过；阳明而非，则某言犹有未尽者，而岂得谓之太过哉！从孔孟程朱，必以辨明是非为学，即从阳明家言，渠亦直捷痛快，直指朱子为杨墨，未尝少假含糊也。"① 在吕氏看来，学术关乎世道人心、是非曲直，所以模糊处理不得，是即是，非即非。他指出，阳明既然为异端，那么就应严厉加以批判，而不存在批之"过"与"不过"的情况，否则杨朱、墨子就可以与孟子并列于圣贤之列了。所以，他说："且所论者道，非论人也。论人则可节取恕收，在阳明不无足法之善；论道者必须直穷到底，不容包罗和会，一着含糊，即是自见不的，无所用争，亦无所用调停也。"②

吕留良对于朱王调和的批判，加深了陆陇其对于清初王学的认识，丰富了他"尊朱辟王"的思想。明清易鼎后，随着理学的反省和朱子学的复兴，不论是宗朱学者还是宗王学者都明显表现出一种"朱王调和"的学术倾向，使得王学在朱学外衣的庇护下得以传播，这是陆氏不愿看到的。所以，陆陇其在吕氏批评"朱王调和"观点的基础上，进一步指出"朱王调和"已经成为清初王学传播的主要形式，需严格加以辨析和批判。因此，批判"朱王调和"的观点成为他"尊朱辟王"思想中最突出的内容。

康熙十一年（1672）的陆吕之会，对陆陇其理学思想的影响是不言而喻的。自此之后，陆氏对朱学和王学都有了新的认识，解决了长期以来困扰他的学术问题，坚定了他"尊朱辟王"的决心。他曾自述吕氏对其学术的影响："余于壬子五月，始会东庄（吕留良）于郡城旅舍，谆谆以学术人心为言。曰：'今之人心大坏，至于此极，皆阳明之教之流毒也。'又曰：'泾阳、景逸之学，大段无不是，然论心性，则虽甚辟阳明，然终不能脱阳明之藩篱。'又曰：'东坡学术尤误人，好其学者，戏谑游荡权诈苟且，无所不可，故人多乐而从之。今之聪明才俊，而决裂于廉耻之防者，皆以东坡为窟穴者也。若程

---

① （清）吕留良．吕晚村先生文集（卷一）：与施愚山书［M］//俞国林．吕留良全集（第1册）．北京：中华书局，2015：16．
② （清）吕留良．吕晚村先生文集（卷一）：与施愚山书［M］//俞国林．吕留良全集（第1册）．北京：中华书局，2015：16．

朱之教行，则人不可自便，此所以恶其害己而去之。朱子《杂学辨》，最有功于世。'又曰：'今日为学，当明可不可之界限。古人大则以王，小则以伯，犹有所不可，况其他乎？'又曰：'考夫虽师念台，而不尽从其学。考夫之于念台也，犹朱子之于籍溪、屏山、白水乎，非延平之比也。'一时之言，皆有关系，予所深佩服者。"①

三、西学的有益补充

清初的学术发展除理学反省、实学兴起，还有一个比较明显的特征就是西学的传播。早在明朝万历年间，意大利传教士利玛窦便来到中国传教，为了消除中国人对于洋教的疑惧，他采用了"知识传教"② 和"天儒会通"的策略。所谓"知识传教"就是以士大夫作为首要的传教对象，利用他们对"经世致用"的追求，在向他们介绍天文、医药、农田、水利等一些比较实用的西方科技知识的同时，连带传播宗教；所谓"天儒会通"指的是将天主教和儒学相互打通，采用的策略是从理论上对天主教义进行儒学化的解释③，实质是借助儒学的外衣来传播天主教。"知识传教"和"天儒会通"策略的实施，使得天主教在中国得以迅速传播，同时西方的科学知识也大量涌入中国，中国的士大夫如徐光启、李之藻、杨廷筠等均在接受西方科学知识的同时，转向了天主教的信仰。明清易鼎后，西学的传播并没有因为新朝的建立而有所减少，反而传教士汤若望却在清朝担任了钦天监监正的官职。随着汤若望在清廷政府得到重用，天主教等西方文化在中国的传播也进入一个相对繁荣的时期。然而，时间不长，在康熙三年（1664）爆发了以杨光先为代表的部分正统士大夫反对西历、西教的案件——"康熙历狱"，汤若望、南怀仁、利类思等西方传教士被羁押，信奉西教的中国籍官员李祖白、宋可成等人被处斩。康熙八年（1669），"历狱"案得以翻案，杨光先被罢免，南怀仁被授予

① （清）陆陇其. 松阳钞存［M］∥张天杰. 陆陇其全集（第 10 册）. 北京：中华书局，2020：319-320.

② 徐海松也称为"学术传教"。徐海松. 清初士人与西学［M］. 北京：东方出版社，2000：22.

③ 徐海松. 清初士人与西学［M］. 北京：东方出版社，2000：123.

钦天监监副，"康熙历狱"始告平息。这是清初西学在中国传播的概况。

"康熙历狱"表面上是中、西历法之争，实质上却是天主教同儒家的文化之争。杨光先在《请诛邪教状》中明确批评天主教义对儒学的侵害："西洋人汤若望，本如德亚国谋反正法贼首耶稣遗孽，明季不奉彼国朝贡，私渡来京。邪臣徐光启贪其奇巧器物，不以海律禁逐，反荐于朝，假以修历为名，阴行邪教。延至今日，逆谋渐张：令历官李祖白造《天学传概》妖书，谓东西万国皆是邪教之子孙，来中夏者为伏羲氏，《六经》《四书》近世邪教之语法微言。岂非明背本国，明从他国乎？"① 又说："杨墨之害道也，不过曰'为我''兼爱'，而孟子亟拒之曰：'杨墨之道不息，孔子之道不著。'《传概》之害道也，苗裔我君臣，学徒我周孔，祖白之意若曰，孔子之道不息，天主之教不著。孟子之拒，恐人至于无父无君；祖白之著，恐人至于有父有君。"② 既然"康熙历狱"本质上是天主教同儒家的文化之争，那么卫道甚严的陆陇其又是怎样看待西学的呢？西学对他学术思想的形成有无影响呢？目前学界普遍的共识是陆氏对于西学中的天文、历法、算学等"器"的方面的内容是采取欣赏和肯定的态度，而对于其中的基督教神学、哲学等"道"的方面的内容则持排斥和否定的态度。徐海松就言："陆陇其治学专以'尊朱辟王'为事，深陷门户，学识褊狭，因而对于西方异质文化的接纳自然大打折扣。不过，比起他对王学末流的坚决排斥论，陆陇其对西学的态度要平和得多；再与那些空谈'夏夷之辨'，将西方科技也一概排斥的保守士大夫相比，也要开明得多，因为他毕竟对西方天文历学有所钻研、有所理解。"③ 史革新也说："陆陇其对西学的兴趣与对理学的尊奉并不矛盾，他是把历算之学作为儒家经世之学的一部分而加以接受的。尽管其间利类思、南怀仁曾不失时机地多次向陆陇其赠送天学书籍、宣传天主教义，但他并不为之所动。"④ 然而，陆氏是否如徐、史两位先生所言于西学中的宗教神学、哲学等"道"的层面的内

---

① （清）杨光先. 不得已（卷上）：请诛邪教状［M］. 陈占山，校注. 合肥：黄山书社，2014：5.

② （清）杨光先. 不得已（卷上）：与许青屿侍御书［M］. 陈占山，校注. 合肥：黄山书社，2014：11.

③ 徐海松. 清初士人与西学［M］. 北京：东方出版社，2000：235.

④ 史革新. 清代理学史（上卷）［M］. 广州：广东教育出版社，2007：479.

容完全持拒绝和排斥的态度呢？下面笔者将根据陆氏与西方传教士的交往及对陆氏理学思想中的内容与当时传教士的传教著述进行比较，进而探究陆氏理学思想是否完全没有受到西学中宗教神学、哲学等"道"的层面的内容的影响。

陆陇其是清初理学家中少有的与西方传教士有过多次直接接触的学者之一。据《三鱼堂日记》记载，康熙十四年（1675）三月十九日，陆氏在京师游天主教堂，见传教士利类思，看自鸣钟，"利送书三种，曰《主教要旨》，曰《御览西方要纪》，曰《不得已辩》。又出其所著《超性学要》示余。其书甚多，刻尚未竟"①。二十一日，"南怀仁来答帖，言去年所制浑天仪在司天台，其木者则留天主堂"②。二十三日，"同屠尹和至天主堂观浑天球……又西人于墙内画一猫，置管于墙中，使人从管窥之，则见猫在墙外。余初不解其故，尹和之仅见之曰：'管中所见，墙外之猫，非墙内之猫也。'指墙外所画绝不似猫者曰：'此管中所见之猫也。'验之果然。盖西人最巧算，人从管中视与平视不同，故如此"③。二十八日，"南敦仁遣人送《赤道南北两总星图》"④。四月初五，"至天主堂，晤利类思，以《中星简平规图》归。因前南怀仁送《星图》有时盘，未知用法，故以问利"⑤。初八日，"西人利类思以南怀仁《不得已辨》（南怀仁所撰《历法不得已辨》）来送。因前初五日，愚曾以岁差及太阳过宫之疑叩之，故以此书相赠。读之豁然，西法曾未易吹毛。午、未间，杨光先之说方行，士子为历法表者有云：'知平行、实行之说，尽属尘羹；考引数、根数之谈，俱为海枣。'何轻易诋呵如此。西人之不

---

① （清）陆陇其. 三鱼堂日记（卷三）："乙卯"条［M］. 杨春俏，点校. 北京：中华书局，2016：59.

② （清）陆陇其. 三鱼堂日记（卷三）："乙卯"条［M］. 杨春俏，点校. 北京：中华书局，2016：59.

③ （清）陆陇其. 三鱼堂日记（卷三）："乙卯"条［M］. 杨春俏，点校. 北京：中华书局，2016：59-60.

④ （清）陆陇其. 三鱼堂日记（卷三）："乙卯"条［M］. 杨春俏，点校. 北京：中华书局，2016：60.

⑤ （清）陆陇其. 三鱼堂日记（卷三）："乙卯"条［M］. 杨春俏，点校. 北京：中华书局，2016：61.

可信，特亚当、厄袜及耶稣降生之说耳"①。十三日，"会利类思。愚因阅南怀仁《不得已辨》，云'太阳在本道永久平行，一日约五十九分'，疑日一日行一度，西法以一日为九十六刻，则宜有九十六分，如何云'五十九分'，举以问利"②。十九日，"以扇、笔、笺送利类思，止领一扇"③。五月二十五日，"至报国寺，买《日躔表》二本，乃西洋历书中之一种也。读之始知郭守敬消长之说，西洋法未尝不用"④。康熙十七年（1678）正月二十九日，"会王天市，携南怀仁所送《坤舆图说》《熙朝定案》及《戊午七政历》以归"⑤。四月初三日，"阅《天原发微》，见雪峰胡氏云：'朱子尝欲于方圆图内取出方图在外，庶圆图虚中，以象太极，今从之。'然愚意取出方图，固足以见太极之虚，置一方图于内，尤足以见太极之虚而实。又蔡季通问极星只在天中，东西南北皆取正于极，而极星皆在上，何也？文公无以对。此段未知出何处。按若依今西法论极星，则可无疑矣"⑥。五月二十七日，"见杨光先《不得已书》，其驳西法曰：'西法二百五十里而差一度，是三百六十度，共差九万里止矣。而若望疏云"臣自大西洋八万里航海来京"，其《舆地图》则又云，"大西洋起午宫第十一度，东行历巳、辰、卯、寅，至中夏止丑宫一百七十度，共计一百六十度"，以每度差二百五十里积之，止该四万里，何云万里。'此条驳不倒"⑦。

通过《三鱼堂日记》可知，陆陇其在康熙十四年（1675）与传教士利类

---

① （清）陆陇其. 三鱼堂日记（卷三）："乙卯"条［M］. 杨春俏，点校. 北京：中华书局，2016：62.

② （清）陆陇其. 三鱼堂日记（卷三）："乙卯"条［M］. 杨春俏，点校. 北京：中华书局，2016：63-64.

③ （清）陆陇其. 三鱼堂日记（卷三）："乙卯"条［M］. 杨春俏，点校. 北京：中华书局，2016：65.

④ （清）陆陇其. 三鱼堂日记（卷三）："乙卯"条［M］. 杨春俏，点校. 北京：中华书局，2016：70.

⑤ （清）陆陇其. 三鱼堂日记（卷四）："戊午上"条［M］. 杨春俏，点校. 北京：中华书局，2016：85.

⑥ （清）陆陇其. 三鱼堂日记（卷四）："戊午上"条［M］. 杨春俏，点校. 北京：中华书局，2016：91.

⑦ （清）陆陇其. 三鱼堂日记（卷四）："戊午上"条［M］. 杨春俏，点校. 北京：中华书局，2016：110.

思和南怀仁有过多次直接的接触，尤其是与利类思的接触最为频繁，短短一个月的时间内就有五次。陆氏从利类思和南怀仁那里了解到了许多西学的知识，从利氏和南氏所赠书籍可知，内容涉及天文、历法、风土国情、地理、宗教神学、哲学等。其中陆氏最感兴趣并且加以肯定的是天文历学，这从他"西人最巧算""西法曾未易吹毛"的评语中便可觅得答案。康熙十七年（1678），他又主动购买西洋历书《日躔表》，并用西法来解释蔡元定所问朱子之问题，足以说明他对西学中的天文、历法等知识已不仅仅是简单地了解，而是相当地熟悉并能够初步地运用。然而，于西学中的天主教义等基督教神学方面的内容，他则表现出了排斥的态度："西人之不可信，特亚当、厄袜及耶稣降生之说耳。"那么，这是否可以说他对西学中的基督教神学等内容持一种反对或者批判的态度呢？令人奇怪的是，在面对"康熙历狱"这一案件时，他并没有对维护儒学的杨光先有丝毫的偏袒，还直言其论未能驳倒汤若望。作为一个对于王学痛加批判、守道甚严的理学家，何以对西学中的天主教义等内容采取了一种相对包容的态度呢？依笔者愚见，这或许与传教士"会通天儒"的策略有关。利玛窦为了更好地向中国的士大夫传教，运用儒家经典来解释天主教义，而这一方法为争取中国的士大夫提供了契机，也为后来的在华传教士所继承。

通过陆氏接触的西学书籍可知，他对西学中的基督教神学、哲学等内容是有一定了解的。诸如利类思所赠的《主教要旨》是专门宣扬天主教义的书籍，徐宗泽称"此书为导引教外人研究圣教之书，多哲理，文亦秀雅"[①]。《不得已辩》为利类思答辩杨光先《不得已》而作，书中除了涉及历法、天主教义的论辩外，还有大量利氏依据西方哲学原理来解读儒家知识的内容。《超性学要》是利类思翻译意大利哲学家、神学家托马斯·阿奎纳的名著《神学大全》的节译本，徐宗泽在《明清间耶稣会士译著提要》中将其归入"神哲学类"，并介绍"神哲学""即神学与哲学"[②]。说明它是一本介绍西方神学

---

① 徐宗泽. 明清间耶稣会士译著提要［M］. 上海：上海书店出版社，2010：124.
② 徐宗泽. 明清间耶稣会士译著提要［M］. 上海：上海书店出版社，2010：139.

和哲学的著作，利氏在该书自序中将其归为"道科"，并称"大西之学凡六科①，惟道科为最贵且要，盖诸科人学而道科天学也，以彼较此，犹飞萤之于太阳，万不及矣"②。关于"道科"，《四库全书》这样介绍道："文科如中国之小学，理科则如中国之大学，医科、法科、教科者皆其事业，道科则在彼法中所谓尽性至命之极也，其致力亦以格物穷理为本，以明体达用为功，与儒学次序略似，特所格之物为器数之末，而所穷之理又支离神怪而不可诘是所以为异学耳。"③ 也就是说，在四库馆臣看来，西学中的"道科"内容同理学一样，也讲"尽性至命""格物穷理"和"明体达用"，所不同的是西学的"格物穷理"所格之"物"指的是具体的器物，而不含理学中的心、性、情、意等抽象的主观意念，所穷之理为具体的人格神（天主），而非儒家所指的宇宙本体，故而为异学。由此可见，西学中的神学和哲学在某种意义上同理学是有极大相似之处的，再加上传教士的"会通天儒"策略及西学的实证、实用的特征，虽然陆氏明确反对天主教义中的耶稣降生说，但这些因素又不可能不对他的学术思想产生影响和冲击。下面以利类思在《不得已辩》中对"天理"的解释来说明这一问题。

《不得已辩》是利氏论辩杨光先《不得已》而作，其中他在驳斥杨光先所论"理"时言道：

> 光先云："理立而气具焉，气具而数生焉，数生而象形焉。"此本宋儒之唾余也。宋儒指天即理，光先因指理为天，故有生气数形象之说。夫理不能生物，亦甚明矣。凡物共有二种：有自立者，亦有倚赖者。自立者，又有二种：有有形而属四行者，如天地金石人物之类；有无形而不属四行者，如天神人魂之类。倚赖者，亦有二种：有有形而赖有形者，如冷热燥湿刚柔方圆五色五味五音之类；有无形而赖无形者，如五德七

---

① 西学六科，即传教士艾儒略在《西学凡》中将西学划为"文科、理科、医科、法科、教科、道科"六类。
② 徐宗泽. 明清间耶稣会士译著提要 [M]. 上海：上海书店出版社，2010：141.
③ （清）永瑢，等. 四库全书总目（卷一百二十五）：子部三十五·杂家类·存目二 [M]. 清乾隆武英殿刻本，1594.

情之类。夫此自立与倚赖二种，虽相配而行，然必先有自立者，而后有倚赖者。设无其物，即无其理，是理犹物之倚赖者也。无有形之体质，则冷热燥湿刚柔方圆五色五味五音，俱无所着；无无形之灵，则五德七情，亦俱泯于空虚，而谓理能生物乎？即云天地自有天地之理，神鬼有神鬼之理，亦从有生之后，推论其然。若无天地人物神鬼，理尚无从依附，又何能自生物乎？理者法度之谓。①

利氏运用了亚里士多德统筹分类法中形而上学的分类标准对事物进行了分类，把事物分为"自立者"和"倚赖者"两种。"自立者"即指事物是独立的，能够不倚赖于其他事物而存在；"倚赖者"即指事物存在于其他事物之中，需要借助其他事物才能够存在。按照亚里士多德在《形而上学》中的划分，前者为本体，后者为本性。在利氏看来，"理"属于倚赖者，一种存于人心之中，一种存于事物之中，它是不能作为本体独立存在的，必须借助外物存在。利氏把物划分为"自立者"和"倚赖者"，目的就是削弱理学中"理"的本体意义和创生意义，为天主教的耶稣降生说服务。他又论"天理"道：

光先云："天为有形之理，理为无形之天。形极而理见焉，此天之所以即理也。"此虚诞不经语也。既云天为有形之理，则理不能为无形之天；又云理为无形之天，则天非得谓有形之理。一物也。忽谓有形，忽谓无形，非自相矛盾乎？试问理有形否？谓有形，则理非为无形之天；谓无形，则天非为有形之理。况天亦不可谓之理。夫天自立之体也，非特别体以为物，理则倚赖，而托他体以为物。是物在理先，理居物后。《诗》曰："天生烝民，有物有则。""则"，乃理也。先有物而后有物之理，则天不能谓之理也明甚。孔子谓郊祀上帝，不言祀理也。且所谓天以理理物，犹天子以法理人，岂谓天子即法乎？无人则法亦不设，无物

---

① （清）利类思．不得已辩［M］//（清）杨光先，等．不得已．陈占山，校注．合肥：黄山书社，2000：123-124.

则理亦无名也，谓天即理可乎？①

可知，在利类思看来，理是一种规则、一种法度、一种特性，它不能独立存在于事物之外，必须借助事物才能彰显它的本性，"物在理先，理居物后"。

利氏运用西学中的哲学知识来解读儒家理学中比较重要的"天理"概念，极力削弱"理"被程朱所赋予的本体意义，使之回归到普通的自然法则。清初的学风本就由明末空疏学风的反动而来，利氏的这一解读对急于学术重建的陆陇其来说可谓提供了一种新的视野，使得他在重建朱子学时很难不受其影响，这在他后来提出的"太极存乎人身之间""义理不离事理""道常昭著于日用常行之间"等观点，并极力消除"太极""理""道"的本体意义中便可得到验证，关于这一点，第四章会专门再论述。

张晓林在《天主实义与中国学统：文化互动与诠释》一书中将明末清初中国文人对待西学的态度分为三类："第一类是既接受传教士所介绍的科学，同时也接受其宗教、神学和哲学。这一类主要是当时基督教的中国护教者，如徐光启、李之藻等人。第二类是既反对传教士传布的宗教神学及哲学，也反对他们所引进的科学。反教者大致属于这一类。据认为，王夫之及《四库全书》的态度也属这一类。第三类是接受传教士引进的科学，但排斥其宗教神学及哲学，方以智是这一类人中的典型。"② 其实，在张晓林划分的第三类的基础上，还可以再细分出第四类。第四类是指接受西方传教士引进的科学，批判、吸纳其宗教神学和哲学，陆陇其可以说是这一类人物的代表。因此，我们在衡量西学对中国学者的影响时，不能单纯地以护教者、反教者等某一种类型来标识他，而应将其放置于整体的学术背景下加以综合考察。正如汤一介所言："在中国文化史上，'古今中西'之争已成为这一时代文化讨论的主题。因此，对中国人来说就存在着三个互相联系的问题：如何对待原有传

---

① （清）利类思. 不得已辩［M］//（清）杨光先，等. 不得已. 陈占山，校注. 合肥：黄山书社，2000：124-125.

② 张晓林. 天主实义与中国学统：文化互动与诠释［M］. 上海：学林出版社，2005：295-296.

统文化，如何吸收外来西方文化，以及如何创造中国的新文化。而对此，可能有三种不同态度：一种是对传统文化采取否定的态度，这可称之为激进主义派；一种是对传统文化采取肯定的态度，这可称之为保守主义派；一种是对传统文化采取无可无不可的态度，这可称之为自由主义派。过去曾有一种观点，认为只有其中某一派对中国文化的发展有益，而其他两派则是有害的。我认为，或许这种看法是可以讨论的，也就是说并不正确。照我看，在文化的转型时期，这三种力量毫无疑问是并存同一框架之中，它们之间的张力和搏击正是推动文化（社会历史）发展的重要契机。"① 同样，西学中的宗教神学和哲学对儒家文化的张力与搏击，或多或少都会对陆氏理学思想的形成产生影响，这一点当是无疑的，而汤先生此论也正好给陆陇其与西学的关系增添了一个新的注脚。

第二节　陆陇其理学思想的形成与发展

前已言及，陆陇其理学思想的形成是经历了一个不断变化的过程。从对待理学的态度来看：于王学言，他是经历了一个"相信"到"怀疑"再到"反对"的转变过程；于朱学言，他是经历了"接触"到"体悟"再到"坚信"的变化过程。从治学的目的来看，他是经历了一个从"入仕治乱"到"学术关乎世运"的认识过程。目前，注意到陆氏理学思想发展变化的学者有张天杰，他在《清初理学家的"由王返朱"心路转换》一文中指出陆氏早年有学习，甚至沉溺王学的经历，后受吕留良影响，进而转向了朱子学，并最终坚定了"尊朱辟王"的学术宗旨②。然而，张天杰在文中虽指出了陆氏理学思想"由王返朱"的这一变化，却未将其放置于陆氏理学思想的整个发展过程中加以考察，且论述多侧重于吕留良对陆氏理学思想的影响。现将陆氏理学思想的发展变化做一个整体性的梳理，并归纳其在每个时期的学术特点，

---

① 汤一介．序一［M］∥孙尚扬．明末天主教与儒学的互动．北京：宗教文化出版社，2013：1.

② 张天杰．清初理学家的"由王返朱"心路转换［J］．阳明学刊，2015（0）：158-166.

以期更好地掌握陆氏理学思想的形成历程。整体上看，陆氏理学思想的发展如果按时间划分大致可以分为三个时期：三十岁以前，存朱信王；三十岁至四十岁之间，徘徊朱王；四十岁以后，尊朱辟王。

一、三十岁以前：存朱信王

清朝初期，社会刚刚经历了明末战争的摧残，盗贼四起、民生凋敝，人们渴望国家安定，尤其是士大夫阶层希望尽快建立和恢复有序的政治体制和社会生产。此时的陆陇其正处于青年时期，他对社会动乱及人民困苦有着切身的感受。《陆陇其年谱》记载："乙酉二年（1645），年十六岁，时兵荒相继，泖滨地界江、浙，盗贼尤多。先生随封公仓皇奔避，而读书仍不辍。"① 他自己在《三鱼堂日记》"丁酉"（顺治十四年，1657）条"九月"中记道："廿二。知家中为乱兵所掠。廿四。待大人归泖上，则游兵尚络绎不绝，家中一空。虽原宪环堵，本无长物，然邺架万卷，尽被奴辈所窃。"② 兵荒、盗贼、腐败等造成的社会动乱、民生困苦是清初社会形势的真实写照，汤斌曾用"三极"来描述清初的社会环境："窃以为今日吏治坏极，百姓苦极，有司亦困极。"③

明末战乱及清初恶劣的社会形势给当时的百姓及陆陇其带来的苦难可谓至深，因此，作为明代遗民的他在当时最主要的问题不是仕不仕清，而是尽快解决败坏的政治形势和百姓困苦的局面。在他看来，解决这一问题最有效的途径便是读书入仕。加上父亲以苍生为念的教诲，所以他在十三四岁时便树立了学习伍子胥报国为民的志向。顺治十四年（1657），陆陇其第一次乡试落第后，又重新表达了这一志向，他说：

> 念功名虽属身外，然丈夫生世，岂应落落，揽辔澄清，非异人任。

① （清）吴光酉，郭麟，周梁，等．陆陇其年谱［M］．褚家伟，张文玲，点校．北京：中华书局，1993：15.
② （清）陆陇其．三鱼堂日记（卷一）："丁酉"条［M］．杨春俏，点校．北京：中华书局，2016：2.
③ 范志亭，范哲．汤斌集（上）［M］．郑州：中州古籍出版社，2003：193.

古人云"志不在温饱"，今日之忧，岂为温饱哉？况内顾萧然，菽水无藉，即温饱亦非可度外置。此身此际，其责大，其忧深，未知何日得慰矣。但自量学业非能过人，则贫贱不为不幸，此囊萤映雪之日，非怨天尤人之日也。①

陆氏认为，大丈夫生于世虽不应以功名为念，但须以揽辔澄清为己任。所以，面对清初人们"内顾萧然，菽水无藉"的窘况，他发出了"今日之忧，岂为温饱哉"的叹息。进而指出，人们当以拯救苍生、革新政治为主要责任，把当前社会从苦难和忧患的困境中解脱出来，并感叹"此身此际，其责大，其忧深，未知何日得慰矣"。不久他又写下"上天荡荡高无疆，黄鹄当飞叹路长。但愿一朝羽翮就，何忧霄汉不可翔"②的诗句和"生者待汝养，死者待汝葬，天下后世待汝治！汝无或轻尔身，以殉无涯之欲，而丧厥志"③的铭文，以彰显其志。

然而，由于清初延续了明代八股取士的科举制度，考试以朱熹所注之《四书》《五经》为主要内容。所以，陆氏自小学习的《四书》《五经》《左传》等儒家经典均以朱注为准，这是他接触朱子学的开始。于陆陇其而言，此时朱子学的学习是在父亲和塾师的指导下进行，他只是被动地诵读和接受，对朱子学的内容还不能完全地体认和理解，亦未能完全信服。相反，出于对陆、王学者品节、功业的敬服，他于王学却表现出相当的兴趣和欣赏。顺治十五年（1658），陆氏二十九岁，他写下了《书座右》以自警。文曰：

杨慈湖（杨简）知温州，自奉最菲。常曰："吾敢以赤子膏血自肥乎？"陆象山（陆九渊）知荆门军时曰："薄书目数之间，次奸贪寝食出没之处。"故于钱谷事综核不遗。张子韶（张九成）金书镇东判官，大书

---

① （清）陆陇其．三鱼堂日记（卷一）："丁酉"条［M］．杨春俏，点校．北京：中华书局，2016：1.
② 据《三鱼堂日记》记载，该诗作于顺治十四年（1657）八月十一日。（清）陆陇其．三鱼堂日记（卷一）："丁酉"条［M］．杨春俏，点校．北京：中华书局，2016：2.
③ （清）吴光酉，郭麟，周梁，等．陆陇其年谱［M］．褚家伟，张文玲，点校．北京：中华书局，1993：18.

于壁曰："此身苟一日之间，百姓罹无涯之苦。"读此三言，可悚然于清、慎、勤之不可须史忘矣。是三先生学术，皆偏僻不可为训，而其居官乃能如是。学程、朱者，其可不知愧哉?①

杨简为陆门高弟，是陆九渊心学思想的代表人物。张九成虽师事杨时，但思想更近谢良佐，治学强调本心，是洛学向心学的过渡人物，朱熹称其上承谢良佐，下启陆九渊，"上蔡之说，一转而为张子韶，子韶一转而为陆子静。上蔡所不敢冲突者，子韶尽冲突；子韶所不敢冲突者，子静尽冲突"②。所以，陆九渊、杨简、张九成均为心学的代表人物，或具有明显的心学倾向，现陆氏书座右铭向三人表达敬仰之情，并以此来责问宗程、朱的学者，此时其对于朱、（陆）王之态度亦可见一斑。另外，朱熹比张九成之学为"洪水猛兽"，极尽批判，曾言："近来又为邪说汩乱，使人骇惧。闻洪适在会稽尽取张子韶经解板行，此祸甚酷，不在洪水夷狄猛兽之下，令人寒心。"③可知，此时陆氏对朱子学所持的是一种比较漠视的态度，否则以朱熹比张九成为"洪水猛兽"，按照陆氏后来的尊朱言论，"非朱子之说者，皆绝其道，勿使并进"④，他是决然不会以张九成为榜样激励自己的。

需指出的是，陆氏虽然在铭文中指出陆九渊、杨简、张九成三人学术皆"偏僻不可为训"，但这里的"偏僻"不能视他已经确立了反对（陆）王学的立场，或者他此时是反对（陆）王学的。因为，顺治十七年（1660），他在《与赵生鱼裳旅公》中写道："七夕边，适苦疟疾，故尊篇久留未归，兹同《康斋集》，暨《龟山通纪》，一并奉到。细看康斋文字，大抵返躬克己之意居多。明初儒者，一派真实工夫，真不可及。但康斋于格致上，微觉未足，

---

① （清）吴光酉，郭麟，周梁，等.陆陇其年谱［M］.褚家伟，张文玲，点校.北京:中华书局，1993:18.

② （清）黄宗羲.宋元学案（卷二十四）:上蔡学案［M］.陈金生，梁运华，点校.北京:中华书局，1986:931.

③ （宋）朱熹.答石子重［M］//朱杰人，严佐之，刘永翔.朱子全书（第22册）.上海:上海古籍出版社，合肥:安徽教育出版社，2002:1924.

④ （清）陆陇其.三鱼堂外集（卷四）:道统［M］//张天杰.陆陇其全集（第2册）.北京:中华书局，2020:466.

故其议论尚少发明，而行事亦时有未满人意处。"① 吴与弼治学兼采朱、陆，偏重陆学，下开明代王学，故黄宗羲在《明儒学案》中将"崇仁学案"列为第一，并言"微康斋，焉得有后时之盛哉"②，这里的"后时之盛"即指"王学"。可知，陆氏于此时还在习读具有（陆）王学倾向的《康斋集》，并赞其"一派真实工夫，真不可及"，其所不满者在于吴氏过度强调"返躬克己"，而于"格至践履"方面略微不足。这里陆氏指出吴与弼过度强调克己自省，而忽略外在践履的不足，正是他在铭文中指出陆九渊、杨简、张九成学术"偏僻"之所在。

因此，陆陇其对待理学的态度大致应以第一次乡试（顺治十四年，1657，是年陆氏二十八岁）为界限，他为了实现革新政治、拯救苍生的抱负，开始诵读和接触朱子学说，以便更好地实现举业。但此时的他对朱子学还没有太多的体认和感悟，反而由于仰慕陆九渊等人，对于陆、王心学表现出了极大的兴趣和欣赏。他自己曾说道：

> 余不敏，于学无所窥。少时闻阳明之名，而窃诵其言，亦尝不胜高山景行之思，而以宋儒为不足学。三十以来，始沉潜反覆乎朱子之书，然后知操戈相向者之谬也。③

由此可知，陆氏三十岁以前（确切来讲，应当是第一次参加乡试后）由于仰慕陆九渊、杨简、张九成、王阳明的气节与功业，连带信服其学术，并认为程、朱之学不足学。所以，三十岁以前，陆氏对待理学的态度应当是"存朱信王"，即对于朱学，他只是为了举业，还没有明确的体认和体悟，对于王学，他由于仰慕陆、王等人的为人与功业，而表现出了欣赏和信服。

最后，需指出的是，对于陆陇其后来入仕清廷，近代学者常以气节有亏

---

① （清）陆陇其．三鱼堂文集（卷六）：与赵生鱼裳旆公［M］∥张天杰．陆陇其全集：第1册．北京：中华书局，2020：163.

② （清）黄宗羲．明儒学案（卷一）：崇仁学案［M］∥吴光．黄宗羲全集（第7册）．杭州：浙江古籍出版社，2012：1.

③ （清）陆陇其．三鱼堂文集（卷八）：周云虬先生四书集义序［M］∥张天杰．陆陇其全集（第2册）．北京：中华书局，2020：247.

加以责难，并与之同吕留良加以对比。其实，依笔者看，二人年龄相仿（吕长陆一岁）、学术宗旨相似、生活地域相近，之所以对待清廷态度大相径庭，原因或许在于二人生活的家庭环境不同。据《吕留良年谱长编》记载，吕氏父亲吕元学在其出生前便已过世（吕为遗腹子），其自小由三兄吕愿良夫妇抚养长大，故其对愿良极为敬重，视之为"严父"。吕愿良大吕留良二十七岁，为史可法军前赞画推官，曾同史可法共同镇守扬州。其子吕宣忠，大吕留良四岁，同样积极参加抗清活动，顺治三年（1646）曾同太湖义师领袖吴易配合作战，大败清军，后于顺治四年（1647）不幸被清兵杀害于杭州，年仅二十三岁。可以说，清廷对吕氏而言有着国仇家恨之痛，尤其是吕愿良父子的抗清活动对于他民族气节的形成应当说有着直接的促进作用。相比较而言，陆陇其于明朝的感情则相对平淡了些，其父陆元在明朝未曾入仕，终生以授书为生，明亡时陆氏仅十五岁，彼时其学术思想尚未成形，且于气节亦未能完全领会。后来他专门谈到了"出处"的问题，他说：

> 夫天之生士，与士之生世，非止自淑其身已也。盖将以为斯世之标准矩矱，而引翼变化，使之咸尽其性也。故古之圣人，有以一夫不获为耻，而欲尧舜其君民。虽进必以礼，退必以义，而其心一日不忘天下。即终不用于世矣，犹必删诗书、述仁义，明先王之道，以待后之学者。惟恐大道之终不明于世，而斯世之终不得与于道也。呜呼！圣贤之用心固如此哉，虽曰"穷则独善其身，达则兼善天下"，然所谓独善者，穷居自守，不能如皋、夔、稷、契之所为耳，非置斯世于度外也。置斯世于度外，而以啸傲林皋（疑为"泉"）为高，是沮、溺之所谓独善，而非圣贤之独善也。然则，当吾世而犹有险巇焉，是亦吾之耻也。故任其险巇而勿与争衡，则可；任其险巇而弗为怜悯，则不可。或出或处，或进或退，圣贤之行，虽不必同；而怜悯斯世之险巇，曲尽吾所以救之之心，则无不同也。惟有甘沦落之心，以高旷其怀，和平其气，而又有不忍险巇之心，与万物为一体，然后天下所以生士之意，始无负。①

---

① （清）陆陇其．三鱼堂文集（卷九）：王上台诗序［M］//张天杰．陆陇其全集（第2册）．北京：中华书局，2020：287–288.

这段话表明了陆氏入仕清廷的动机，也间接回答了他关于"气节"与"出处"的看法。他认为，士生于世，当以天下为己任，不管是出处还是进退都应怀有救世之心。所以他指出，圣人如用于世则使天下之人各尽其性、天下之事各循其章，进而达到社会的稳定与和谐，若不用于世则仍不忘以苍生为念，昌明先王之道，以待后之学者。因此，士大夫不管是否入仕都不能忘记天下苍生，否则置世事于度外就变成了像长沮、桀溺这样的隐士，这并非圣贤所讲的"独善其身"。在陆氏看来，如果士大夫们生活的时代存在险巇，则他们应感到不安和羞耻，应把救治天下作为自己的责任。可知，此论正是陆氏为自己入仕清廷所做的解释。

二、三十岁至四十岁：徘徊朱王

顺治十四年（1657），陆陇其二十八岁，他第一次参加乡试落第。落第的沮丧使他开始认真地去体认和研读程朱理学中的内容，"三十以来，始沉潜反覆乎朱子之书"①。《三鱼堂年谱》也写道："先生既不得志于有司，益发愤下帷读书。取《大全》诸书，反覆参订，得其要领。"② 为了更好地应对科举，全面掌握《四书》之学，陆氏感于《四书大全》"间有繁芜，尚多缺略"，便于顺治十五年（1658）开始加以重新编订。后来，他作《旧本四书大全序》，明确指出了这次编订的目的、内容和方法。他说：

> 旧本《四书大全》，余旧所读本也。用墨笔点定，去其烦复及未合者，又采《蒙引》《存疑》《浅说》之要者，附于其间。其万历以后诸家之说，则别为一册，不入于此。依《朱子读书法》，每读一句，必反覆玩味，俟其贯通，然后及于下句。或思索未定，遇有他事当酬应，应毕辄复思此，尝有一字一句，盘桓于胸者数日而后止。自戊戌至癸卯，用力

---

① （清）陆陇其. 三鱼堂文集（卷八）：周云虬先生四书集义序［M］∥张天杰. 陆陇其全集（第2册）. 北京：中华书局，2020：247.

② （清）吴光酉，郭麟，周梁，等. 陆陇其年谱［M］. 褚家伟，张文玲，点校. 北京：中华书局，1993：17.

六年而始毕。①

陆氏此次修订《四书大全》的主要目的是将书中内容删繁就简、整齐划一。此外，他还将明代蔡清的《四书蒙引》、林希元的《四书存疑》、陈琛的《四书浅说》中阐发朱子要义或于朱子解说存疑的内容附于书中，以便查阅，而于万历以后的诸家之说则不录于此。他依据《朱子读书法》的理论于每字每句反复玩味，从顺治十五年（1658）到康熙二年（1663）才将此书修订完成。

通过陆氏所述修订的目的和内容可知，此次修订的《四书大全》类似于文献资料的汇编，是便于士子们应对举业的工具书，书中对于朱熹的思想及诸家学说还没有深入的了解。为此，陆氏后来也谈到这一问题：

> 然是时，虽粗知读书之门户，而程、朱之《语录》《文集》，皆未之见，敬轩、敬斋诸君子之书，皆未知求；嘉、隆以后，阳儒阴释之徒，改头换面、似是而非者，犹未尽烛其蔀。自庚戌（康熙九年，1670）以来，乃始悉求诸家之书观之，然后知向之去取未能尽当。有先儒见到之语，读之若平淡，而实关学术之得失者，不知取也；有先儒一时之言，读之若无病，而实开假借之途者，不知辨也。又有先儒微言奥义，《大全》诸书所不及载，或载而不详者，则此本亦竟阙如；又有两说互异，当存疑而辄轻断，当画一而务并存。②

这是说，顺治十五年（1658）修订的《四书大全》只能说是一本资料汇编。因为此时，陆氏于程、朱的《语录》《文集》都没有看到，于能发挥程、朱之学的胡居仁、薛瑄等学者的文集也没有见到，最严重的是，对于嘉靖、隆庆以后的"阳儒阴释"之学也未能加以批判。他这里提到的"阳儒阴释"

---

① （清）陆陇其．三鱼堂文集（卷八）：旧本四书大全序［M］//张天杰．陆陇其全集（第2册）．北京：中华书局，2020：241.

② （清）陆陇其．三鱼堂文集（卷八）：旧本四书大全序［M］//张天杰．陆陇其全集（第2册）．北京：中华书局，2020：241-242.

之学即指王学，而"犹未尽烛其蔀"即指未能对王学进行有效的批判。

由此可知，陆陇其第一次乡试落第后，虽然开始用心习读朱子学说，但对于程、朱的《语录》《文集》还未曾见到，于发挥程、朱思想的诸家学说亦未曾留意。此时，他于朱子学的思想和内容还未能完全领悟，也未能坚定信服朱子学的立场。同时，随着他对朱子学认识的深入，他于王学的态度也随之发生了变化。顺治十八年（1661），陆氏三十二岁，他作《告子阳明辨》体现了这一态度的变化。他说：

> 告子不是如禅家守其空虚无用之心，不管外面，只是欲守一心，以为应物之本，盖即近日姚江之学。然不能知言养气，故未免自觉有不得处。虽觉有不得，终于固守其心，绝不从言与事上照管。待其久，亦不自觉有不得，而冥然悍然而已。以冥悍之心而应事，则又为介甫之执拗矣。故告子者，始乎阳明，终乎介甫者也。大抵阳明天资高，故但守其心亦能应事。告子天资不如阳明，则遂为介甫之执拗。又告子天资高，故成执拗，若天资柔弱者，又为委靡矣。①

针对有学者言告子的"不动心"类似于佛家的"空守虚无之心"的言论，陆陇其提出了不同的看法。他认为，告子所讲的"不务知言，不求养气，只守一心"的做法和佛家所说的"空守其心"在本质上是不同的：佛家的"空守其心"是只管坚守内心，而不管心外之事；告子所讲的"只守一心"是片面强调心的作用，进而将心作为应物的基础。在他看来，告子的"不动心"同阳明"本心"之说相近，所不同者在于阳明天资高，能够将内心与应物统一起来，而告子天资不如阳明，所以最终会走向类似王安石偏守内心的"执拗"。我们知道，告子最有名的思想当为他对于人性的解释，他指出人性"无善无不善"，主张"仁内义外"，孟子的"知言""养气"在他这里没有必然的联系。换言之，告子的"不动心"是强调心与言、气（外物）的隔离，也就是心与言、气没有必然的联系，自不会受其影响。可知，陆氏将其理解

---

① （清）吴光酉，郭麟，周梁，等.陆陇其年谱［M］.褚家伟，张文玲，点校.北京：中华书局，1993：19.

为同阳明的"本心"之说相近，实属曲解了告子的本意。

陆陇其认为，告子和阳明虽然都主张"守其心"，但他们并非如禅家一样不管外面，他们都将"本心"作为应物之本，只是告子过于注重"本心"而忽略了外在的应物，而阳明天资较高在注重"本心"时可以做到应物。陆氏辨析告子学说并非佛学，又指出告子和阳明学说相近，这也就间接为阳明学说非佛学进行了辩解，同时他又指出阳明天资高于告子，进而"能守其心亦能应事"，说明此时他对于王学还是持一种信服的态度。另外，关于告子"生之为性"的言论，朱熹在《孟子集注》中曾做如下解释："生，指人物之所以知觉运动者而言。告子论性，前后四章，语虽不同，然其大指不外乎此，与近世佛氏所谓作用是性者略相似。"① 朱熹明确指出告子的"生之为性"与佛氏论性相似，陆氏却还为告子辩解，这也验证了他所讲的"然是时，虽粗知读书之门户，而程、朱之《语录》《文集》，皆未之见"② 的言论，也足以表明他此时还未形成"尊朱辟王"的学术立场。

三、四十岁以后：尊朱辟王

康熙十一年（1672），陆陇其四十二岁，与吕留良相会于嘉兴。此次会面对于陆氏学术思想的形成有着非常重要的影响，通过与吕留良的交谈，他改变了自己以前的许多看法，坚定了"尊朱"和"黜王"的学术立场，从"徘徊朱王"最终走向了"尊朱辟王"。他在《祭吕晚村先生文》中写道：

> 陇其不敏，四十以前，亦尝反覆于程、朱之书，粗知其梗概。继而纵观诸家语录，糠粃杂陈，瑉珷并列，反生淆惑。壬子（1672）癸丑，始遇先生，从容指示，我志始坚，不可复变。所不能尽合于先生者，程明道有云："一命之士，苟存心于利物，于人必有所济。"斯言耿耿，横

---

① （宋）朱熹. 四书章句集注［M］. 北京：中华书局，1983：326.
② （清）陆陇其. 三鱼堂文集（卷八）：旧本四书大全序［M］//张天杰. 陆陇其全集（第 2 册）. 北京：中华书局，2020：241.

于心中，遂与先生出处殊途。①

这是说，陆陇其在遇见吕留良之前，虽粗知程朱学说之梗概，但囿于诸家语录之繁杂，反不知择取，而生疑惑。遇吕氏后，之前困惑的地方，尽得释疑，遂坚定了他"尊朱辟王"的立场。《三鱼堂年谱》载道："先生访吕石门于禾郡，彼此恨相见之晚。一时往复，皆关学术人心。"② 所以，按照他自己的说法，他于学术方面尽合于吕氏，所不合者在于出处。由此可见，吕氏对陆陇其"尊朱辟王"思想确立的影响。关于吕留良对陆陇其理学思想形成的影响，本章第一节已从宏观上进行了概述，现再从微观上略举两个事例来加以说明。

第一，结识吕留良之后，陆陇其改变了对告子和阳明之学的看法。他在《问学录》中记道：

> 愚尝有告子、阳明之辨曰："时说谓告子守其空虚无用之心，不管外面之差失，因目为禅定之学，其实非也……然则学阳明者，其弊必至于执拗乎？是又不然。告子天资刚强，故成执拗，若天资柔弱者，则又为委靡矣。故为阳明之学者，强者必至于拗，弱者必至于靡。"然阳明之徒，亦认告子为老庄禅定之学，谓告子不得于心，勿求于气，如种树者专守其本根，不求其枝叶。若孟子言志至气次，是谓志之所至，气必从焉，则如养其本根，而枝叶自茂，与告子之勿求者异矣。噫！孰知阳明之所以言孟子者，乃正告子之所以为告子也欤？③

最初在《告子阳明辨》中，陆陇其认为告子、阳明之学并非佛学，虽然两者都强调"不动心"，但并非如佛学一样，不管外面，且阳明天资较高能守

---

① （清）陆陇其. 三鱼堂文集（卷十二）：祭吕晚村先生文［M］//张天杰. 陆陇其全集（第2册）. 北京：中华书局，2020：369.

② （清）吴光酉，郭麟，周梁，等. 陆陇其年谱［M］. 褚家伟，张文玲，点校. 北京：中华书局，1993：30.

③ （清）陆陇其. 问学录（卷二）［M］//张天杰. 陆陇其全集（第10册）. 北京：中华书局，2020：194–195.

其心又能应物。结识吕留良之后，他改变了这一看法。他指出，虽然阳明认为告子是佛学，自己是孟子之学，但他关于孟子"知言养气"的解释就是告子主张的内容，"阳明之所以言孟子者，乃正告子之所以为告子者也欤"。换言之，阳明认告子为禅学，其实自己也应属于禅学。《问学录》成书于康熙十一年（1672）陆陇其会见吕留良之后，《陆陇其年谱》载道："先生束发受书，即知崇尚朱子为入圣之阶，深恶讲家与作文之背注者。至是与石门（吕留良）语，益信吾道不孤，心理本同，不可别立宗旨厚诬天下也。遂辑成是录。嘉、隆以来阳儒阴释之学，悉抉其疑似而剖其是非，遁辞知穷，而学者得不惑于邪说矣。"① 可知，该书为陆陇其受吕留良影响，针对明代嘉、隆以后"阳儒阴释"之学剖其是非的著作。

第二，结识吕留良之后，陆陇其改变了阳明能"应事"的看法。陆陇其自幼便树立了拯救苍生、革新政治的抱负，所以他特别仰慕王阳明的事功，也对王学表达了欣赏和信服之情。他曾在《告子阳明辨》中称赞阳明"天资较高，能守心亦能应事"，针对陆氏此论，吕留良进行了批评。对此，陆陇其后来在《松阳钞存》中评论道：

> 余于辛丑壬寅间，有告子、阳明之辨，谓告子不是如禅家守其空虚无用之心，不管外面，只是欲守一心以为应事之本……东庄（吕留良）见而评之曰："百余年来，邪说横流，生心害政，酿成生民之祸，真范宁所谓罪深于桀纣者。虽前辈讲学先生，亦尝心疑之，然皆包罗和会，而不敢直指其为非，是以其障益深，而其祸益烈，读此为之惊叹。深幸此理之在天下，终不得而磨灭，亦世运阳生之一极也。至谓阳明天资高，但守其心，亦能应事，即朱子谓禅家行得好自是其资质好，非禅之力意。然如朱子所称，必富郑公、吕正献、陈忠肃、赵清献诸公，乃可谓之行得好耳。阳明所为，皆苟且侥幸，不诚无物，吾未见其能应事也。观其通近侍，结中朝，攘夺下功，纵兵肆掠，家门乖舛尤甚，皆载在《实录》，可考而知也。《实录》称其性警敏，善机械，能以学术自文，深中

---

① （清）吴光酉，郭麟，周梁，等.陆陇其年谱［M］.褚家伟，张文玲，点校.北京：中华书局，1993：30.

其隐矣。张考夫亦极称《实录》讥阳明警敏机械之言，谓当时士大夫中，固多有识者。"考夫、东庄之论阳明，比予更严，予初未见《实录》耳。所谓天资高者，有中行、狂狷、善人，实无处可以置阳明。①

在吕留良看来，阳明的行为不能称为"能应事"，完全属于警敏机械、苟且侥幸之举。受其影响，陆陇其也改变了对阳明的看法，而不再单单注目于阳明的事功，开始对阳明学说进行思考和辨析。最终，他认为相较于王学带来的危害，阳明的功业还不足以为之回护，因为功业只能泽被一时，而学术的危害却祸及万世，况且世人对于阳明的功业，还有"遗议"。他说："今之君子，往往因其功业显赫，欲为回护，此诚尊崇往哲之盛心。然尝闻之前辈所纪载，其功业亦不无遗议。此姑无论，即功业诚高，不过泽被一时；学术之僻，则祸及万世。"② 这里的"遗议"其实也即吕留良、张履祥所言的阳明行为属"苟且侥幸"之举。

自此以后，陆陇其便不再纠结于入仕治乱，而是专心于学术的辨析，因为在他看来，学术的辨析要比单纯的社会治乱重要得多。基于此种认识，他甚至得出了"明亡于学术"③ 的结论。所以，他在《学术辨》中明确指出王学盛行带来的危害，其言："周、宋之衰，孔孟、程朱之道不行也；明之衰，阳明之道行也。自嘉、隆以来，秉国均、作民牧者，孰非浸淫于其教者乎？始也，倡之于下；继也，遂持之于上。始也，为议论、为声气；继也，遂为政事、为风俗。礼法于是而弛，名教于是而轻，政刑于是而紊，僻邪诡异之行于是而生，纵肆轻狂之习于是而成，虽曰丧乱之故，不由于此，吾不信也。"④ 并提出解决这一危害的措施是尊奉朱子学，"陇其尝以为近世学术之

---

① （清）陆陇其．松阳钞存［M］∥张天杰．陆陇其全集（第 10 册）．北京：中华书局，2020：318−319.

② （清）陆陇其．三鱼堂文集（卷五）：上汤潜庵先生书［M］∥张天杰．陆陇其全集（第 1 册）．北京：中华书局，2020：115.

③ （清）陆陇其．三鱼堂文集（卷二）：学术辨上［M］∥张天杰．陆陇其全集（第 1 册）．北京：中华书局，2020：26.

④ （清）陆陇其．三鱼堂文集（卷二）：学术辨下［M］∥张天杰．陆陇其全集（第 1 册）．北京：中华书局，2020：31.

弊，起于不能谨守考亭。故救弊之法无他，亦惟有力尊考亭耳"①。最终，他"尊朱辟王"的学术立场也得以形成。

———————————

① （清）陆陇其．三鱼堂文集（卷五）：答嘉善李子乔书［M］∥张天杰．陆陇其全集（第1册）．北京：中华书局，2020：111．

第三章

以"实"济"虚"：陆陇其对王学的认识与批判

早在晚明时期，顾宪成、高攀龙等学者出于"资治卫道"的目的，就对阳明学说展开了批判，掀起了"由王返朱"的学术思潮。明清易鼎后，清初学者多从学术的角度来反思明亡的原因，他们在批判王学"空疏误国"的同时，也对整个理学进行了反思和总结。在"由王返朱"思潮的作用下，他们或改造朱学，或修正王学，或调和朱王，或开辟新的领域，企图重新建构混乱的思想体系。陆陇其同清初其他学者一样，也将明亡的原因归咎于学术的败坏，他对王学进行了深刻的分析和批判，主张用朱子学来拯救败坏的学风、世风，强调用朱学之"实"来纠正王学之"虚"，倡导实有、实行之学。陆陇其严于学术之辨，牢守程朱门户，他对顾宪成、高攀龙等学者批王不尽的态度表示不满，认为他们仍未脱王学藩篱；对孙奇逢、汤斌等学者"调和朱王"的观点进行了批评，指出他们未识王学之害。陆陇其对于王学的批判和朱学的尊崇，绝非学术上的随波逐流，是他切实对清初学术反思和重建的结果。

第一节　陆陇其对王学的认识

一、学术关乎世运

清初学者在反思和总结明亡原因时，逐步形成一种普遍性的共识：明亡的根本原因不在政事而在学术。在他们看来，政事的衰败只是学术混乱的表现，学术事关人心，而人心最终决定政事。张履祥曾言："学术坏而心术因之，心术坏而世道因之，古今不易之理也。"① 因此，从学术方面反思社会的治乱兴衰是清初学者共同的认识。他们将明代学术的败坏归咎于王学及其末流的空疏和禅学，指出王学及其末流的空言心性和阳儒阴释，破坏了儒学正统的权威，涣散了士习和人心，导致了晚明学术思想的混乱。陆陇其同样从学术的角度对明朝覆亡的原因进行了反思和总结，最终他从历史的检讨中得出一个比其他学者更为彻底的结论："故愚以为，明之天下不亡于寇盗，不亡于朋党，而亡于学术。学术之坏，所以酿成寇盗、朋党之祸也。"②陆陇其认为，明朝的政事虽坏于朋党之争，明朝的灭亡虽由李自成领导的农民起义直接造成，但这都不是明亡的根本原因，明亡的根源在于学术的败坏，正是学术的败坏才导致了朋党之祸和农民起义的发生。所以，他直言"明不亡于寇盗，不亡于朋党，而亡于学术"。清初学者虽多从学术的角度来分析和总结明亡的原因，但明确得出"明不亡于寇盗，不亡于朋党，而亡于学术"的结论，陆氏当属第一人。

陆陇其得出"明亡于学术"的结论绝非对当时学者的随声附和，也不是毫无依据的泛泛而谈，而是他对明亡原因认真反思和学术误国深刻体会的结果。陆陇其亲身经历了明清之际的社会变乱，对于学术败坏造成的政治动荡和人心毁坏有着切身的感受。首先，家乡的士子们追逐利禄、崇尚奢华，视圣贤之学为弁髦的学术风气给他带来了最直观的感受。对此，他曾说道："吴下竖子，稍知句读，辄刊刻诗文，以夸于侪辈。稍不得志，便迫不能待，苟可以进身者，不问其何途而从之。视圣贤安命、守义之学，不啻为弁髦。"③ 自己生活的地方，士子们"不以干进为耻，亦不知以朴实为尚"，视圣贤安命、守义之学为弁髦，这无疑给陆陇其精神上产生了巨大的冲击，引发了他对学术的关注和思考。进而，陆陇其又对清初的整个学术环境做出了

---

① （清）张履祥. 杨园先生全集（中）：愿学记二 [M]. 陈祖武，点校. 北京：中华书局，2020：759.
② （清）陆陇其. 三鱼堂文集（卷二）：学术辨上 [M]. 张天杰. 陆陇其全集（第1册）. 北京：中华书局，22020：26.
③ （清）陆陇其. 三鱼堂文集（卷五）：与某书 [M]∥张天杰. 陆陇其全集（第1册）. 北京：中华书局，2020：142.

自己的分析和认识，发出了学术难辨的感叹。他说：

> 士生斯世，而欲言学，岂不难哉？功利之习浸淫于人心，根深蒂固而不可拔。幸而能自拔于功利矣，则或溺于记诵词章，终身竭蹶，而适长其浮薄骄吝之气；幸而又不溺于是，而有志于道矣，则佛老之徒又从而惑之，舍三代以来圣贤相传之道，而欲求所谓虚无寂灭者，求之愈力去道愈远；幸而不惑于佛老而归于儒矣，而儒者之道复分途各驱，宋之洛、闽、金谿（陆九渊），明之河津（薛瑄）、馀干（胡居仁）、新会（陈献章）、姚江（王阳明），同师孔、孟，同讲仁义，其辨在毫厘之间，而其流至于相去悬绝，若方圆、冰炭之不同，学者未尝辨其同异、晰其疑似，浮慕之名而用力焉。其不舍坦途，而趋荒径者，几希矣。①

陆陇其认为，清初学术大致存在以下四种弊端：其一，"功利之习浸淫于人心，根深蒂固而不可拔"；其二，人们"溺于记诵词章，终身竭蹶"，而"浮薄骄吝之气"日长；其三，佛老之徒惑乱正学，学者"舍三代以来圣贤相传之道，而欲求所谓虚无寂灭者"，结果"求之愈力去道愈远"；其四，儒学之道分途各驱，虽各派"同师孔、孟，同讲仁义"，然而内容却"若方圆、冰炭之不同"。正是由于这四种弊端的存在，陆陇其发出了"岂不难哉"和"其不舍坦途，而趋荒径者，几希矣"的叹息。

那么，为何清初的学术会暴露出如此多的问题？出现这些问题的根源在哪里？陆陇其抱着这些疑问，再加上总结明亡教训的历史现实，开始对整个古代学术体系的发展脉络进行梳理和反思。最终，他得出清初学术出现的种种弊端源于明中叶学术的败坏，而明中叶学术的败坏则由于阳明学说的盛行。他说：

> 盖自汉以来，其发明圣训，以维持世道者，固不胜数，而其借以开衅于天下者，亦代不乏焉。有宋之兴，程、朱大儒继出，而正学始明。

---

① （清）陆陇其．三鱼堂文集（卷八）：陆桴亭思辨录序［M］//张天杰．陆陇其全集（第2册）．北京：中华书局，2020：260-261．

天下之士，如去云雾睹日月，始晓然识吾道之真，而纷纷之说，不足以
惑之。其道虽未尽行于宋，而明兴尊而奉之，以为规矩准绳。洪、永、
成、弘之间，上非此不以为教，下非此不以为学。天下之言有不出于程、
朱者，如怪物焉，不待禁令而众共弃之，学术正而耳目一。是故朝多纯
德之彦，野皆方正之儒，治化之隆，几比三代，有由然也。嘉、隆以降，
教弛而俗衰，天下之言，不归功利，则归虚无；不以程、朱为迂阔，则
以为支离。纵横之习，佛、老之余，皆阴诡于孔、孟，以诳惑于天下。
曰孔、孟之道，固如是也，彼程、朱所言，非孔、孟之真也。呜呼！是
何异适越而北其辙，而曰此越之道也哉？又何怪政日乱而俗日败，以至
于不可救药也。①

　　陆陇其总结了自汉至晚明间的学术发展变化，肯定了学术与王朝政权兴
衰的决定关系。他指出，儒学自西汉董仲舒定为一尊后，汉、唐时期寻求已
然中断的孔、孟之道，发明圣人之训的学者数不胜数，当然，打着昌明孔、
孟之道的旗号，私下传播异端邪说的学者也不在少数，此时学界异端纷起，
正学晦暗；到了宋代，二程、朱熹等大儒相继出现，他们阐明理学，重接圣
人之道，正学始明，异端尽去，然而宋代圣人之道虽明却未能尽行于世，最
终政权未能得到长久维持；明初，阐发圣人之道的程朱之学得到尊崇和推行，
至洪武、永乐、成化、弘治年间皆以其为规矩准绳，一时"学术正而耳目
一"，进而朝中多"纯德之彦"，朝外皆"方正之儒"，出现了"治化之隆，
几比三代"的盛世；明中叶嘉靖、隆庆以后，随着阳明学说的盛行，世人皆
以程朱之学为"迂阔""支离"，援佛、老之学入儒，阳儒阴释，畅言良知，
使得天下之学不归功利（良知之学），则归虚无（佛老之学），进而导致学术
晦暗、政事衰败，达到不可救药的境地。

　　可知，在陆陇其看来，自汉至明，学术发展大致经历了一个由晦及明又
由明及晦的过程，而这个过程又可细分为四个阶段。汉至唐为第一阶段，这
一阶段学者都在努力探寻圣人之道，加之受异端邪说的影响，学术始终处于

---

① （清）陆陇其．三鱼堂文集（卷八）：周永瞻先生四书断序［M］//张天杰．陆陇其全集
　　（第2册）．北京：中华书局，2020：245.

晦暗的状态。需指出的是，在这期间汉、唐虽然也出现过政治上的昌明，但在理学家看来，这只是个别君主奉行霸道的结果，绝非圣人要求的王道。程颢曾言："汉、唐之君，有可称者，论其人则非先王之学，考其时则皆驳杂之政，乃以一曲之见，幸致小康。"① 作为理学家的陆陇其也同样持此观点。两宋为第二阶段，这一阶段二程、朱熹等大儒相继出现，儒学经过他们的发挥，圣人之道得以彰显，学术由晦始明。但宋代却未能尽用程朱学说，最终导致了政治上的颓势。明初至明中叶是为第三阶段，这一阶段程朱学说得到尊崇和推行，上下皆以其为准绳，学术昌明，异端尽去，政事兴盛。明中叶以后为第四个阶段，这一阶段程朱之学式微，王学盛行，学者阳儒阴释，天下之学受"良知"之学和佛、老之学的影响，尽归于功利和虚无，最终导致了明代的亡国。

陆陇其通过梳理历代学术的发展变化与政权兴衰之间的关系，最终得出"明之天下不亡于寇盗，不亡于朋党，而亡于学术"的结论，并提出了"学术关乎世运"的观点。在他看来，学术与国家世运密切相关，所以学者必须做到辟异端、崇正学，然明中叶以后盛行的阳明学说实质上是打着孔、孟之道的旗号行佛、老之学，是需要批判的异端邪说。对于这一点，学者多不能识别它，最终导致了晚明学术的混乱和明代的覆亡。因此陆陇其说："学术之得失，世运所由盛衰也。然当众说纷纭之日，非深识远见之士，不能断而得其所宗。"②

陆陇其将明朝灭亡的主要因素归结于学术的败坏，依现在的眼光来看，无疑是偏颇和不科学的，因为他没有找到影响社会发展的规律。但陆陇其出于重建正学的目的而对王学及其末流的批判在当时是具有一定进步作用的，它有利于人们从混乱的学术思想中走出去，对当时已经败坏的道德秩序具有修正的作用，在一定意义上，有利于社会的稳定和进步。

---

① （宋）程颢，程颐. 二程集［M］. 王孝鱼，点校. 北京：中华书局，1981：451.
② （清）陆陇其. 三鱼堂文集（卷八）：周永瞻先生四书断序［M］// 张天杰. 陆陇其全集（第2册）. 北京：中华书局，2020：244.

二、王学是异端

陆陇其认为学术关系国家世运，所以他将明朝覆亡的原因归咎于明中叶阳明学说对学术的破坏。在他看来，王学绝非圣人之学，是应当归入释、老的异端曲学。为什么陆陇其会将王学看作异端曲学？他所理解的异端曲学具有什么样的学术特征呢？陆陇其对异端曲学进行了解释，他说：

> 汉、唐之儒崇正学者，尊孔、孟而已。孔、孟之道尊，则百家之言熄。自唐以后，异端曲学知儒者之尊孔、孟也，于是皆托于孔、孟以自行其说。我曰孔、孟，彼亦曰孔、孟，而学者遂莫从而辨其是非。程、朱出而崇正辟邪，然后孔、孟之道复明，而天下尊之。自宋以来，异端曲学知儒者之尊程、朱也，于是又托于程、朱以自行其说。我曰程、朱，彼亦曰程、朱，学者又莫从而辨其是非。程、朱言天理，则亦言天理，天理之名同而其所指则霄壤矣。程、朱言至善，则亦言至善，至善之名同而其所指则冰炭矣。程、朱言静、言敬，则亦言静、言敬，静、敬之名同，至所以为静、敬，则适越而北辕矣。程、朱之言有可假借者，则曰程、朱固若是也；有不可假借者，则曰此其中年未定之论也。黑白淆而雅郑混，虽有好古笃志之君子，力扶正学，亦止知其显叛程、朱之非，至其阳尊而阴篡之者，则固不得而尽绝矣。①

陆陇其同样以梳理学术发展的方法，对"异端曲学"在不同时期的表现形式进行了揭露。他指出，自汉代实施"罢黜百家，独尊儒术"的思想政策后，汉、唐学者皆以尊奉孔、孟为正学，异端邪说没有生存的环境，几近熄灭；唐中后期随着思想政策的松动，儒、道、佛并存，佛老之徒为了便于自身思想的宣传，纷纷援儒入佛老，改造佛老学说的思想，其中影响最大的便是六祖慧能对于禅宗的改革，他们以儒者之名行异端之实，混儒学与异端为一体；宋代以后，程、朱等大儒重新昌明孔、孟之道，他们辟异端、崇正学，

---

① （清）陆陇其．三鱼堂文集（卷二）：学术辨上［M］∥张天杰．陆陇其全集（第1册）．北京：中华书局，2020：25-26.

一时学术明、异端熄，天下皆以程、朱为正学；明中叶以后，随着阳明学说的兴起，它们依托于程朱之学，同样讲天理，言至善，主静、敬，但内容却与程朱之学有着霄壤之别，成为援佛入儒、混淆儒释的产物，是新的异端曲学的表现。总之，在陆陇其看来，"异端曲学"实质上就是异端邪说披着圣人之道的外衣宣扬自己的思想理论，它们表面上和儒学关注相同的问题，但内容上却差若冰炭，它们为了宣扬自己的思想紧紧依托于儒学，如同变色龙一样不断变换形式，混淆儒学是非。

陆陇其指出，阳明学说是异端曲学，应当为明朝的灭亡和晚明学术的混乱负主要责任。为了从根源上将阳明学说从儒学中剔除，归入释、老等"异端"之列，陆陇其对王学的核心观点"良知"之学展开了批判。

陆陇其首先将晚明社会出现的礼法败坏、道德失序、人欲横行的乱象归咎于阳明学说的盛行。他认为，正是由于王学是异端曲学，才导致了社会乱象的产生，如果王学是儒学正统，则定会学术一而风俗淳，社会出现盛治的局面而非衰败的乱象。因此，他直言阳明的"良知"之学是禅学：

> 自阳明王氏倡为良知之说，以禅之实而托儒之名，且辑《朱子晚年定论》一书，以明己之学与朱子未尝异。龙溪、心斋、近溪、海门之徒从而衍之，王氏之学遍天下，几以为圣人复起。而古先圣贤下学上达之遗法，灭裂无余，学术坏而风俗随之。其弊也，至于荡轶礼法，蔑视伦常，天下之人恣睢横肆，不复自安于规矩、绳墨之内，而百病交作。①

在陆陇其看来，"良知"之学实质上就是披着儒学外衣的禅学，对此，阳明也有所认识，所以他才编辑《朱子晚年定论》，强行依托于程朱之学，进而掩盖其禅学本质。陆陇其指出，由于"良知"之学披着儒学的外衣，不易被学者辨别和发现，加之王畿、王艮、何心隐、周汝登等阳明后学的大力鼓吹和发挥，所以王学在明中叶后风行天下，俨然成为儒学正宗。然而，"良知"之学的盛行使得古圣贤"下学上达"之法灭裂无余，造成了学术和风俗上的

---

① （清）陆陇其．三鱼堂文集（卷二）：学术辨上［M］∥张天杰．陆陇其全集（第1册）．北京：中华书局，2020：26.

败坏，进而导致人们轻视礼法、蔑视纲常和追求人欲，以至于最终社会百病交作。这些弊端的出现，他认为正是王学禅学化的表现，是异端曲说危害学术的后果。陆陇其通过社会层面的治乱来衡量学术的正邪，这无疑是片面的，但它却符合陆氏"学术关乎世运"的治学宗旨，也体现了清初学者学术反思的取向。

陆陇其除了从社会治乱的层面批判王学为异端，还从"良知"之学的学理层面力证王学为禅学。他指出，阳明的"良知"之学在实质上同禅学一样，都是"以知觉为性"，对此，他总结道："阳明言性无善无恶，盖亦指知觉为性也。其所谓良知，所谓天理，所谓至善，莫非指此而已。"① 因此，他强调要了解阳明学说的禅学本质，必须从心性论方面加以分析。他说：

> 阳明以禅之实而托于儒，其流害固不可胜言矣。然其所以为禅者如之何？曰：明乎心性之辨，则知禅矣；知禅则知阳明矣。……是心也者，性之所寓，而非即性也；性也者，寓于心，而非即心也。先儒辨之，亦至明矣。若夫禅者，则以知觉为性，而以知觉之发动者为心。故彼之所谓性，则吾之所谓心也；彼之所谓心，则吾之所谓意也。其所以灭彝伦、离仁义，张皇诡怪，而自放于准绳之外者，皆由不知有性，而以知觉当之耳。何则？既以知觉为性，则其所欲保养而勿失者，惟是而已。②

陆陇其指出，儒学和禅学最大的区别就在于心性之辨，儒学以天理为性，而禅学却以知觉为性。具体而言，程朱理学强调天地间有理有气，人、物禀受天地之气为形体，禀受天地之理为本性，主张"性即理"说。在心性论方面，朱熹提出"心统性情"的理论，认为性是心理活动的内在本质（未发），情是这种本质的外部表现（已发），人们可以通过各种可见的外在情感来把握不可见的内在本质。换言之，人们对各种可见的外在情感的合理控制都是内

---

① （清）陆陇其. 三鱼堂文集（卷二）：学术辨中［M］// 张天杰. 陆陇其全集（第1册）. 北京：中华书局，2020：28.
② （清）陆陇其. 三鱼堂文集（卷二）：学术辨中［M］// 张天杰. 陆陇其全集（第1册）. 北京：中华书局，2020：27-28.

在本性呈现的结果。在此基础上，陆陇其认为禅学以知觉为性，以知觉之发动者为心，其所言的心、性同儒学相异，表现为禅学所讲之性，正是儒学所言之心，而禅学所讲之心，则又是儒学所言之意。概言之，禅学以心作性，以意为心。以心作性，人们在应物时将心当作性来看待，而不去区分道心和人心，使得性含有恶的成分，这与儒学强调的"人性本善"相背离；以意为心，心在应物后对于表现出的各种情感不去节制，而将其作为本心的表现任意发挥，就必定使得人们以欲望为性，自放于准绳之外。在陆陇其看来，阳明学说中的"良知"之学正是以知觉为性，强调"心即理"，不去区分道心和人心，最终使学者认"知觉"为良知，出现了何心隐、周汝登等泰州学者荡轶礼法、蔑视伦常、恣睢横肆的乖张行为。

就王学的内容来看，陆陇其对于阳明"良知"之学的批判显然是过于偏激的，我们知道，阳明的"良知"之学源于孟子的"良知""良能"学说这是毫无疑问的，并且阳明论述"良知"之学并非如陆陇其所言只讲心体的无善无恶，他也特别强调良知作为判断是非准则的意义。阳明虽讲"心即理"，讲"良知"的先天圆满，但并非放任"良知"不管，他也讲"正心""诚意"等修养工夫，所以他在"良知"前面加一个"致"字，以突出"良知"修养工夫的重要性。然而，王畿、王艮、何心隐等阳明后学却片面地发挥"良知"的见在性和现成性，将阳明所讲的"致良知"发展成为"见在良知"，重本体而舍工夫，彻底走上了佛学以知觉为性的路子。因此，如果说陆陇其对阳明的批判过于偏激，那么他对阳明后学的讨伐则不是毫无根据，也并非毫无道理。

既然阳明学说并非儒学正统，是异端禅学，那么为何自阳明倡立"良知"学说后，学者影从云集，竞相弃朱学而转王学呢？以至于出现"嘉、隆而后，笃信程、朱，不迁异说者，无复几人矣"① 的境况。对此，陆陇其也做出了解释，他说：

　　　吾尝推求其故，天下学者所以乐趋于阳明而不可遏者有二：一则为

---

① （清）张廷玉，等．明史（卷二百八十二）：儒林一［M］．北京：中华书局，1974：7222.

其学者可以纵肆自适，非程朱之履绳蹈矩，不可假借者也；一则其学专以知觉为主，谓人身有生死，而知觉无生死，故其视天下一切皆幻，而惟此为真。故不贤者既乐其纵肆，而贤者又思求其无生死者，此所以群趋而不能舍。①

　　陆陇其认为，天下学者放弃朱学而转尊王学的原因有两个：一是阳明学说主张"良知"之学，强调凡事问求本心，突出人的意志自由，这给长期以来处于程朱理学"天理"束缚下的人们以思想上的解放，从而给那些追求私欲的学者提供了理论上的支撑，进而受到他们的追捧；二是由于阳明学说以知觉为性，认知觉为良知，同佛家一样，将世间一切现象皆看作虚幻，无论生死、灾难、名利均是知觉在世间的幻象，人们做到坚守"良知"，便能不失真我，免受世间生死等痛苦的折磨，因而，这又为高明学者遭受的各种痛苦提供了精神上的慰藉，得到了他们的喜爱。整体而言，陆陇其对王学盛行原因的分析是有一定道理的，并且他在分析的过程中其实已经触及程朱理学对人们思想禁锢的弊端，但囿于对程朱学说的迷信，未能进行深入分析。

　　"良知"之说是阳明学说发展的最后形态，也是阳明晚年论学的宗旨，深得阳明的重视和推崇。阳明晚年曾对其子言道："吾平生讲学，只是'致良知'三字。"② 因此，陆陇其对"良知"之学的批判可谓釜底抽薪，对于王学在清初的发展产生了重大打击，也对清初学术的重建产生了积极影响。正是通过对阳明"良知"之学的辨析，陆陇其断定阳明学说为禅学，企图将其从儒学中清除，归入佛、老异端。因此，当陆九渊、陈白沙、王阳明三人被增补从祀孔庙时，陆陇其明确表示反对，认为他们的学术与儒学不符。他在《灵寿志论》中写道："从祀诸贤，经累朝论定，殆无遗议。惟嘉靖九年，增入陆象山九渊，万历十二年，增入陈白沙献章、王阳明守仁，三先生虽皆一

---

① （清）陆陇其．三鱼堂文集（卷二）：学术辨中［M］∥张天杰．陆陇其全集（第1册）．北京：中华书局，2020：30.

② 吴光，钱明，董平，等．王阳明全集（第1册）［M］．上海：上海古籍出版社，2014：1091.

时贤者，然学近于禅，与孔门之旨不免莛楹。"①

三、源流之辨与学才之辨

清初陆陇其等学者对于阳明学说的批判，引起了维护王学之人的辩护，他们提出了两点辩护理由：一是晚明学术的败坏及明代的覆亡不应该归咎到王阳明身上，阳明学说本身是没有问题的，有问题的是阳明后学尤其是泰州学派任意发挥师说，混儒、释、道为一体，造成了晚明学术弊端丛生；二是如果说阳明学说是异端禅学，那么为何晚明会出现一些气节凛然、操行耿介的王学大儒？王学大儒的出现足以说明阳明学说本身并没有问题，也非异端禅学。对此，陆陇其从学术的源流和学者的天资方面立论，提出了辨析学术的两个方法论原则。

第一个原则是源流之辨，即区分"立教之弊"与"末学之弊"，他说：

> 或又曰：阳明之流弊非阳明之过也，学阳明之过耳。程、朱之学，岂独无流弊乎？今之学程、朱者，未必皆如敬轩（薛瑄）、敬斋（胡居仁）、月川（曹端）之丝毫无疵也，其流入于偏执、固滞，以至偾事者亦有矣，则亦将归罪程、朱乎？是又不然。夫天下有立教之弊，有末学之弊。末学之弊，如源清而流浊也；立教之弊，如源浊而流亦浊也。学程、朱而偏执、固滞，是末学之弊也。若夫阳明之所以为教，则其源先已病矣，是岂可徒咎末学哉？②

陆陇其认为，辨析一种学术的弊端，不可一概言之，应当具体分析。他指出，学术的弊端可以分为"立教之弊"和"末学之弊"两种："立教之弊"指的是学说在创立之初就已经存在弊端，这种弊端是源头上的问题，是创始者本身学术思想上的问题，好比河水从源头上已被污染，进而整条河水都是

---

① （清）陆陇其. 三鱼堂文集（卷三）：灵寿志论［M］// 张天杰. 陆陇其全集（第 1 册）. 北京：中华书局，2020：54—55.
② （清）陆陇其. 三鱼堂文集（卷二）：学术辨上［M］// 张天杰. 陆陇其全集（第 1 册）. 北京：中华书局，2020：27.

污水；"末学之弊"指的是学说在创立之初是不存在弊端的，即学说的创始者本身的学术思想没有问题，它的弊端是学说的继承者在传播学说时错会或者误解了创始者的学术思想导致的，好比河水在源头上是清澈的，污染是在河水流淌的过程中产生的。陆陇其认为，阳明学说和程朱学说正是"立教之弊"和"末学之弊"的区别，两者存在问题的性质是不一样的，不能混为一体来看待。

第二个原则是学才之辨，即区分"天资之病"与"学术之病"，他说：

> 自阳明之学兴，从其学者，流荡放佚，固有之矣。亦往往有大贤、君子出于其间，其功业足以润泽生民，其名节足以维持风俗。今日阳明之学非正学也，然则彼皆非与……若其间大贤、君子，学问虽偏，而人品卓然者，则又有故。盖天下有天资之病，有学术之病；有天资僻而学术正者，有学术僻而天资美者，恒视其胜负之数，以为其人之高下。如柴之愚，参之鲁，师之辟，由之喭，而卒为圣门高弟，此以学胜其天资者也。如唐之颜鲁公，宋之富郑公、赵清献，皆溺于神仙、浮屠之说，而志行端方，功业显赫，为唐、宋名臣，此以天资胜其学术者也。人见颜、富诸公之志行功业，则以为神仙、浮屠之无损于人如此，且以为诸公之得力于神仙、浮屠如此。是何异见气盛之人，冒风寒而不病，而谓不病之得力于风寒；善饮之人，多饮而惺然，而谓惺然之得力于多饮，岂其然乎？①

陆陇其认为，人的品行功业取决于他的资质（才）和学术（学）的共同作用，根据资质和学术对人的影响程度不同，又表现为"资质之病"和"学术之病"。具体而言，如果一个人资质较差，但他所学的内容纯正，也就是学胜于才，那么，他通过后天的学习可以逐步弥补资质上的不足，进而在品行和功业上取得成绩，诸如高柴、曾参、颛孙师、仲由，他们在资质上都有所欠缺，但最终通过儒学的学习，成为孔门高弟，这种情况就属于"资质之

---

① （清）陆陇其．三鱼堂文集（卷二）：学术辨下［M］//张天杰．陆陇其全集（第1册）．北京：中华书局，2020：30-32.

病"；如果一个人天资完美，但所学的内容是异端曲学，也就是才胜于学，虽然他们也在品行和功业上取得了令人称羡的成绩，但这个成绩并非得益于他们日常感兴趣的异端曲学，而是天资纯美、才胜于学所致，诸如唐代的颜真卿与宋代的富弼、赵抃皆游走于儒、佛、道之间，但因他们天资纯美，最终均能功业卓著，这种情况便属于"学术之病"。而晚明出现的那些气节凛然、操行耿介的王学大儒是"天资胜于学术"，属于"学术之病"。

"源流之辨"和"学才之辨"是陆陇其对待学术的方法论原则，正是在这一原则指导下，陆陇其得出了包含阳明在内的整个王学体系均属异端曲学的极端结论，企图将阳明及其后学剔除出儒学正统，归入佛、老之列。虽然，陆陇其也非常称赞阳明的显赫功业，但他认为这只是由于阳明天资纯美，绝非得益于他的学术，反而恰恰是因为阳明在功业上的巨大成功，才要更加辨明他学术的危害性，以免学者将其功业归功于学术。因此，在陆陇其看来，功业与学术相比，学术对于社会的影响较大，因为功业只能泽被一时，而不好的学术则可以祸及万世。所以，他非常重视对于阳明学说的辨析和批判，以防它再次惑乱学者。

第二节　陆陇其对王学新形式的批判与朱子学的提倡

一、对学界清算王学的不满

自阳明倡导"良知"之说起，便遭到了同时代程朱学者的批判，诸如与阳明生活在同一时期的罗钦顺，便曾致书与阳明论学，他基于朱子学的立场对阳明学说中的"良知""格物"等核心观点提出了批评。如果说罗钦顺等学者对阳明的批判只是简单的学术讨论，那么晚明以来学者对王学尤其是王学末流的批判，则上升到了事关政权稳定和学术重建的高度。晚明的学界王学一统，思想混乱，学者束书不观，师心自用，以顾宪成、高攀龙为首的东林学派出于"资治卫道"的目的掀起了声势浩大的王学清算运动，他们打着经世致用和实用实学的旗帜对王学及其末流展开了批判。明亡清兴，王学清算的运动并没有随着明朝的灭亡而结束，反而在清初学者总结明亡教训和学术重建的过程中愈演愈烈。明末清初的王学清算运动，不仅是学界对于王学的清理，也是王学内部自身反思和修正的结果，它最终导致了清初朱子学的复兴和王学的快速衰退。

在陆陇其看来，明末清初的王学清算虽然使学者认清了王学"异端"的本质，但并没有从根本上将王学清算干净，清初的学界王学仍然占有相当大的市场，只是清初的王学与明代的王学相比表现出明显的不同：清初的宗王学者不再明确地树立王学旗帜，而是通过依托朱学或者调和朱王的方式来回护王学。因此，陆陇其对晚明以来的王学清算运动明确表示不满，他认为，不管是晚明的顾宪成、高攀龙等宗朱学者对王学的批判还是清初的黄宗羲、孙奇逢等宗王学者对王学的修正，都存在回护王学的情况。他批评顾宪成、高攀龙未能尽脱王学之藩篱：

> 晚明诸儒，学术之正，无如泾阳、景逸，其扶植纲常之念，真可与日月争光。其痛言阳明之弊，亦可深切著明矣。而考其用力所在，质之紫阳，亦有不能无疑者。故取高子书中数端言之，其《困学记》所谓"旅舍小楼，见六合皆心"者，朱子有此光景乎？其《行状》所谓"焚香兀坐，坐必七日"者，朱子有此功夫乎？其《遗疏》所谓"君恩未报，原结来生"者，朱子有此等语乎？又，朱子自云"平生精力，尽于《大学》"，而"格致"一章，则其教人起手之所在也。"良知"之家，所最不满于朱子者在此，景逸既尊朱子，而亦以古本为是，以不分经、传为是，以格物为知本，此何谓也？又，阳明"无善无不善"之说，渊源告子，不知性之甚者也。景逸既深知其非矣，却又云："无善之说，不足以乱性，而足以乱教。"夫性与教，若是其二乎？既足乱教，而谓不足乱性，又何为也？此皆大纲所在，而相左如此，学者将何所取舍乎？①

陆陇其认为，晚明的学者以顾泾阳、高攀龙学术最为纯正。他指出，晚

---

① （清）陆陇其．三鱼堂文集（卷五）：答嘉善李子乔书［M］//张天杰．陆陇其全集（第1册）．北京：中华书局，2020：112.

明的学术界王学一统，礼法败坏、道德沦丧，尤其是泰州学派"掀翻天地"、个个"能赤手以搏龙蛇"①，针对诸种弊病，顾、高二人起而救之，他们批判王学流弊，倡导朱子学的回归，重新确立已然败坏的道德秩序，可谓有功于学术，足以"与日月争光"。陆陇其尽管肯定了顾宪成、高攀龙等东林学者纠正王学流弊、昌明正学的功绩，但他同时又认为顾、高二人未能彻底将王学清算殆尽，他们学术的本身就存在着王学的某些观点和方法。他将顾宪成、高攀龙二人对王学的清算结果概括为"治病而不能尽绝其根"②，这里的"尽绝其根"是指顾、高二人论学不能牢守朱学疆界，学术时时受王学的影响，以至于王学的弊病"有时而复作"，不能清算干净。

　　为此，陆陇其特地以高攀龙的学术思想为研究对象，对其中含有王学因素的内容和观点进行了辨析和批判，直言其与朱子学不合。概言之，他共从三个方面进行了辨析：其一，高攀龙治学主张"旅舍小楼，见六合皆心""焚香兀坐，坐必七日"的"静坐"修养方法与朱熹强调的"涵养须用敬"的"主敬"修养方法相异，更近于阳明学说的"静默澄心"和佛学的禅坐方法，且他在《遗疏》中提到"君恩未报，原结来生"，具有明显的佛学因果轮回思想，将君恩的报答放至来生，与儒学重视当下的理念不符；其二，《大学》的"改本"和"古本"③之分是区别朱、王学说的重要标志之一，朱熹在"改本"《大学》里以"穷理"解释"格物"，他提出的"格物穷理"思想成为朱子学说的理论基础，而阳明以"古本"《大学》为正，以"诚意"解释"格物"，现高攀龙治学却以"古本"《大学》为准，不分经、传，且以"格物"为"知本"，明显表现出"良知"之学的倾向，这显然与朱子学相悖；

---

① （清）黄宗羲. 明儒学案（卷三十二）：泰州学案［M］∥吴光. 黄宗羲全集（第7册）. 杭州：浙江古籍出版社，2012：820.

② （清）陆陇其. 三鱼堂文集（卷二）：学术辨上［M］∥张天杰. 陆陇其全集（第1册）. 北京：中华书局，2020：26.

③ 《大学》本为小戴《礼记》的第四十二篇，其内容可分为两部分：一部分是包含三纲八目的"经"的内容，一部分是解释三纲八目的"传"的内容。朱熹在研究"传"时发现缺少了"致知在格物""诚其意在致知"的论证，并且传文存在次序上的错乱，所以他作《补致知格物传》以弥补"传"的缺失并对传文进行了顺序上的调整。后来学者称朱熹改动过的《大学》为"改本"《大学》，而郑玄作注的《大学》为"古本"《大学》。

其三，阳明学说最大的弊端就在于阳明四句教的"无善无恶"之说，这一说法源自告子的人性"无善无不善"论和佛学的"以知觉为性"，显然不同于孟子所讲的"性善"论思想，而高攀龙却认为这与孟子所言的"性善"实质并无太大差异，所不同的只是两者教人识别性善的方法，高攀龙的理解明显与孟子的"性善"主旨相左。基于以上观点，陆陇其指出，顾宪成、高攀龙"亦未能脱姚江之藩篱，谓其尊朱子则可，谓其为朱子之正脉，则未也"①。所以，徐乾学修《明史》拟立《道学传》，就顾宪成、高攀龙附之于程朱一脉征求陆陇其意见时，他明确表示反对："故其大节彪炳，诚可廉顽立懦，而谓其直接程、朱，则恐未也。以《宋史》尊程、朱之列尊之，亦不无可商。"②

然而，在陆陇其看来，顾宪成、高攀龙对于王学的回护还属于小害，他们仍是以朱子为尊，其弊端只不过是用程、朱的思想来解释阳明的言论，仍没有把阳明学说视为异端；而清初的黄宗羲、孙奇逢等学者对于王学的回护则属于大害，他们奉阳明为尊，主张调和朱、王，以阳明的思想来解释程、朱的言论，极易惑乱学者。对此，他不满地说："近来南方有一黄梨洲，北方有一孙钟元，皆是君子。然天下学者，多被他教得不清不楚。"③ 这里的"不清不楚"即指黄、孙二人以阳明之意来解程、朱之语及调和朱王的做法。他翻阅黄宗羲的《明儒学案》后批评道：

> 其述有明一代之儒，可谓有功。而议论不无偏僻。盖执蕺山一人之说，以断诸儒之同异，自然如此。因思经师与人师不同，而人师内又有二种，有兴起之师，有成德之师。若蕺山者，以为兴起之师则可，以为成德之师则不可。而太冲尊之太过，所以多费周旋。④

---

① （清）陆陇其. 三鱼堂文集（卷五）：答嘉善李子乔书［M］//张天杰. 陆陇其全集（第1册）. 北京：中华书局，2020：112-113.

② （清）陆陇其. 三鱼堂文集（卷五）：答徐健庵先生书［M］//张天杰. 陆陇其全集（第1册）. 北京：中华书局，2020：122.

③ （清）吴光酉，郭麟，周梁，等. 陆陇其年谱［M］. 褚家伟，张文玲，点校. 北京：中华书局，1993：291.

④ （清）吴光酉，郭麟，周梁，等. 陆陇其年谱［M］. 褚家伟，张文玲，点校. 北京：中华书局，1993：82.

陆陇其肯定了黄宗羲编撰《明儒学案》的功绩，认为他梳理明代学者的学术思想有助于学术昌明，但他又批评黄宗羲受其师刘宗周影响太深，论述学者思想异同皆以其师论断为准，进而对宗王学者肯定过多，大有"揽金银铜铁为一器"的弊端。他指出，刘宗周可以称为兴起之师，但算不上成德之师。那么何为兴起之师和成德之师呢？陆陇其解释道："盖天下有兴起之师，有成德之师。兴起之师，廉顽立懦，能拔人心于陷溺之中；成德之师，切琢磋磨，能造人才于粹精之地。"① 在他看来，刘宗周气节高尚，能够发现王学弊端并加以修正，使学者避免陷入王学流弊太深，但他学术不纯，不能培养学术纯正精粹的人才，因此，只能称得上兴起之师，不能称为成德之师。

同时，北方大儒孙奇逢在讲学时认为朱子学强调的"格物穷理"的方法容易使学者陷入支离、烦琐的境地，属于"实病"太强，应当用阳明的"良知"之学加以清泻，主张朱王调和的观点。对此，陆陇其进行了批评，他说：

> 建安（朱熹）之学，补泻备矣。偏于穷理者，则泻之以主敬；偏于主敬者，则补之以穷理。何病之足患耶？建安没，而天下之实病，不可不泻，则亦以建安泻之而已，何以姚江为哉？以建安、姚江交相济，为识变化，则是孔子当与佛、老交相济，孟子当与杨、墨交相济也，可乎？②

陆陇其指出，朱子学实虚兼备，如果说学者陷入"穷理"的"实病"太多，则可以用朱子学中的"主敬"工夫加以清泻，同样，如果学者偏于"主敬"的"虚病"太多，则又可以用朱子学中的"穷理"功夫进行补实。他强调，朱子学是实虚兼备之学，自可消实补虚，无需用阳明学说来加以去实，进行朱王之间的调和，如果用阳明学说来去实，那么，无异于孔子与佛、老及孟子与杨、墨之间的调和，是完全不可行的。

---

① （清）陆陇其．三鱼堂文集（卷五）：上汤潜庵先生书［M］∥张天杰．陆陇其全集（第1册）．北京：中华书局，2020：116.

② （清）陆陇其．三鱼堂文集（卷五）：答山西范彪西进士书［M］∥张天杰．陆陇其全集（第1册）．北京：中华书局，2020：127–128.

二、对王学的新形式——"朱王调和"的批判

随着明末清初王学清算运动的开展，王学已然呈现颓势，即使是宗王的学者也很少张扬王学旗帜，多依托于程朱学说来回护王学。对此，陆陇其有着清楚的认识。他指出，清初学者回护王学的方式比直接高举王学旗帜的危害更大，因为这为王学的传播打开了方便之门，更容易惑乱学者，导致正学不明。他批评说："今之回护姚江者有二：一则以程、朱之意解姚江之语，此不过欲宽姚江，其罪小；一则以姚江之意解程、朱之语，此则直欲诬程、朱，其罪大。"① 在他看来，清初直接标榜王学的学者已经非常少了，王学的传播变得非常隐蔽，传播的方式主要是调和朱王，具体表现为：一是尊朱学者，以程、朱之意解阳明之语；一是宗王学者，以阳明之意解程、朱之语。需注意的是，在陆陇其的认识里，调和朱王的学者不单单是指宗王的学者，也包含部分尊朱的学者，只不过比较而言，尊朱学者之间"调和"的危害相对来说要小些，他们只是末学之弊而非立教之弊。所以，陆陇其认为，"朱王调和"是清初王学存在的新形式，也是清初王学的主要学术特征。关于清初王学的状况，萧一山曾这样概括道：

> 清初之学术，几无一不为明学之反动；故其时之理学家，亦大抵力排明季学风者也。而其时承姚江余绪，为之收拾残局者，尚有孙奇逢、李颙及姚江书院一派，如沈国模、史孝咸、管宗圣、王朝式、韩孔当、邵曾可、邵廷寀等。奇逢重实用，李颙重践履，教人切己反躬，注意日课，其学与明人已大不同，不过对于阳明不张反对之帜耳。②

萧氏所言孙奇逢、李颙等人的学术"与明人已大不同"，便指的是孙、李等宗王学者不再高举王学大旗，而是通过调和朱王的方式，借助朱子学中重实用、践履，强调学习和反躬自省的治学方法来回护王学，这便是陆陇其所

---

① （清）吴光西，郭麟，周梁，等．陆陇其年谱［M］．褚家伟，张文玲，点校．北京：中华书局，1993：301.
② 萧一山．清代通史（卷上）［M］．北京：中华书局，1986：993.

谓的"以姚江之意解程、朱之语"，是清初王学存在的新形式。

因此，陆陇其将"朱王调和"作为清初学界学术重建的主要障碍。他认为，要昌明正学，就必须对当时学者强调的"朱王调和"的观点加以辨析和批判，进而使得王学异端无处藏身，学者免受其惑乱。翻阅陆陇其的《三鱼堂文集》，可以发现里面包含了多篇他与同时代学者辨析"朱王调和"观点的书信，集中表达了他对"朱王调和"观点的批判思想，其中尤以同秦云爽的辩论最具代表，批判得也最为深刻。

关于秦云爽的学术生平，现存文献所载较为简略。吴光酉《陆稼书先生年谱》载："秦名云爽，杭州人。盖溺于姚江之学，虽悔而尚无所折衷者。"① 徐世昌《清儒学案》将其附于《潜斋学案》后加以介绍，足见其尊朱意旨，《潜斋学案》载曰："秦云爽字开地，号定叟，钱塘人，受业于虞钤。钤之学，兼取陆、王，而以朱子为正。先生读阳明书，颇疑《朱子晚年定论》之说，辑《紫阳大旨》，一曰朱子初学，二曰论已发未发，三曰论涵养本源，四曰论居敬穷理，五曰论致知格物，六曰论性，七曰论心，八曰论太极，凡八卷……其论阳明，谓：'弊在以无善无恶为心之体，若良知之说，不可谓非孟子性善之旨。'又谓：'阳明独崇古本《大学》，能绝支离宿障，有功吾道。'"② 通过上述记载可知，秦云爽治学虽以朱子为尊，却不废陆、王，主张"朱王调和"。他的这一观点遭到了陆陇其的辩难。检视陆氏所作的《答秦定叟书》，可以发现他们争论的问题主要集中在以下四个方面：

第一，"未发""已发"的划分是不是区别朱子学说和阳明学说的主要标志？

秦云爽指出，"未发、已发，朱子一生精神命脉之系也；知未发、已发，则知敬存、动察"③。在他看来，"未发""已发"是朱子学说的理论基础，正是朱子厘清了心之"未发""已发"的状态，才产生了他修养方法上未发的

---

① （清）吴光酉，郭麟，周梁，等.陆陇其年谱 [M].褚家伟，张文玲，点校.北京：中华书局，1993：86.

② 徐世昌，等.清儒学案（卷十七）：潜斋学案 [M].沈芝盈，梁运华，点校.北京：中华书局，2008：737.

③ （清）陆陇其.三鱼堂文集（卷五）：答秦定叟书 [M]∥张天杰.陆陇其全集（第1册）.北京：中华书局，2020：131.

"静存"工夫和已发的"动察"工夫。他又进一步指出，当前学者之所以困而不学，原因就在于"以本体为功夫，而不分未发、已发"①，学者不分未发、已发正是受阳明学说的影响。所以，秦云爽认为，朱子学说分"未发""已发"，而阳明学说不分"未发""已发"，这即是两种学说的区别所在。针对秦云爽以"未发""已发"作为区别朱、王学说的标志，陆陇其提出了批评，他说：

> 盖阳明之病，莫大于"无善无恶心之体"一语，而昧于未发、已发之界，其末也。既以无善无恶为心之体，则所谓未发，只是无善无恶者之未发；所谓已发只是无善无恶者之已发。即使悉如朱子敬存、动察，亦不过存其无善无恶者，察其无善无恶者而已。不待混动静而一之，然后为异于朱子也。朱子《中和旧说》，虽属已悔之见。然所谓心为已发、性为未发，亦指至善无恶者言，与阳明之无善无恶者相楹楚……此仆所以谓考亭、姚江，如黑白之不同。先生《紫阳大指》书中乃云"无善无恶"一句，是名言之失而非大义之谬，是仆所深疑而未解也。②

陆陇其认为，秦云爽以"未发""已发"作为区分朱子学说和阳明学说的标志，是没有完全理解朱子学说中"未发""已发"和阳明学说中"未发""已发"的内涵。在他看来，这两种学说涉及的"未发""已发"根本是名同实异。他指出，阳明学说最大的问题就在于把本心看成无善无恶的。因为，"未发""已发"是朱子学说中"敬存"和"动察"修养方法的理论基础。在朱子学说中，"未发""已发"指的是心体的两个状态："未发"指的是心体的本然状态（性）的未发，"已发"指的是心体运用（情）的表现。所以，朱子学说中"心性论"方面的逻辑结构是心统性、情，性为未发，情为已发。概言之，性为心未发的状态，心在未发时应以"存养"为工夫，时刻保持本

---

① （清）陆陇其. 三鱼堂文集（卷五）：答秦定叟书［M］∥张天杰. 陆陇其全集（第1册）. 北京：中华书局，2020：131.

② （清）陆陇其. 三鱼堂文集（卷五）：答秦定叟书［M］∥张天杰. 陆陇其全集（第1册）. 北京：中华书局，2020：131-132.

性至善的状态，以免它流失；情为心已发的状态，心在已发时应以"动察"为工夫，时刻警惕情流向放佚。然而按照阳明学说的理论，心和性、理是相等的，阳明曾明确说："心即性，性即理。"① 如果心和性是相等的，那么心无善无恶，性也应当是无善无恶。心、性均是无善无恶，则也就无须将心体划分为未发和已发两个状态，因为本心如果无善无恶，那么心之未发便指的是无善无恶之未发，心之已发便指的是无善无恶之已发，这样朱熹划分未发、已发而生成的"敬存""动察"的修养方法就无所着落。所以，陆陇其明确指出，"未发""已发"不应成为区分朱子学说和阳明学说的标志，因为它们立论的基础不同，所指的内容也不同，朱子学说的"未发""已发"是建立在本性至善无恶的基础上，而阳明学说的"未发""已发"是建立在心体无善无恶的基础上，两者之间的区别如黑白之不同。

第二，朱熹所作《答何叔京》第十一书中表达的观点是不是其晚年既定的观点？第十一书被阳明收进了《朱子晚年定论》以证朱、陆思想早异晚同是否妥当？

秦云爽虽然指出阳明所作的《朱子晚年定论》有"曲成己意"之嫌，但他对书中朱熹晚年思想转向心学的学术变化还是表示了认同，这一点表现在他所作的《紫阳大指》中。《紫阳大指》依次收录了朱熹《答何叔京》第二书、第四书和第十一书。秦云爽在这三篇书信后评论道："此三书实先生一生转关处也。"表明了他认为朱熹在《答何叔京》第十一书中的观点即是朱子晚年的已定观点，这同阳明《朱子晚年定论》中表达的朱陆早异晚同思想是一致的。对此，陆陇其提出了质疑，并对朱熹的学术思想变化进行了简单的梳理，他说：

> 然考《紫阳大指》中，载《答何叔京》三书而评之曰："此三书实先生一转关处也"，则犹似未脱阳明之窠臼者。尝合朱子一生学问，前后不同之故考之。朱子之学，传自延平（李侗），延平教人静中观喜怒哀乐未发气象矣……朱子四十以前出入佛老，虽受学延平，尚未能尽尊所闻，

---

① 吴光，钱明，董平，等. 王阳明全集（第 1 册）［M］. 上海：上海古籍出版社，2014：17.

是以有《中和旧说》，有《答何叔京》诸书，与延平之学，不免矛盾。及延平既没，朱子四十以后，始追忆其言而服膺之……则悟《中和旧说》之非，而服膺其未发气象之言，此朱子之转关也……始复退而求之于句读文义之间，则是以《答何叔京》诸书为悔……此又朱子之一转关也。是朱子之学，一定于悟未发之中之后，再定于退求之句读文义之后。若夫《答何叔京》三书，则正其四十以前，出入佛、老之言，于未发、已发之界，似若转关；于穷理格物之功，则犹未转关也。先生乃笼统以为朱子之一转关。窥先生之意，却似以居敬为重，而看穷理一边稍轻，虽不若阳明之徒，尽废穷理，而不免抑此伸彼。①

陆陇其指出，秦云爽《紫阳大指》所录的《答何叔京》三书（第二、第四、第十一）的观点是朱熹四十岁之前的思想主张，是他不成熟的观点，属于《中和旧说》，现秦氏直接以朱熹的《中和旧说》作为其晚年既定的思想，这显然是错误的，同于阳明《朱子晚年定论》的做法。因为，朱熹《答何叔京》第十一书所载内容专求良心发现，猛省提撕，而于日用持敬为不然，修养方法同陆九渊的心学相似，无怪乎阳明将《答何叔京》第十一书收入《朱子晚年定论》以证朱陆思想相同，而秦云爽却将其看作朱熹晚年已成熟的思想，其调和朱陆的意图非常明显。为了证明《答何叔京》并非朱子晚年既定思想，陆陇其对朱熹学术思想的转变进行了简单的梳理，他认为朱熹思想转变大致可分为三个阶段：第一阶段是早年从学李侗，体验"喜怒哀乐未发之中"的道南指诀；第二阶段是四十之前，悟出"心为已发，性为未发"的《中和旧说》，而《答何叔京》诸书便作于此时；第三阶段是四十岁以后，朱熹反复阅读二程及其弟子言论，始疑《中和旧说》之非，进而形成了"心统性、情，性为未发，情为已发"的《中和新说》最终观点。在此基础上，陆陇其对秦云爽偏重"主敬"而轻视"穷理"的治学方法提出了批评，认为这极易流入阳明一派的治学路径。

第三，阳明学说中的"良知"之说是否符合孟子所言的性善主旨？

---

① （清）陆陇其．三鱼堂文集（卷五）：答秦定叟书［M］//张天杰．陆陇其全集（第1册）．北京：中华书局，2020：132-133.

由于阳明的"良知"之学脱胎于孟子的"良知""良能"学说，阳明曾言："心自然会知：见父自然知孝，见兄自然知弟，见孺子入井自然知恻隐，此便是良知，不假外求。"① 正因如此，秦云爽便认为阳明学说的弊端仅仅在于他提到的"无善无恶心之体"，他的其他思想与儒家学说并不相悖，譬如阳明学说的核心——"良知"之学便符合孟子性善的主旨。针对这一观点，陆陇其明确提出了反对意见。他认为，阳明所言的"良知"之学与孟子所讲的"良知""良能"的性善主旨并非一回事。他说：

> 若良知之说，不可谓非孟子性善之旨。夫阳明之所谓良，即指无善无恶，非孟子所谓良也。孟子之良，以性之所发言，孩提之爱敬是也。阳明之良，以心之昭昭灵灵者言，湛然虚明，任情自发而已。一有思虑营为，不问其善不善，即谓之知识而非良，是岂可同日语哉？②

陆陇其认为，阳明的"良知"之学虽然源于孟子的"良知""良能"学说，但是"良知"的内涵已经经过他禅学化的解释，二者之"良知"是名同而实异。他又进一步解释道，阳明"良知"之学的"良"字和孟子所言的"良知""良能"的"良"字所指内容不同：阳明的"良知"之学是建立在佛学"知觉为性"的基础上，在阳明这里，是以心言性，而心又被他称为"无善无恶"（阳明四句教首言为"无善无恶心之体"），所以，阳明讲的"良知"之"良"是指心体的无善无恶，是认知觉为良知，这样势必造成任情自发，排斥修养工夫；孟子的"良知""良能"是建立在性善论的基础上，他所言"良知""良能"之"良"是从人性本善的角度出发，故而人见孺子入井自知恻隐，见父自然知孝，见兄自然知弟，显现出孩提爱敬的本性。因此，在陆陇其看来，阳明的"良知"之学和孟子的"良知""良能"思想绝非同一内容，是不可同日而语的。

---

① 吴光，钱明，董平，等. 王阳明全集（第 1 册）［M］. 上海：上海古籍出版社，2014：7.
② （清）陆陇其. 三鱼堂文集（卷五）：答秦定叟书［M］∥张天杰. 陆陇其全集（第 1 册）. 北京：中华书局，2020：134-135.

第四，阳明发挥古本《大学》之义，倡导"良知"之学是否可以根治朱子学说因强调"格物穷理"而产生的支离之病？

秦云爽认为，朱熹增《大学补传》提出"格物穷理"的治学方法，极易产生支离之病。因此，需要借助阳明发挥古本《大学》之义加以根治。即是说，秦氏主张朱熹的改本《大学》和阳明的古本《大学》相互运用。因为在他看来，阳明发挥古本《大学》，以格物为知本，重视诚意，足以救朱子学支离之病。所以，他说阳明发挥古本《大学》之义有功于学术。对此，陆陇其指出，秦云爽治学有重居敬轻穷理、重阳明薄朱子之嫌。他说：

> 故《答李中孚书》遂以《大学补传》为可更，而以阳明之独崇古本，为能绝支离之宿障，为大有功于吾道，亦是看穷理稍轻之故。夫居敬、穷理，如太极之有两仪，不可偏有轻重，故曰："涵养莫如敬，进学则在致知。"未有致知而可不居敬者，亦未有居敬而可不致知者。故朱子平日虽说敬不离口，而于《大学补传》，则又谆谆教人穷理。又于《或问》中，反覆推明，真无丝毫病痛。朱子所以有功万世者在此，所以异于姚江者在此，此而可更，孰不可更？即曰："格物以知本为先，所谓当务之为急。"然于格物之中，先其本则可；而如《古本大学》，谓知本即是知之至，则不可。是又仆之所深疑而未解也。①

陆陇其指出，朱子学说对内强调"主敬"，对外主张"穷理"，是内外兼修之学，而"主敬"和"穷理"犹如太极之两仪，相互作用，不分伯仲，这也正是朱子学说不同于阳明学说之处。现在秦云爽却言朱熹《大学补传》提倡的"格物穷理"之学有支离之病，主张用阳明阐发古本《大学》中"格物为知本"的"良知"之学进行救治，这在陆陇其看来，有重"居敬"轻"穷理"之病，不是朱子学说的治学思想。所以，他发出了"深疑而未解"的感叹。

陆陇其通过与秦云爽的书信互答，从四个方面对当时学者集中关注的

---

① （清）陆陇其. 三鱼堂文集（卷五）：答秦定叟书［M］//张天杰. 陆陇其全集（第1册）. 北京：中华书局，2020：133.

"朱王调和"的观点进行了详细的辨析和批评，可谓对借"朱王调和"的形式来宣传王学的学者以致命打击。吴光酉赞其"先生（陆陇其）辨朱、王之异，莫详于是书（《答秦定叟书》）。其言居敬主静及性善良知，尤极精微"①。然而，翻阅陆陇其的《三鱼堂文集》，他多次强调其对于"朱王调和"及王学的批判，并非有意引起诤讼、诋毁先贤、树立门户，实在是因学术不明而不得已为之。他在《答山西范彪西进士书》中表明了这一取向："特不欲过毁前贤，开天下轻薄之门耳。此意诚厚，然某非好毁人者也，况敢毁前贤乎？顾恐是非混淆，则学者误入荆棘，私心有所不忍，故不敢隐其所见。"② 在《答同年臧介子书》中又说："至来札所云：'士大夫立身行己，自有大公至正之一途，而沾沾于好异何为耶？'此论甚正，然今天下学术不明，有本好异，而自以为大公至正者。有大公至正，而举世目为好异者，此又不可不辨也。惟专力于考亭之学，然后真大公至正，真不好异者见矣。"③

在清初"尊朱辟王"的学术大背景下，王学如想得以存活和传播，就必须依托于朱学，承认朱陆早异晚同，走朱（陆）王调和的路子。陈来曾这样评价明代的"朱陆调和"："在明代，朱陆早异晚同之说乃是合同朱陆的一个较巧的说法，也是朱学成为官方正统哲学情况下心学的护身符。"④ 其实，不单是明代，在清代"朱王调和"更是王学生存的护身符。然而，在清初，"朱王调和"的观点不单是宗王学者所主，即使是部分宗朱学者也持此论，这在陆陇其看来，足以混淆学术，是必须严格加以批评的。

三、奉朱子为正学，倡行务实学风

陆陇其既强调学术关乎世运，又辨析王学是异端。那么，何为正学呢？他指出："愚尝谓今之论学者无他，亦宗朱子而已。宗朱子者为正学，不宗朱

---

① （清）吴光酉，郭麟，周梁，等. 陆陇其年谱［M］. 褚家伟，张文玲，点校. 北京：中华书局，1993：134.

② （清）陆陇其. 三鱼堂文集（卷五）：答山西范彪西进士书［M］//张天杰. 陆陇其全集（第1册）. 北京：中华书局，2020：128.

③ （清）陆陇其. 三鱼堂文集（卷五）：答同年臧介子书［M］//张天杰. 陆陇其全集（第1册）. 北京：中华书局，2020：129.

④ 陈来. 朱子哲学研究［M］. 上海：华东师范大学出版社，2000：344.

子者即非正学。"① 即是说，判断正学的标准是看其是否以朱子为宗，宗朱子者为正学，不宗朱子者非正学。在陆陇其看来，王学近于禅学，最大的学术特征便在于"空"和"虚"，而造成晚明学术混乱、政事衰败的原因也在于"空"和"虚"。因此，他认为要根治王学空疏学风带来的各种弊端，就必须倡导朱子之学，主张躬行实践。为了证明朱熹是儒学正统，他特地作《道统》一文加以阐释。他说：

> 唐、虞、三代之世，其道不待辨而明者，统出于一也；唐、虞、三代而后，不辨则不明者，统散于下也。故董子曰："诸不在六艺之科、孔子之术者，皆绝其道，勿使并进，然后统纪可一，而法度可明。"……今日道统之辨，溯其源则本于洙、泗，而求其要则，必宗于宋儒。洙、泗之学晦，而道统息矣；宋儒之学晦，而洙、泗之统息矣……自宋以前，非无发明洙、泗之传者也。然或语焉而不详，或驳焉而不纯。荀卿之僻陋也，杨雄之艰深也，文中子之昧于进退也，其不得与道统之传，固无论矣。最高者莫如汉之董生、唐之韩子，然董知正谊明道之旨矣，而不免杂于阴阳；韩知道德佛、老之辨矣，而不免昧于性善。向非周、程、张、邵、朱六子者，崛起于宋室，则道统或几乎息。②

陆陇其指出，三代之前学术昌明，道统清晰；三代以后学术混乱，道统散于天下，最终由孔子承圣人之道，复明道统。然而，孔子以后道统又重新陷入晦暗，直到宋代周敦颐、二程、张载、邵雍、朱熹等六人阐发儒学性理之义，表彰理学，道统才得以复明。因此，按照陆陇其的理解，三代以后的道统谱系应为：孔子、周敦颐、二程、张载、邵雍、朱熹等七人，而其中以孔子和朱熹最为重要，孔子为三代以后道统的重启者，朱熹则是孔子之后儒学的集大成者，他融周、程、张、邵之思想为一体，是宋代以后孔子的化身。

---

① （清）陆陇其. 三鱼堂外集（卷四）：经学 [M]//张天杰. 陆陇其全集（第2册）. 北京：中华书局，2020：464.

② （清）陆陇其. 三鱼堂外集（卷四）：道统 [M]//张天杰. 陆陇其全集（第2册）. 北京：中华书上局，2020：464-465.

需注意的是，陆陇其所列的道统谱系既不同于韩愈，也有别于朱熹，最显著的差异就在于他没有将子思、孟子放入谱系内，而是以周敦颐直接孔子①。他之所以这么排列，依笔者愚见，当是子思、孟子特别重视心、性内圣之学的阐发，尤其是孟子强调本心的"良知""良能"，极易为阳明的"良知"之学张目，这对倡导实学学风、视阳明学说为异端的陆陇其而言是不能容忍的。

　　陆陇其既然认定朱熹为道统谱系中的重要人物，是圣人之道的继承者，他便指出人们应当像汉代学者独尊孔子那样来尊崇朱熹。他说：

　　　　但非周、程、张、邵，则洙、泗之学不明。非朱子，则周、程、张、邵之学不明，故生以为汉之世，当尊孔子；而今之世，则尊朱子。朱子者，周、程、张、邵所自发明，而孔子之道所自传也。尊朱子，即所以尊周、程、张、邵，即所以尊孔子。尊孔子，而非孔子之术者，皆绝其道，勿使并进；尊朱子，而非朱子之说者，皆绝其道，勿使并进。四书、五经之注，固学者所当奉以为式，不敢稍叛矣，而凡《太极图》《通书》《东西铭》《皇极经世》诸书，为朱子所表彰者，皆列于学宫，俾学者肄而习之。而又选敦厚有道术者，为之师表。使之不惟诵其言，且法其行。如是则天下晓然知宋儒之学，为天下之正学，为洙、泗之真传。②

　　陆陇其对朱熹表现出了强烈的尊崇，甚至还以董仲舒的口气要求罢黜"非朱子之学"，提出凡是"非朱子之说者，皆绝其道，勿使并进"，凡是"朱子所表彰者，皆列于学宫"的极端观点，使得朱子学说得到独尊。在他看来，朱子之学是孔子之学在宋代以后的新发展和集中体现，尊朱子就等同于尊孔子。因此，他主张将朱熹的著作及朱熹推荐的书籍列于学宫，挑选敦厚有道术之士充当经师，在全国宣扬朱子之学。

---

① 韩愈在《原道》篇列出的道统谱系为尧、舜、禹、汤、文、武、周公、孔子、孟子，三代以后即以孟子紧接孔子；朱熹在《中庸章句序》中所列的道统谱系为：尧、舜、禹、汤、文、武、周公、孔子、曾子、子思、孟子，三代以后承接孔子的是曾子、子思、孟子三人。

② （清）陆陇其．三鱼堂外集（卷四）：道统［M］//张天杰．陆陇其全集（第2册）．北京：中华书局，2020：466-467.

然而，需加以说明的是，陆陇其虽然尊奉朱子学说为正学，并为昌明朱学而不遗余力，但他却同当时将朱子学说视为进阶工具而大肆宣扬的"尊朱"学者有明显的不同。他明确反对人们将朱子学说作为单纯的科举考试工具，也反对人们空言理论而不去实行，在他看来，这些做法都会导致知行分离，浪费光阴。他说：

> 谓之"惜阴"者，其大旨以为圣贤之学，随知随行。若知而不行，虽读尽十三经、二十一史，徒敝精神，其光阴可惜也。故尝深痛举业之驱人入鄙，欲学者实从事于圣贤之道，而勿务空知……学者诚知其所惜，而勉强焉，以孔、孟之言为范围身心之资，而勿视为爵禄之资；以程、朱之解为指点行道而设，勿视为作文而设。知人心、道心之辨矣，则必实使道心为主，而人心听命；知理义之性、气质之性有殊矣，则必实以理义，变化其气质。①

陆陇其认为，圣贤之学是要人们明圣贤之理、行圣人之道，具体表现为明人心、道心之辨，知理义、气质之殊，进而规范人心行为，绝非获得爵禄的工具。因此，对当时学者以朱子之学作为进阶工具，不辨人心、道心，不分理义、气质，空言理论而不去力行，最终耗费精力，误入歧途的做法，他提出了批评："今天下以《四书》课士，使天下士浸灌于孔、孟之言，以培其德而闲其心，斯固教化之本，而治平之原也。然天下之言《四书》者，尝纷纷其莫定矣。习功利者，以功利之见读之，则孔、孟之言莫非功利也；溺虚无者，以虚无之见读之，则孔、孟之言莫非虚无也。其卑琐无识者，既得其貌而不得其神；而高明之徒，又挟之以自申其说。此曰吾孔、孟也，彼亦曰吾孔、孟也，非无锐志学圣之人，而不识其真，以为是真孔、孟也。"② 又说："若夫甘陷溺于道外，孜孜矻矻，以声色为可娱，以势利为可慕，以辞章

---

① （清）陆陇其. 三鱼堂文集（卷四）：书四书惜阴录后［M］//张天杰. 陆陇其全集（第1册）. 北京：中华书局，2020：104.

② （清）陆陇其. 三鱼堂文集（卷八）：周永瞻先生四书断序［M］//张天杰. 陆陇其全集（第2册）. 北京：中华书局，2020：244.

为可夸，以虚无寂灭为可乐；或援儒以入墨，或推墨以附儒，其于道也，尚不能知，又何论行？"①

可知，陆陇其虽极力提倡朱子学说，但他倡导的朱子之学绝非陷入举业的"八股"之学，也非埋没辞章的支离之学，而是能够切实指导人们身心、日用的实用之学。他的这一学术主旨在对子女和弟子教育中体现得尤为明显。

他告诫长子陆定征读书和做人实为一事，要求其将读书之理切实体贴、运用到自身上，避免出现读书、做人相脱节的弊病。他说："读书、做人，不是两件事。将所读之书，句句体贴到自己身上来，便是做人的法，如此方叫得能读书人。若不将来身上理会，则读书自读书，做人自做人，只算做不曾读书的人。"②

他教育三子陆宸征读书要做到身体力行，切忌空读、空谈。他说："古人教人读书，是欲其将圣贤言语身体力行，非欲其空读也。凡日间一言一动，须自省察，曰：'此合于圣贤之言乎？不合于圣贤之言乎？'苟有不合，须痛自改易，如此方是真读书人。"③

他告知弟子席汉翼、席汉廷兄弟学习要做实学，不做空言："所望者，要将圣贤道理身体力行，不要以世俗只作空言耳。"④

因此，陆陇其在批判王学为异端的同时，虽极力倡导朱子学说的复兴，但他所提倡的朱子学说绝非宋代朱熹学说的简单重复，也非明代中叶以后科举之士追捧的"八股"之学，而是切实能够指导身心、规范行为的实有、实用之学。陆陇其的这一治学主旨虽受当时王学清算和"弃虚崇实"学风的影响，但更多的是他个人的生活感受和学习所得。

---

① （清）陆陇其. 三鱼堂文集（卷四）：书四书惜阴录后 [M] // 张天杰. 陆陇其全集（第1册）. 北京：中华书局，2020：105.
② （清）陆陇其. 三鱼堂文集（卷六）：示大儿定征 [M] // 张天杰. 陆陇其全集（第1册）. 北京：中华书局，2020：155.
③ （清）陆陇其. 三鱼堂文集（卷六）：示三儿宸征 [M] // 张天杰. 陆陇其全集（第1册）. 北京：中华书局，2020：169.
④ （清）陆陇其. 三鱼堂文集（卷七）：答席汉翼汉廷 [M] // 张天杰. 陆陇其全集（第2册）. 北京：中华书局，2020：190.

第三节 陆陇其与清初"朱王之争"

一、清初"朱王之争"的学术焦点与格局

早在宋代，朱熹与陆九渊就因治学方法的不同有过激烈的争论，"鹅湖之辨"便是早期朱陆之争的集中体现；元代以后，程朱理学逐渐成为官方哲学，陆学趋于式微；明中叶以后，阳明学说崛起，风行天下，随着《朱子晚年定论》的问世，朱陆之争重新成为学界热点，一直延续到了清初。其实，"朱陆调和"的观点早在朱熹卒后不久就已出现，入元后，朱熹的四传弟子吴澄便持此论，只是这时的"调和"还没有对朱、陆早、晚思想的异同进行划分。进入明代后，学者程敏政作《道一编》始言朱、陆早异晚同，而后阳明《朱子晚年定论》亦持此说。针对此论，与程、王二人同时代的学者陈建作《学蔀通辨》进行驳难，拉开了明代朱陆之争的序幕。

如果说早期的朱陆之争仅仅是学理上的争辩，那么明中叶以后的朱陆之争则伴随着经典的整理与考据，余英时称之为儒学由"尊德性"层次转向"道问学"层次，是"儒家知识主义"的兴起①，而这一学术特征又直接影响到了清初"朱王之争"的争论焦点。程敏政虽作《道一编》言朱陆早异晚同，但他还是只停留在理论的论述层面，并未从经典中去寻找证据，而阳明编定《朱子晚年定论》则从实践方面为朱陆早异晚同的观点张目。阳明为了替其"良知"之学寻找理论依据，重定古本《大学》，不可避免地与儒家原始经典发生了纠缠。当然，统观阳明的学术思想可知，他重定古本《大学》目的就是构建他的"哲学体系"，儒家经典的考证辨伪可以说是无心之举，但这个无心之举却为后来学者的考证辨伪提供了学术空间。正如余英时所论："王阳明便已不能摆脱经典的纠缠，因此，他要编《朱子晚年定论》，要重定《大学》古本。在阳明言，不过借《大学》为他的良知说张目，并以钳反对

---

① 余英时．论戴震与章学诚：清代中期学术思想史研究［M］．北京：生活·读书·新知三联书店，2012：20.

者之口。殊不知这样一来，反而授人以隙，引起此后训诂辨伪种种节外之枝。"①

"朱陆之争"发展到清初，受当时学界王学清算运动的影响，演变为"朱王之争"，争论的焦点集中在支撑双方理论基础的儒家原始经典的辨伪层面，具体体现在以下几个方面：

其一，宗王学者批评朱子学中的"图书派"内容与道教关系密切，朱子所论"先天太极"说实乃"援道入儒"之论。《周易》本为占筮用书，自汉代被立为经后，始称《易经》。《易经》包含经、传两部分内容，经又含"卦"和"爻"两部分内容，传则是对经的解释。易学最早形成的学派是汉代象数派，杜预解释"象"为占卜的结果，"数"是筮法的结果。按照朱伯崑总结，象数派特点有三："其一，以奇偶之数和八卦所象征的物象解说《周易》经传文；其二，以卦气说解释《周易》原理；其三，利用《周易》，讲阴阳灾变。"② 易学发展到宋代，分为义理和图书两派。义理派重视易学传统，有排斥象数之倾向；图书派承袭汉代象数派而来，强调阴阳灾变。南宋易学家朱震曾勾勒了图书派的传授谱系："陈抟以《先天图》传种放，放传穆修，穆修传李之才，之才传邵雍。放以《河图》《洛书》传李溉，溉传许坚，许坚传范谔昌，谔昌传刘牧。穆修以《太极图》传周敦颐，敦颐传程颢、程颐。是时，张载讲学于二程、邵雍之间，故雍著《皇极经世书》，牧陈天地五十有五之数，敦颐作《通书》，程颐著《易传》，载造《太和》《参两》篇。"③ 朱震将周敦颐、二程、张载、邵雍等理学家全部拉进了"图书派"的传授谱系。后朱熹作《周易本义》对义理、图书两派进行整合，成为宋代易学的集大成者。朱熹对图书派的重视，为清初宗王学者批判朱子学"援道入儒"提供了借口。清初，黄宗羲作《易学象数论》、黄宗炎作《图书辨惑》、毛奇龄作《河图洛书原舛编》皆以此为难，而胡渭的《易图明辨》尤为代

---

① 余英时. 论戴震与章学诚：清代中期学术思想史研究［M］. 北京：生活·读书·新知三联书店，2012：308.

② 朱伯崑. 易学哲学史（一）［M］. 北京：昆仑出版社，2009：128.

③ （元）脱脱，等. 宋史（卷四百三十五）：儒林五·朱震传［M］. 北京：中华书局，1985：12908.

表。《易图明辨》开篇即言朱熹《周易本义》实乃易学之厄运："《河图》之象不传，故《周易古经》及注疏，未有列《图》《书》于其前者，有之自朱子《本义》始。《易学启蒙》属蔡季通（按：蔡元定，朱熹弟子）起稿，则又首本《图》《书》，次原卦画，遂觉《易》之作全由《图》《书》，而舍《图》《书》无以见《易》矣。学者溺于所闻，不务观象玩辞，而惟汲汲于《图》《书》，岂非《易》道之一厄乎？"① 其批朱熹"援道"之义甚明。

其二，宗王学者指责《大学》非先秦成书，亦非孔、曾之书。前已言及，朱熹将《大学》分为经、传两部分，言"经"为"孔子之言，曾子述之"，"传"为"曾子之意而门人记之"，并且作《补致知格物传》以改本《大学》。朱熹改定过的《大学》是程朱理学的立论依据，更是他提倡的"致知格物"说的理论基础，现刘宗周弟子陈确撰《大学辨》直指《大学》为秦以后之著作，并非孔、曾圣言，主张将其复归《礼记》，这对朱熹的"格物致知"说，不啻为釜底抽薪。另外，毛奇龄亦有《大学知本图说》以申其义，宗王学者对《大学》的一系列考证，极大地损害和降低了朱子学说的权威。

其三，宗朱学者对《古文尚书》的证伪。对于梅赜所献《古文尚书》的怀疑始于南宋吴棫，后朱熹在《语类》中也多有提及。清初，具有朱学倾向的阎若璩作《尚书古文疏证》，力证梅赜所献之书为伪书，他指出《古文尚书》中"人心惟危，道心惟微；惟精惟一，允执厥中"的十六字心传出于道经，这无疑对陆王心学产生了严重打击。"危微精一"的十六字心传作为陆王心学的立论依据，备受宗王学者重视，虽朱熹也偶有论及，但远不及宗王学者重视。为此，毛奇龄特撰《古文尚书冤辞》与之抗衡，但亦难挽颓势。

以上三个部分虽然体现的都是考据学方面的成果，但背后却隐藏着朱、王争论的焦点②。陆陇其作为清初"尊朱辟王"的代表，论学自然也体现在对《周易》《古文尚书》《大学》等原始典籍的关注上，诸如《三鱼堂文集》卷一依次收录了陆氏所作之《太极论》《河图洛书说》《阅詹先生太极河洛洪范诸解疑》《理气论》《书周易八图说后》《考古文尚书》《书古文尚书考后》

---

① （清）胡渭 . 易图明辨（卷一）［M］. 郑万耕，点校 . 北京：中华书局，2008：2.
② 余英时 . 论戴震与章学诚：清代中期学术思想史研究［M］. 北京：生活·读书·新知三联书店，2012：346-350.

《大学答问八条》诸篇，集中反映了他对当时学者考辨《周易》《河图》《洛书》《古文尚书》《大学》的态度和立场①。

如果说围绕原始经典的辨伪引起的驳难是清初朱、王学者的私下交锋，那么，《明史》馆拟立《道学传》引起的学术论辩则是这种交锋由私下放到明面的表现②。康熙十八年（1679），清廷诏开《明史》馆，以徐乾学为监修。史馆开馆之即，便遇到了"如何为阳明立传？"的极大难题。以往正史对于儒家学者只设《儒林传》，《宋史》始立《道学传》将北宋五子、朱熹、张栻及部分程朱门人纳之，以示理学正宗；而对于非程朱一派的理学家如陆九渊、吕祖谦、陈亮等学者则入《儒林传》，以示差异。徐乾学欲效《宋史》立《理学传》，将明代程朱一派学者纳入，而立陈献章、湛若水、王阳明等具有心学倾向的理学家于《儒林传》，此论一出，便引起了宗朱和宗王学者的极力反对。宗朱学者尤以张烈为代表，其撰《王学质疑》从"性即理""致知格物""知行合一"等三个方面论证王学为异端，阳明等人不应入《道学传》；宗王学者以毛奇龄为代表，其作《折客辨学文》对张烈批评王学之观点加以反击，但他同样认为阳明等人不宜入《道学传》，原因在于"道学"有"道家之学"的嫌疑，较易混淆儒、道。最终，《明史》馆拟立《道学传》一事随着黄宗羲所作《移史馆论不宜立理学传》而作罢，但阳明亦未入《儒林传》，而立于勋臣传中，且馆臣对其学术有"矜其创获，标异儒先，卒为学者

---

① 陆陇其对于当时学者考辨《周易》《河图》《洛书》《大学》及《古文尚书》均持否定态度，认为朱熹均已考核明白，无须再疑。其在《河图洛书说》开篇即对当时学者怀疑经典的做法展开批评，其言："甚矣，好奇者之无穷也。先儒之成说，不难尽之，而自逞其意见，以为不如是，不足以为奇也。天下见其说之奇，而反疑先儒之未必尽当，其惑后学岂不甚哉。"［（清）陆陇其. 河图洛书说［M］//张天杰. 陆陇其全集（第1册）. 北京：中华书局，2020：3.］陆氏对宗王学者考辨《周易》《大学》持批判态度可以理解，但他同样也对宗朱学者辨伪《古文尚书》持否定态度，这颇令人费解。依笔者愚见，其原因大致有二：其一，陆氏尊朱甚严，所学皆以朱子为准，朱子虽对《古文尚书》有所疑，但"固终信之，而不敢疑也"［（清）陆陇其. 书古文尚书考后［M］//张天杰. 陆陇其全集（第1册）. 北京：中华书局，2020：16.］；其二，陆氏指责王学为异端，批判的重点在于"无善无恶心之体"和"以知觉为性"，强调的是王学援佛入儒，而于《古文尚书》中提到的十六字心传是否源于道经，则不甚注意。

② 张涛，任利伟.《宋史·道学传》在清代的论争及影响［J］. 河北学刊，2008（6）：79-83；雷平. 朱陆之辨在清初的延续：由《明史》"道学传"引发的争议［J］. 湖北大学学报（哲学社会科学版），2011（2）：94-98.

讯"之微词。

关于《明史》是否宜立《道学传》一事，徐乾学亦曾致书陆陇其加以咨询，陆氏在《答徐健庵先生书》中表明了自己反对《明史》立《道学传》的观点，其曰：

> 《宋史》作《道学传》，前史所未有，盖以周、程、张、朱，绍千圣之绝学，卓然高出于儒林之上，固特起此例以表之，犹之以世家尊孔子耳。后世儒者述周、程、张、朱之道，不必尽列道学传也。非必薛、胡诸儒，不及周、程、张、朱，但"作"与"述"，则须有辨。道学未明，创而明之，此"作"者之事也；道学既明，因而守之，此"述"者之事也。虽其间辟邪崇正，廓清之功不少，要皆以宋儒所已明者而明之，初非有加于宋也。于《明史》中去此（按：指《道学传》）一目，以示特尊濂、洛、关、闽之意，亦可以止天下之好"作"而不好"述"，未尝窥见先儒之源委本末，而急欲自成一家者。且以"道学"二字论之，道者，天理之当然，人人所当学也。既为儒者，未有可不知道学；不知道学，便不可为儒者。自"儒林"与"道学"分，而世之儒者，以为道学之外，别有一途，可以自处；虽自外于道，犹不失为儒。遂有俨然自命为儒，诋毁道学而不顾者，不知《宋史·道学》之目，不过借以尊濂、洛诸儒，而非谓儒者可与道学分途也。今若合而一之，使人知道学之外，别无儒者，于以提醒人心，功亦不小。尊《道学》于《儒林》之上，所以定儒之宗；归《道学》于《儒林》之内，所以正儒之实。《宋史》《明史》，相为表里，不亦可乎？①

陆陇其从《宋史》立《道学传》的背景着手分析，在宏观层面详细论述了《明史》中《道学传》不可立的原因。概言之，理由有三：一是《宋史》所立《道学传》，原因在于周、程、张、朱等大儒对于学术的贡献已超出《儒林》所载之范围；二是于学术本身而言，"作"和"述"的意义不同，周、

---

① （清）陆陇其. 三鱼堂文集（卷五）：答徐健庵先生书［M］//张天杰. 陆陇其全集（第1册）. 北京：中华书局，2020：121-122.

程、张、朱等大儒是"创道者"的身份，他们对于学术的贡献是属于"作"的范畴，而薛、胡等明儒是"守道者"的身份，他们对于学术的贡献是属于"述"的范畴；三是道学和儒学不可割裂开来对待，儒者必然知晓道学，而非道学外还有其他儒学，引文中的"世之儒者，以为道学之外，别有一途"即指毛奇龄分道学、儒学为两端而言。基于以上三点理由，陆陇其认为明儒不同于宋儒，《明史》也不必尽学《宋史》，"史有特例，后人不必尽学"，两者互为表里即可。

陆陇其除了从宏观层面论述《明史》不应立《道学传》，还对明代学者的学术特征进行分析，从微观层面阐释《明史》不当立《道学传》。他说：

> 至以诸儒之学言之，薛、胡固无间然矣。整庵之学，虽不无小疵，然不能掩起大醇。其论理气处可议，其辟阳明处不可议。薛、胡而下，首推整庵，无可疑者。仲木（吕柟）、少墟（冯从吾）、泾阳、景逸，守道之笃，卫道之严，固不待言，然其精纯，恐皆未及薛、胡。景逸、泾阳，病痛尤多。其于阳明，虽毅然辟之，不少假借，然究其实，则有未能尽脱其藩篱者。其所深恶于阳明者，无善无恶一语，而究其所谓善，仍不出虚寂一途。言有言无，名异实同。故其大节彪炳，诚可廉顽立懦，而谓其直接程、朱，则恐未也。以《宋史》尊程、朱之例尊之，亦不无可商。①

陆陇其对有明一代学者的学术特征进行了简单总结。在他看来，如果《明史》立《道学传》，那么阳明一派是异端曲学，是绝对不可以入《道学传》的，这在他反对陆九渊、陈献章、王阳明入祀孔庙时已经表现得非常明显了。至于明代的宗朱学者，他指出仅薛瑄、胡居仁、罗钦顺三人能传程朱之学，可谓醇儒，其后吕柟、冯从吾、顾宪成、高攀龙等学者虽能守程朱章法，却学术未纯，尤其顾宪成、高攀龙杂阳明于程朱，不可谓程朱正脉，所以诸儒也皆不宜入《道学传》，特别加以表彰。

---

① （清）陆陇其．三鱼堂文集（卷五）：答徐健庵先生书［M］//张天杰．陆陇其全集（第1册）．北京：中华书局，2020：122.

二、陆陇其与汤斌的学术论辩

清初的"朱王之争"与宋代的"朱陆之争"有着明显的不同：朱子和象山的争辩主要是理学内部学术思想正统的争夺，争辩的焦点在于治学方法上的认同；清初的"朱王之争"是在王学遭到大力清算的背景下，宗王学者为了维护王学的正统地位而被迫做出反击的学术争辩活动，双方争辩的焦点已不再是治学方法上的认同，而是转向了"王学是否为异端"这一学术性质的归属问题。在这场争辩中，宗朱学者尤以陆陇其为代表，宗王学者则以汤斌为代表，他们之间的学术争辩影响最大，也最具代表性，反映了理学在清初的最终学术走向。

汤斌（1627—1687），字孔伯，号荆岘，晚年号潜庵，河南睢州（今睢县）人。顺治九年（1652）进士，康熙十七年（1678）举博学鸿儒，授翰林院侍讲，参修《明史》，后任江苏巡抚，礼部、工部尚书。从学孙奇逢，治学以陆、王为宗，兼采程、朱，重力行而不尚讲论。著有《洛学编》《潜庵语录》《汤子遗书》等。

陆陇其与汤斌的学术论辩发生在康熙二十二年（1683）其赴京补职期间。康熙二十二年六月，陆陇其抵京就职，七月，汤斌来会。汤斌对于当前学界的王学清算运动表示反对，陆陇其因二人并未深交，没有当即做出回应。吴光酉《陆稼书先生年谱》记载了这一情况：

> 汤言："今学者好排击先儒，不知应如此否？"先生云："大抵为姚江而发。"酉按：汤公天资朴茂，人品清高，为一代伟人。第其师门授受，犹不能脱良知家窠臼，所以卒不能接洛、闽之传。其所谓今学者，意盖在石门（吕留良），且借以讽先生也。先生以未深交，弗与骤辨。他日以书论姚江之失，兼录旧所作《学术辨》示之，冀其自悟耳。①

吴光酉所言"他日以书论姚江之失"是指四个月之后，即康熙二十二年

---

① （清）吴光酉，郭麟，周梁，等. 陆陇其年谱［M］. 褚家伟，张文玲，点校. 北京：中华书局，1993：88.

十一月，陆陇其作《上汤潜庵先生书》并附旧作《学术辨》对汤斌之前所论进行了回应。其书云：

> 然知先生素敦淳古之风，不欲学者诋毁先儒，以开浇薄之门。若直陈所见，妄论先儒得失，恐迹涉诋毁，以蹈于浇薄之咎，是以踟蹰而未敢陈。退而思之，诋毁先儒者，学者之大病也。辨别是非者，又学者之急务也。使避诋毁之迹，混是非而不辨，恐有适越而北辕之病。……陇其尝窃以为孔、孟之道，至朱子而大明……学者舍是（按：朱子之学）而欲求孔、孟之道，犹舍规矩、准绳，而欲成室也，亦理所必无矣……自阳明王氏目为影响支离，倡立新说，尽变其成法，知其不可，则又为《晚年定论》之书，援儒入墨，以伪乱真。天下靡然响应，皆放弃规矩，而师心自用，学术坏而风俗气运随之，比之清谈之祸晋，非刻论也。今之君子，往往因其（王阳明）功业显赫，欲为回护，此诚尊崇往哲之盛心。然尝闻之前辈所纪载，其功业亦不无遗议。此姑无论，即功业诚高，不过泽被一时；学术之僻，则祸及万世。岂得以此而宽彼哉……若以诋毁先儒为嫌，则阳明固尝比朱子为杨、墨，洪水猛兽矣。是以古之诋毁先儒者，莫若阳明也。今夫黜阳明，正黜夫诋毁先儒者也。何嫌何疑乎？①

在信中，陆陇其首先解释了自己当时没有马上表达意见的原因。接着，他就汤斌回护王学的观点进行了反驳，理由有四：其一，学者批评王学，并非为了诋毁先儒，以开浇薄之门，实乃辨明学术为学者之急务，如因怕诋毁先儒而不去辨明学术是非，那么就犯了南辕北辙之病；其二，朱子学为正学，王学为异端，当前欲救学术之弊，必须尊朱子而黜阳明，因为"阳明之学不熄，则朱子之学不尊"②；其三，学者不应因阳明的功业而回护其学术，因为

---

① （清）陆陇其．三鱼堂文集（卷五）：上汤潜庵先生书［M］∥张天杰．陆陇其全集（第1册）．北京：中华书局，2020：113-115.

② （清）陆陇其．三鱼堂文集（卷五）：上汤潜庵先生书［M］∥张天杰．陆陇其全集（第1册）．北京：中华书局，2020：115.

功业不过惠及一时，而学术之谬却祸乱万代；其四，若以诋毁先儒为嫌，那么阳明实开其端，阳明曾将朱子比作杨、墨之学及洪水猛兽，现学者将阳明之学比之杨、墨，正好是摒弃诋毁先儒者。

针对陆陇其的反驳，汤斌收到书信后，随即进行了答复，他在《答陆稼书书》中为自己的观点进行了辩解。他首先对陆陇其坚持"朱子学为孔孟之正学"的观点表示了赞同："来谕云：'孔孟之道，至朱子而大明。学者但患其不行，不患其不明。但当求入其堂奥，不当又自辟门户。'此不易之定论也。"① 并申明自己宗奉朱学为正学的立场，"其后学稍进，心稍细，甚悔之。反复审择，知程朱为吾儒之正宗。欲求孔孟之道而不由程朱，犹航断港绝，潢而望至于海也，必不可得矣。故所学虽未能望程朱之门墙，而不敢有他途之归"②。接着，他又从四个方面为自己反对学者批判王学的观点进行了辩解。

第一，汤斌指出，清初的王学清算运动虽然有助于程朱之学的复兴，但是也带来了学术浇漓的弊病。究其原因就在于很多学者打着"尊朱辟王"的旗号行私利之实，这些学者或沉溺于私欲或品行低劣或毫无学术创见，他们皆以"辟王"为时尚，同名公大儒相互唱和，俨然一副"卫道者"的面孔，最终导致学术浇漓、人心向伪。其言："若夫姚江之学，嘉隆以来几遍天下。近年有一二巨公倡言，排之不遗余力，姚江之学遂衰，可谓有功于程朱矣！然海内学术浇漓日甚，其故何与？盖天下相尚，以伪久矣。巨公倡之于上，随声附和者多。更有沉溺利欲之场，毁弃坊隅，节行亏丧者，亦皆著书镂板，肆口讥弹，曰：'吾以趋时局也！'亦有心未究程朱之理，目不见姚江之书，连篇累牍，无一字发明学术，但抉摘其居乡居家隐微之私，以自居卫道闲邪之功。"③

第二，汤斌批评当前学者在批判王学时，不是着眼于学术上的争辩，而是将批判的重点放在了阳明的功业和生活隐私上，批判的性质也不是学理上的辨析，而是毫无根据的谩骂。他说："惟学术所关，不容不辨，如孟子所谓

---

① 范志亭，范哲．汤斌集（上）［M］．郑州：中州古籍出版社，2003：189.

② 范志亭，范哲．汤斌集（上）［M］．郑州：中州古籍出版社，2003：189.

③ 范志亭，范哲．汤斌集（上）［M］．郑州：中州古籍出版社，2003：189.

不得已者可也。今舍其学术而毁其功业，更舍其功业而讦其隐私，岂非以学术精微，未尝探讨，功业昭著，未易诋诬，而发隐微无据之私，可以自快其笔舌？此其用心，亦欠光明矣！在当年桂文襄之流，不过同时忌其功名，今何为也？责人者贵服人之心，自古讲学，未有如今之专以谩骂为能者也！"① 这样的批判，在汤斌看来丧失了学术争辩的本意，是不能令人信服的。故而，他发出了"自古讲学，未有如今之专以谩骂为能者也！"的感叹。

第三，汤斌认为，时人常以阳明比杨、墨，以自己比孟子，孟子辟杨、墨，皆能击中要害，所倡知言、养气、性善、尽心之学足以救杨、墨之弊，而今学者黜阳明却未能如孟子辟杨墨，痛击其学术，令人信服。故其曰："夫阳明之果为杨墨否，故未暇论。窃以为孟子得孔子之心传者，以其知言、养气、性善、尽心之学，为能发明圣人之蕴也。盖有所以为孟子者而后能辟杨墨，熄邪说，闲先圣之道。若学术不足继孔子，而徒日告于人曰：'杨墨无父无君也，率兽食人也。'恐无以服杨墨之心，而熄其方张之焰矣。孟子曰：'今之与杨墨辨者如追放豚，既入其苙又从而招之。'则知当日之与杨墨辨者亦不乏人矣。今无片言只字之存，则其不足为轻重可知也。然则杨墨之道不传于今者，独赖有孟子耳。今不务为孟子之知言养气，崇仁义，贱功利，而但与如追放豚之流相颉颃焉，其亦不自重也已。"②

第四，针对陆陇其信中"阳明比朱子为洪水猛兽，开诋毁先儒之先"之论，汤斌认为，阳明诋毁朱子是阳明之罪，然今人诋毁阳明，其法亦不可取，因为诋毁先儒如两口角骂，于学术无益，况今人学术、功业亦不及阳明。他为阳明辩解道："来谕云：'阳明尝比朱子于洪水猛兽，是诋毁先儒，莫阳明若也，今亦黜。'夫毁先儒者耳，庸何伤？窃谓阳明之诋朱子也，阳明之大罪过也，于朱子何损？今人功业文章，未能望阳明之万一，而止效法其罪过，如两口角骂，何益之有？恐朱子亦不乐有此报复矣！"③

最后，汤斌再次强调其不批判阳明，并非笃信阳明之学，恰恰是遵守朱子之学的表现。他说："故仆之不敢诋斥阳明者，非笃信阳明之学也，非博长

---

① 范志亭，范哲．汤斌集（上）［M］．郑州：中州古籍出版社，2003：189.
② 范志亭，范哲．汤斌集（上）［M］．郑州：中州古籍出版社，2003：190.
③ 范志亭，范哲．汤斌集（上）［M］．郑州：中州古籍出版社，2003：190.

厚之誉也，以为欲明程朱之道者当心程朱之心，学程朱之学。穷理必极其精，居敬必极其至。喜怒哀乐，必求中节；视听言动，必合于礼；子臣弟友，必求尽分。久之人心咸孚，声应自众。即笃信阳明者，亦晓然知圣学之有真也，而翻然从之。"①

汤斌作为康熙帝近臣，深得信任，而康熙帝笃信程朱理学，其亦不可能不知，该信作后不到一年（康熙二十三年，1684），他便被特简为江苏巡抚。由于政治上的缘故，再加上陆陇其作为当时"尊朱辟王"的典型，他在回信中对于王学的回护表达得比较委婉，姿态所放亦较低，不像其师孙奇逢那样明确表彰阳明之学。

清初的"朱王之争"在某种意义上是清初朱学和王学争夺儒学正统地位的表现，然而，不管是朱学还是王学，它们与本来的朱子学和阳明学已表现出很大的差异，具有明显的时代烙印，学风趋向"崇实"是它们共同的学术走向。随着"崇实"学风的不断演进，它们逐渐被以"实学"为主要特征的"考据学"所取代。

---

① 范志亭，范哲. 汤斌集（上）[M]. 郑州：中州古籍出版社，2003：190.

第四章

引"道"就"器"：陆陇其对朱子学形上思想的"实学化"重建

清初朱子学的复兴是一场儒学思想正统地位重建的学术运动，受晚明王学放诞和空疏的刺激，清初学者在推动朱子学复兴时，首先注目的便是朱子学中含有"经世"色彩的"形下"实学，他们不再热衷于心性理气的义理阐发，而是寄希望于朱子学中道德原则和规范的实践，进而重新唤起因王学注重个体意志自由的满足而忽略掉的治国平天下的社会责任感及道德秩序的约束感。需清楚的是，对朱子学中"形下"内容的重视仅仅是清初学者复兴朱子学的第一步，他们欲为"形下"内容寻找理论支撑，不得不再次把眼光放到心、性、理、气等"形上"内容上。然而，为了避免陷入"空谈心性"的弊端，他们又不得不对朱子学中的"形上"内容进行"实学化"的改造，这一改造由陆世仪开其端，而最终完成于陆陇其。

第一节 对朱子学本体论概念的"形下"诠释

一、太极：太极在人身

儒学自孔子始就特别注重人在社会生活中的具体实践和行为规范，而于心性天道之学却不甚深究，《论语·公冶长》载子贡所言："夫子之文章，可得而闻也；夫子之言性与天道，不可得而闻也。"足可说明其治学之趣旨。隋唐时期，佛、道盛行，儒学式微，儒家学者为了"辟二氏归儒"，不得不从佛、道关心的心性理道等方面入手，在源头上探讨人与人、人与物及人与自然等宇宙生成方面的问题,进而阐发儒学中的天道性命之说。其中,尤以北宋的周敦颐撰《太极图》及《太极图说》阐释"太极"之义而开其端。

周敦颐(1017—1073),字茂叔,湖南道州人(今湖南道县),学者称为濂溪先生。儒学自他始,转向了性与天道之义的精微阐发,道学亦由此兴起,故其被尊为道学开山之祖。周氏论学先从"太极"之动、静开始。其言:

> 无极而太极。太极动而生阳,动极而静;静而生阴,静极复动。一动一静,互为其根;分阴分阳,两仪立焉。阳变阴合,而生水、火、木、金、土。五气顺布,四时行焉。五行,一阴阳也,阴阳,一太极也。太极,本无极也。①

"太极"一词就目前已知文献看,最早出现在《周易》的《系辞》中,《系辞上》有言:"易有太极,是生两仪,两仪生四象,四象生八卦。"但是,"太极"在《周易》中的意义并不明确,后唐代的孔颖达作《周易正义》,将其解释为"元气":"太极谓天地未分之前,元气混而为一,即是太初、太一也。"② 孔颖达的这一解释为宋代学者所继承,故周敦颐所言之"太极"实指天地未分前的混沌状态,即宇宙之原始实体。由于混沌无边无限、无始无终,故而又称"无极而太极"。周敦颐指出,作为宇宙原始实体的太极元气处于动静不断交替的状况之中,太极元气动而生"阳"气,静而生"阴"气,阴、阳二气的变化交合生水、火、木、金、土之五行,"五行"遂成建构自然界的五大要素,各具特殊性质的这五种要素又相互组合生成万物。

人诚然亦属于万物之一种,那么人与人、人与物、人与自然的关系如何?人在宇宙中处于何种地位?也即如何从宇宙的生成过渡到以人为中心的人生修养?周敦颐指出,万物之中独人之配合最为完美,他说:

> 乾道成男,坤道成女,二气交感,化生万物。万物生生,而变化无

---

① (宋)周敦颐.周敦颐集 [M].梁绍辉,徐荪铭,等校点.长沙:岳麓书社,2007:5-6.

② (魏)王弼,(唐)孔颖达.周易正义 [M].北京:中国致公出版社,2009:277.

穷焉。惟人也，得其秀而最灵。形既生矣，神发知矣，五性感动而善恶分，万事出矣。圣人定之以中正仁义而主静，立人极焉。①

周氏认为，由于阴阳五行配合方式不同，故万物秉性各异，而万物中唯人配合得最为完美与灵秀，这种完美与灵秀主要体现在人具有辨别是非善恶的知觉能力和思维能力，人之中尤以圣人最为灵秀，制定"中正仁义"的道德原则作为人类社会的准则（即"立人极"）。

《周易》作为儒家经典，周敦颐利用《系辞》中的"易有太极，是生两仪"建构成了一个以"太极"为本体的宇宙论体系，合理地解释了人在宇宙中所处的地位及其面临的各种关系，将儒学中罕言的性与天道之学融为一体，开拓了儒学发展的新道路。周氏之后，张载、邵雍、二程均对"太极"做出过解释，其中张载以"太和"（气）言"太极"、邵雍以"阴阳刚柔之四象"言"太极"、二程以"天理"言"太极"，直到南宋朱熹作《太极图说解》对周氏之《太极图说》重新进行了注解，"太极"的概念才基本得以明确。

朱熹的解释是建立在二程注解基础之上的，他以"理"来言"太极"，他说："太极只是一个'理'字。"② 又说："太极只是天地万物之理。在天地言，则天地中有太极；在万物言，则万物中各有太极。未有天地之先，毕竟是先有此理。动而生阳，亦只是理；静而生阴，亦只是理。"③ 又说："有是理便有是气，但理是本，而今且从理上说气。"④ 在朱熹这里，"太极"与"阴阳"的关系就是理与气之间的关系，它们之间是以体用、道器的形式存在的。他在《太极图说解》中解"太极动而生阳，动极而静；静而生阴，静极复动。一动一静，互为其根；分阴分阳，两仪立焉"时说：

---

① （宋）周敦颐 . 周敦颐集 ［M］. 梁绍辉，徐苏铭，等校点 . 长沙：岳麓书社，2007：6-7.

② （宋）黎靖德 . 朱子语类（卷一）：理气上 ［M］. 王星贤，点校 . 北京：中华书局，2020：2.

③ （宋）黎靖德 . 朱子语类（卷一）：理气上 ［M］. 王星贤，点校 . 北京：中华书局，2020：1.

④ （宋）黎靖德 . 朱子语类（卷一）：理气上 ［M］. 王星贤，点校 . 北京：中华书局，2020：2.

太极者，本然之妙也；动静者，所乘之机也。太极，形而上之道也；阴阳，形而下之器也。是以自其著者而观之，则动静不同时、阴阳不同位，而太极无不在焉。自其微者而观之，则冲漠无朕，而动静阴阳之理已悉具于其中矣。虽然，推之于前而不见其始之合；引之于后，而不见其终之离也。故程子曰："动静无端，阴阳无始。"非知道者，孰能识之！"①

这是说，理（太极）是本体，是阴阳动静存在的根据，属于道的"形上"层面；气的阴阳动静则是理借以表现的外在过程，属于器的"形下"范畴。理与气在时间上都没有开始和终结，两者是相互依存、体用一源的关系。接着，他的论述又从宇宙生成过渡到了人性修养方面，他指出"太极"存于万物之中，故性为万物所有："自男女而观之，则男女各一其性，而男女一太极也。自万物而观之，则万物各一其性，而万物一太极也。盖合而言之，万物统体一太极也；分而言之，一物各具一太极也。所谓天下无性外之物，而性无不在者，于此尤可以见其全矣。"② 然而，万物之性中唯人性最为"灵秀"，可以在圣人制定的"中正仁义"的道德原则指导下战胜情欲。朱熹解释"惟人也，得其秀而最灵。形既生矣，神发知矣，五性感动而善恶分，万事出矣"时说：

盖人物之生，莫不有太极之道焉。然阴阳五行，气质交运，而人之所禀独得其秀，故其心为最灵，而有以不失其性之全，所谓天地之心，而人之极也。然形生于阴，神发于阳，五常之性，感物而动，而阳善、阴恶又以类分，而五性之殊散为万事。盖二气五行，化生万物，其在人者又如此。自非圣人全体太极有以定之，则欲动情胜，利害相攻，人极

---

① （宋）朱熹．太极图说解［M］//朱杰人，严佐之，刘永翔．朱子全书（第13册）．上海：上海古籍出版社，合肥：安徽教育出版社，2002：72~73.

② （宋）朱熹．太极图说解［M］//朱杰人，严佐之，刘永翔．朱子全书（第13册）．上海：上海古籍出版社，合肥：安徽教育出版社，2002：74.

不立，而违禽兽不远矣。①

人、物各有太极（理），亦各具其性。阴阳五行的动静变化会生成气质，进而干扰太极之道的运行，即气质之性干扰天命之性的发挥。然人、物中唯人禀得其秀，其心也最灵，可以通过遵循圣人确立的人极（中正仁义）来确保性不偏失，至于人如何遵循中正仁义的道德准则，则涉及修养工夫的问题。

周敦颐的《太极图说》利用儒家经典《周易·系辞》中的"太极"概念，建构了一个"无极而太极，太极动而生阳，静而生阴"的宇宙发展模式，打通了儒家学说中的性与天道之学。然而，《太极图说》的内容过于简约，对于"太极""无极"的内涵及"人何以最为灵秀""人与人之间为何存在善恶的差别"等问题都没有做出过多的阐释。所以，朱熹后来著《太极图说解》对周氏《太极图说》的内容进行了详细的阐释，他以"理"来解释"太极"，将周氏提出的宇宙发展模式纳入了他的理气体系内，并通过论述"万物一太极"及"一物各具一太极"，划分了气质之性与天命之性，弥补了儒家性善论未能在性与天道之间建立联系的缺陷②，构成了他的"天理（本体）—天命之性与气质之性（人性）—格物穷理（工夫）"这样一个逻辑严谨的"理"本论的思想体系。需清楚的是，周敦颐的《太极图说》主要是为了阐发儒学中的"性与天道"之学，其理论的重点在于强调儒学"形而上"的天道内容，同样，朱熹作《太极图说解》，他阐释发挥的内容也自然以"形而上"的天道部分居多。

朱熹为理学大家，加之他将"太极"的含义纳入了逻辑严谨的"理学"体系中，所以，他对《太极图说》的解释成为后世学者研究"太极"的准

---

① （宋）朱熹. 太极图说解［M］//朱杰人，严佐之，刘永翔. 朱子全书（第13册）. 上海：上海古籍出版社，合肥：安徽教育出版社，2002：74.

② 朱熹不满于孟子论性善只讲结果不究根源，他认为孟子的"性善论"没有阐明性的本体和来源，没有说明人物之性与天地之理的关系，他说："孟子亦只是大概说性善。至于性之所以善处，也少得说。须是如说'一阴一阳之谓道，继之者善也，成之者性也'处，方是说性与天道尔。"［（宋）黎靖德. 朱子语类（卷二十八）［M］. 王星贤，点校. 北京：中华书局，2020：884.］现在他分阴阳动静为气质，从根本上弥补了孟子"性善论"性与天道未能联系的缺陷。

绳。明代中叶后，随着王阳明心学的崛起，阳明学者以"心"言"理"，那么朱熹以"理"来解"太极"自然就被阳明学者以"心"来解"太极"所替代。"理"在朱熹那里主要指的是人类社会"仁义礼智信"的道德法则，而"心"在阳明学者那里主要指的是"本心的发挥"，这样的替代，就使得"太极"这一本来具有自然和社会法则性质的实体概念被转换成了毫无尺度衡量的"本心"的虚体概念。清初，随着崇实学风的兴起及朱子学的复兴，"太极"这一程朱理学的最高范畴重新被学者所提及并加以诠释，其中有所创见，并能发挥朱子之意者，尤以陆陇其为代表。

陆陇其晚年作《太极论》重点阐发了"太极"的含义，提出了"明人身之太极"的思想，他说：

> 论太极者，不在乎明天地之太极，而在乎明人身之太极。明人身之太极，则天地之太极在是矣。先儒之论太极，所以必从阴阳五行、天地生物之初言之者，惟恐人不知此理之原，故溯其始而言之，使知此理之无物不有、无时不然，虽欲顷刻离之，而不可得也。学者徒见先儒之言阴阳，言五行，言天地万物，广大精微，而不从我身切实求之，则岂前贤示人之意哉？①

陆陇其认为，人们不应当探寻天地之太极，而应明白人身之太极。因为，天地之太极言阴阳、五行，广大精微，玄虚难以把握，不如人身之太极实在易求，且天地之太极和人身之太极在本质上是相同的，明白了人身之太极也就掌握了天地之太极。他指出，先儒（指程朱）论述"太极"之所以必先从阴阳五行、天道生物等天地之太极言起，就在于他们担心学者不了解"理"的本原，并非为了让人们去寻求天地之太极，他们的目的还在于让人们从自身上寻求人身之太极。接着，他进一步论述了"太极存于吾身"的观点，他说：

---

① （清）陆陇其．三鱼堂文集（卷一）：太极论［M］∥张天杰．陆陇其全集（第1册）．北京：中华书局，2020：1.

若是者，岂必远而求之天地万物，而太极之全体，已备于吾身矣。由是以观天地，则太极之在天地，亦若是而已；由是以观万物，则太极之在万物，亦若是而已。天地万物，浩浩茫茫，测之不见其端，穷之莫究其量，而莫非是理之发见也，莫非是理之流行也，莫非是理之循环而不穷也。高明博厚不同，而是理无不同也；飞潜动植有异，而是理无异也。是理散于万物，而萃于吾身；原于天地，而赋于吾身。是故善言太极者，求之远，不若求之近；求之虚而难据，不若求之实而可循。①

陆陇其指出，天地万物的具体表象及运行变化都是"太极"的存在，"太极"存于天地万物之间，同样也"萃于吾身""赋于吾身"，故而，太极之全体备于人身。这实际上还是朱熹"万物统体一太极"和"一物各具一太极"思想的翻版。但他又强调，天地之太极"测之不见其端""穷之莫究其量"，太过高远虚无，不如人身之太极切近笃实，易于把握，"求之虚而难据，不若求之实而可循"，故他主张求远不如求近，求虚不如求实。

陆陇其将"太极"探寻的重点从形上之天道转移到了形下之人道，并明确强调要从"我身切实求之"，使得"太极"这一抽象、玄虚的概念变得具体和实在。随后，他又明确了"太极"从"我身切实求之"的方法及"太极"在人类社会中的具体表现，其言：

学者诚有志乎太极，惟于日用之间，时时存养，时时省察，不使一念之越乎理，不使一事之悖乎理，不使一言一动之逾乎理，斯太极存焉矣……分而为五常，发而为五事，布而为五伦，是即太极之阳变阴合而生水、火、木、金、土也。以之处家则家齐，以之处国则国治，以之处天下则天下平，是即太极之成男成女，而万物化生也。合吾身之万念万事，而无一非理，是万物统体一太极也；即吾身之一念一事，而无之非理，是一物各具一太极也。不越乎日用常行之中，而卓然超绝乎流俗，

---

① （清）陆陇其．三鱼堂文集（卷一）：太极论［M］∥张天杰．陆陇其全集（第 1 册）．北京：中华书局，2020：2-3.

是太极之不离乎阴阳，而亦不杂乎阴阳也。①

这是说，人们在日常生活中如果时时存养、时时省察，使自己的意念、处事、言行、举止都合乎理，便是探寻到了"太极"，便是明理。在他看来，五常、五事、五伦等道德秩序都是"太极"阴阳交合在人类社会中的具体表现，它们对应的是宇宙中的水、火、木、金、土等五种元素，属于朱熹讲的"万物统体一太极"；而人在日常生活中具体实践的齐家、治国、平天下等道德践履则是"太极"在人类社会中散殊的表现，属于朱熹讲的"一物各具一太极"。陆氏重点发挥了朱熹"万物统体一太极"及"一物各具一太极"的思想，其目的在于强调"太极"（理）具体存于人们生活的日用之间，但它不受日用气质的浸染，可以卓然超绝地存在。所以，人们在格物穷理时，应当关注日用生活中具体的道德实践，而不应追寻悬远难知的天道之理。

"太极"在宋明理学中具有宇宙本体或本原的意义，尤其在程朱理学体系中，它的地位是同"理"相当的，朱熹常以"理"来解释"太极"，并在"太极阴阳动静"的基础上建构了一个逻辑严谨的理学体系。清初朱子学复兴，作为程朱理学本体论基础的"太极"不可能不得到当时学者的关注，但"太极"毕竟属于"形上"的哲学范畴，悬远难知，故而陆陇其便对其进行了重新诠释，强调"太极在人身"和"明乎人身之太极"的形下意义，使得"太极"这一"形上"概念得到了"形下"的诠释。

二、理：理在日用，义理不离事物

"理"字在《说文解字》里被解为"治玉也。从玉，里声"②。从训诂学角度看，其由"玉"和"里"组成，意为"玉石的纹理"，或"顺其纹理而治玉"，这是"理"字的基本含义。后"理"字又引申为管理、治理及官员的意思，《周易·系辞下》中"理财正辞，禁民为非曰义"之"理"便是管理、治理之义，而《左传·昭公十四年》中"士景伯如楚，叔鱼摄理"之

① （清）陆陇其. 三鱼堂文集（卷一）：太极论［M］//张天杰. 陆陇其全集（第1册）. 北京：中华书局，2020：2.

② （汉）许慎. 说文解字［M］. 蔡梦麟，校释. 长沙：岳麓书社，2021：11.

"理"即指官员。"理"字具有哲学意义最早是在《周易》中，《周易·系辞上》言道："易简而天下之理得矣，天下之理得，而成位乎其中矣。"韩康伯注曰："天下之理，莫不由于易简而各得顺其分位也。天下之理得，而成位乎其中矣。"① 孔颖达《周易正义》解释道："'易简而天下之理得矣'者，此则赞明圣人能行天地易简之化，则天下万事之理，并得其宜矣。"② 可知，这里的"理"是指天下万事万物皆处于合适、恰当的位置，可以解为规则、秩序之义，它涵盖了自然之理和人文之理，具有哲学上抽象而普遍的意义。

真正使"理"上升成为哲学的最高范畴，具有丰富的本体论意义，则始于二程。程颢曾言："吾学虽有所受，天理二字却是自家体贴出来。"③ 然"天理"究竟指的是什么？他说："有道有理，天人一也，更不分别。"④ 又说："万物皆有理，顺之则易，逆之则难，各循其理，何劳于己力哉？"⑤ 程颐也讲道："（天道）只是理，理便是天道也。且如说皇天震怒，终不是有人在上震怒，只是理如此。"⑥ 又说："性即理也，所谓理，性是也。"⑦ 可知，在他们看来，"天理"是一个贯通自然与社会的普遍原理，而这个普遍原理又是天人合一的基础，它支配着宇宙、社会和人生，具有同"天"一样高的本体地位。后朱熹又进一步明确了"理"的本体论意义，借助"气"的存在构建了逻辑严谨的"理气论"体系，提出了"理在事先""理一分殊""天命之性与气质之性"等观点，他说：

> 天地之间，有理有气。理也者，形而上之道也，生物之本也；气也者，形而下之器也，生物之具也。是以人物之生，必禀此理然后有性，必禀此气然后有形。⑧

---

① （魏）王弼，（唐）孔颖达. 周易正义［M］. 北京：中国致公出版社，2009：252.
② （魏）王弼，（唐）孔颖达. 周易正义［M］. 北京：中国致公出版社，2009：252.
③ （宋）程颢，程颐. 二程集［M］. 王孝鱼，点校. 北京：中华书局，1981：424.
④ （宋）程颢，程颐. 二程集［M］. 王孝鱼，点校. 北京：中华书局，1981：20.
⑤ （宋）程颢，程颐. 二程集［M］. 王孝鱼，点校. 北京：中华书局，1981：123.
⑥ （宋）程颢，程颐. 二程集［M］. 王孝鱼，点校. 北京：中华书局，1981：290.
⑦ （宋）程颢，程颐. 二程集［M］. 王孝鱼，点校. 北京：中华书局，1981：292.
⑧ （宋）朱熹. 答黄道夫［M］//朱杰人，严佐之，刘永翔. 朱子全书（第23册）. 上海：上海古籍出版社，合肥：安徽教育出版社，2002：2755.

朱熹认为，天地间有理有气，宇宙间万事万物皆由理、气构成，它们禀理为本性，禀气为形体，理为事物的本质和规律，气则为构成事物的材料，理和气之间的关系如同"道"和"器"、"体"和"用"的关系一样。同样，就人类社会而言，人禀理为天命之性，禀气为气质之性。接着，他又说："未有这事，先有这理，如未有君臣，已先有君臣之理；未有父子，已先有父子之理。不成元无此理，直待有君臣父子，却旋将道理入在里面！"① 这就是说，事物在尚未产生时，事物的规律、法则、原理就已经存在，换言之，一切事物的"理"，包括人类社会的各种"理"都是先天永恒存在的，也即"理在事先"。既然"理"是永恒存在的，又体现在宇宙间的一切事物之中，那么这个永恒存在的"理"和体现在各种具体事物之中的"理"是一种什么样的关系呢？为此，朱熹着重阐述了"理一分殊"的观点，他说：

> 本只是一太极，而万物各有禀受，又自各全具一太极尔。如月在天，只一而已，及散在江湖，则随处而见，不可谓月已分也。②

在朱熹看来，如果把整个宇宙看作一个整体，那么这个整体就只有一个太极（理），这个太极便是宇宙的本体，这就是一；如果就每一个事物来看，则每一个事物都禀受了宇宙本体的太极作为自己的性理，这便是分。但需注意的是，每个具体事物的性理和太极的性理是相同的，而并非分得了太极的一部分，所以朱熹又说"盖合而言之，万物统体一太极也；分而言之，一物各具一太极也"，这便是"理一分殊"的思想。"理一分殊"的思想使得天地万物作为一个整体含有的"一"理体现在了各种具体事物之中，而各种具体事物中含有的"理"是散殊的理，它和天地万物的"一"理是相同的，即是说，自然界的各种法则和人类社会的各种原则都是"一"理分殊的表现。因

---

① （宋）黎靖德.朱子语类（卷九十五）：程子之书［M］.王星贤，点校.北京：中华书局，2020：2971.

② （宋）黎靖德.朱子语类（卷九十四）：周子之书［M］.王星贤，点校.北京：中华书局，2020：2938.

而，就人类社会而言，人的认识就是要在人伦日用中见道（分理），在一切具体事物中体认宇宙的普遍原理（一理）。

"理"的概念经过二程的阐发和朱熹的丰富，从最初的"玉石的纹理""管理""治理"之义一跃上升为哲学的最高范畴，与"天道"处于同一地位，使得自然社会的"普遍法则"和人类社会的"必然准则"全部统一到了"天道"的范围内，并且体现在了各种具体事物之中。可知，"道"和"理"在程朱那里是一种先验和超现象的本体存在，就人而言，它先天存于心中，支配人的意识活动，需通过"格物""主敬"等工夫来获得和体认。虽然朱熹一再强调心和理是不同的概念，但在实际生活中人们又常常无法有效地区分"道心"和"人心"，使得心之所发被看作"理"的体现。为此，"理"便遭到了戴震的批判，他说：

> 宋以来儒者，以己之见，硬坐为古圣贤立言之意，而语言文字实未之知。其于天下之事也，以己所谓理，强断行之，而事情原委隐曲实未能得，是以大道失而行事乖……呜呼！今之人其亦弗思矣！圣人之道，使天下无不达之情，求遂其欲而天下治。后儒不知情之至于纤微无憾，是谓理。而其所谓理者，同于酷吏之所谓法。酷吏以法杀人，后儒以理杀人，浸浸乎舍法而论理死矣，更无可救矣！①

又说：

> 古今之治人者，视古圣贤体民之情，遂民之欲，多出于鄙细隐曲，不措诸意，不足为怪；而及其责以理也，不难举旷世之高节，著于义而罪之。尊者以理责卑，长者以理责幼，贵者以理责贱，虽失，谓之顺；卑者、幼者、贱者以理争之，虽得，谓之逆。于是下之人不能以天下之同情、天下所同欲达之于上；上以理责其下，而在下之罪，人人不胜指数。人死于法，犹有怜之者；死于理，其谁怜之？②

---

① （清）戴震. 戴震集［M］. 上海：上海古籍出版社，2009：187-188.
② （清）戴震. 戴震集［M］. 上海：上海古籍出版社，2009：275.

戴震认为，程朱以"心具众理"和"性即理"来言人类社会之理，而这个"理"又具有宇宙本体的意义，是世界万物的法则，必然会导致人们往往以心之知觉、发用作为体认"理"的表现，出现此"以己之见"为理，彼亦"以己之见"为理，使得"理"的标准不能统一，进而产生"以理杀人"的现象。故他说"理"应当在具体事物中求，在心外来求："是故就事物言，非事物之外别有理义也；'有物必有则'，以其则正其物，如是而已矣。就人心言，非别有理以予之而具于心也；心之神明，于事物咸足以知其不易之则，譬有光皆能照，而中理者，乃其光盛，其照不谬也。"① 他解释"理"字为"物理"和"事理"，他说："理者，察之而几微必区以别之名也，是故谓之分理；在物之质，曰肌理，曰腠理，曰文理，得其分则有条而不紊，谓之条理。……古人所谓理，未有如后儒之所谓理者矣。"② 又说："天地、人物、事为，不闻无可言之理者也，《诗》曰'有物有则'是也。物者，指其实体实事之名；则者，称其纯粹中正之名。实体实事，罔非自然，而归于必然，天地、人物、事为之理得矣。"③ 可知，戴震抛开了"理"在程朱那里的"形上"本体意义，强调理存于事物之中，事物之外不存在所谓的"理"，这便否定了程朱"理在事先"的观点，同时，他又主张"理"并非内具于心，否定了程朱"本心即理"的道德主体意义，使心完全恢复到了认知、知觉的功能意义。至此，"理"经过戴震的解释，已经完全从最高哲学范畴转变为普通的名词，从玄虚不可捉摸的宇宙本体转变为了切实可循的事物准则。

其实，在戴震之前，清初朱子学复兴时，陆陇其就已经对程朱理学中"理"的本体意义进行了"实学化"的"形下"诠释。他主张把玄虚、抽象的"理""道"建立在具体、实有的"实事"和"人事"的基础上，提出了"道不外人伦"和"义理不离事理"的观点，反对人们离开"日用常行""实事""人事"去求"理""道"。对于"理""道"的内涵，他这样解释道：

---

① （清）戴震．戴震集［M］．上海：上海古籍出版社，2009：272．
② （清）戴震．戴震集［M］．上海：上海古籍出版社，2009：265．
③ （清）戴震．戴震集［M］．上海：上海古籍出版社，2009：278．

所谓道者，非于吾性之外，别有所谓道。即我性之所固有，而为吾之所必由者；气禀、物欲未用事，而自然大中至正。在物为理，处物为义，皆吾性，则皆吾所当循，这个叫作道。①

陆陇其对于"理""道"的解释已经不再纠结于其作为宇宙本体的形上阐发，而是直言"道"在人类社会中的具体运用。他所理解的"道"重点在"人身"，以人们对"道"的实践为基础，包含两个层面的含义：一是"道"在个人，指的是"道"是人们在日常生活中各种活动的内在根源，换言之，人们的一切活动都是经过内心选择的结果，合理（道）便去实践，不合理（道）便舍弃，而这个"理"（道）正是本性作用的表现，它是一种内心（本心）的主动选择；一是"道"在事物，指的是"道"存在于事物之中，需要人们来实践，人们在日常生活中对于各种事物之道的遵循就是其本性发挥作用的结果，它看重的不再是朱熹"格物穷理"对"理"的体认，而是对已知之"理"（主要指的是伦理学范围内的道德法则）的实践。可知，陆氏所理解的"理""道"的第一层含义类同于程朱的"性即理"的思想，强调"本性"的发挥，而第二层含义却有别于程朱主张的"格物穷理"思想，程朱"格物穷理"的思想侧重于"理"的体认，而陆陇其更看重已知之理在人类社会的运用和实践。

陆陇其对"道"的关注主要体现在"人道"方面，以人的"本性"为基础。他强调的本性主要是指人先天具有的"仁义礼智信"等道德因素，"所谓性者……盖天之生人，即赋之仁、义、礼、智、信之全理"②。因此，他特别注重作为"理""道"的"仁义礼智信"等道德准则的具体运用，他在《钱子辰字说》中说道：

夫圣人之道始乎卑，极乎高；始乎迩，极乎远。其为道不过君臣、

---

① （清）陆陇其．松阳讲义（卷二）：中庸［M］∥张天杰．陆陇其全集（第3册）．北京：中华书局，2020：57.

② （清）陆陇其．松阳讲义（卷二）：中庸［M］∥张天杰．陆陇其全集（第3册）．北京：中华书局，2020：57.

父子、夫妇、长幼、朋友；其教人用力之方，不过学、问、思、辨、笃行；其修于身也不过忠信、笃敬、惩忿、窒欲、迁善、改过；其处事而接物也，不过曰"正其谊不谋其利，明其道不计其功""己所不欲，勿施于人""行有不得，反求诸己"。初无高远、难行之事，杳冥、昏默不可知之理，而造其极，则至于位天地、育万物。①

陆陇其认为，"道"听起来似乎高远难测，但实际上就体现在人们的日常生活中，社会中存在的君臣、父子、夫妇、长幼、朋友等五伦关系，学、问、思、辨、行的为学方法，忠信、笃敬、惩忿、窒欲、迁善、改过的修身原则及"正其谊不谋其利，明其道不计其功""己所不欲，勿施于人""行有不得，反求诸己"的处事态度都是"道"的具体表现。他担忧人们恐"道"高远难行而不去践履，所以将"道"具体化和实有化，并特别强调"道"不离日用。他在解释《中庸》"道不远人"章时说：

　　盖此道常昭著于日用常行之间，初无高远难行之事，若欲离人事而求之高远，便非所以为道，所谓"道在迩而求诸远"也……读这章书，可见道不外人伦日用之间，人之所以为人，全在乎此，不可须臾离。今日学者病痛不在远人，只患在于当知当行之道，不肯去笃实用功，全被气禀、物欲做主，是将不得为人，岂但远人而已，切宜猛省。②

陆陇其指出，"道"就应该体现和运用在人们的日用常行之间，"道"如果脱离了人事，就会变得玄虚不可捉摸，这便不是"道"了。同样，人也应当只在人伦日用间去遵循和实践这个"道"，如果离开了日用再去谈道、行道，那么这便不是真正的行道。他曾说："盖道者，日用事物当然之理，乃人

---

① （清）陆陇其 . 三鱼堂文集（卷三）：钱子辰字说［M］∥张天杰 . 陆陇其全集（第1册）. 北京：中华书局，2020：67.

② （清）陆陇其 . 松阳讲义（卷二）：中庸［M］∥张天杰 . 陆陇其全集（第3册）. 北京：中华书局，2020：96-99.

所必由之路。一事离道，这一事便不成事了，一物离道，这一物便不成物了。"① 所以，他批判当时学者最大的弊病就在于不能去笃实践行这个"日用之道"，谆谆告诫学生要在日用中去寻道和行道。

陆陇其在《读朱子白鹿洞学规》中同样表达了"道"不离日用的观点，强调"义理不离事物"，他说：

> 朱子《白鹿洞学规》无诚意、正心之目，而以处事、接物易之，其发明《大学》之意可谓深切著明矣。盖所谓诚意、正心者，非外事物而为诚、正，亦就处事、接物之际，而诚之、正之焉耳。故《传》释"至善"，而以仁、敬、孝、慈、信为目。仁、敬、孝、慈、信，皆因处事、接物而见者也。圣贤千言万语，欲人之心意，范围于义理之中而已，而义理不离事物。②

朱熹治学强调内外兼修，对内"主敬涵养"，对外"格物穷理"，但最终"格物"的目的还在于体验内心之理。陆陇其指出，朱熹所谓的"诚意""正心"绝不是内心单独的"涵养""主敬"，而是要体现在处事接物上，譬如人们在生活中当孝则孝、当信则信、当亲则亲，这便是诚意、正心的表现，如果脱离了外在事物的实践而单纯地言孝、信、亲等，这便陷入了阳明空言"良知"的"虚无"之学。所以，他指出朱熹以"处事""接物"来替代《大学》中所讲的"诚意""正心"。我们需清楚的是，陆氏论"诚意""正心"等修养方法虽大体没有脱离朱熹"主敬涵养"和"格物穷理"的藩篱，但他试图改变朱熹以来的治学路径，使得"格物穷理"的方法由偏重"内向体验"转向偏重"外在实践"。我们知道，朱熹强调通过外在的"格物穷理"来体认本心先天具有的已知之"理"，这是一种"以内证外"的修养方法，它的重点在"内"，现在陆陇其却认为人们内心先天存在的"本心之理"需

---

① （清）陆陇其．松阳讲义（卷二）：中庸［M］//张天杰．陆陇其全集（第3册）．北京：中华书局，2020：58.

② （清）陆陇其．三鱼堂文集（卷四）：读朱子白鹿洞学规［M］//张天杰．陆陇其全集（第1册）．北京：中华书局，2020：71-72.

借助外在的处事接物来体现和实践，这显然是一种"以外证内"的修养方法，它的重点在"外"。所以，他特别强调"道不外人伦""义理不离事物"。

总之，陆陇其对于朱子学中"太极""理""道"等最高哲学范畴的诠释已不在宇宙本体上做过多的形上探究，而是强调它们在人伦日用中的实践意义。虽然，他对"太极""理""道"的理解还是以程朱"性即理"的思想为基础，未能像戴震一样完全摒弃"太极""理""道"的形上本体意义，但他强调"太极""理""道"存于"人身""日用"和"事物"之中，明显表现出更加重视"人道"和已知之理的具体实践的治学倾向。"太极""理""道"是理学的最高范畴，陆陇其对它的"形下"诠释则直接影响着他关于理气、心性和格致的理解，因此，他所理解的理气论、心性论和格致论具有明显的形下"实学"特色。

第二节　"理气合一"的理气论

一、"理气合一，悬理重气"的理气关系

理气关系是朱熹理学思想中一个比较重要的问题，它决定着朱熹理学思想的基本性质（唯物论、唯心论或二元论）和理论形态（本体论或宇宙论），关系着朱熹理学思想的道德构成（心性论）和修养工夫（格致论）。朱熹在对待理气关系时呈现出二重性的特点：从"理"的本原性看，理气关系表现为理在气先、理能生气、理本气末，"未有天地之先，毕竟是先有此理"①"有是理后生是气"②"先有个天理了，却有气"③；从"物"（气）的构成性

---

① （宋）黎靖德．朱子语类（卷一）：理气上［M］．王星贤，点校．北京：中华书局，2020：1.

② （宋）黎靖德．朱子语类（卷一）：理气上［M］．王星贤，点校．北京：中华书局，2020：2.

③ （宋）黎靖德．朱子语类（卷一）：理气上［M］．王星贤，点校．北京：中华书局，2020：2.

看，理气关系表现为相依而不相离，"有是气则有是理"①"理与气本无先后之可言"②"天下未有无理之气，亦未有无气之理"③。换言之，朱熹在承认"理"作为宇宙普遍法则的前提下，既强调"理"是气存在、运动的"所以然"，又主张"理"是不离于气又不杂于气的形上实体。他分"理气为二"的内在矛盾，给后来的学者准确理解他的思想带来了一定的困扰。但整体而言，他对待理气关系的态度是理在气先、理主气从，即理是本、是体、是第一性的，气是末、是用、是第二性的。因此，关于理气关系，他最终概括道："天地之间，有理有气。理也者，形而上之道也，生物之本也；气也者，形而下之器也，生物之具也。是以人物之生，必禀此理然后有性，必禀此气然后有形。"④ 朱熹对待理气关系的二重性阐释，为后来的理学家从不同方面强调他的思想，进而走向唯气论或唯理（心）论提供了契机。

　　明末清初，随着西方传教士的访华，西学东渐兴起，西方大量的科学文化知识传入中国，"实用""实证"的学科特征给传统的理学家带来了思想上的巨大冲击，加上明中叶后阳明学说走向了唯心论，导致了晚明空疏学风的盛行。基于此，清初学者在对待理气关系时多表现出向"气"偏移的治学倾向，以"气"之实来补充"理"之虚，或许是他们对待理气关系的共同态度。陆陇其作为朱子学的坚定拥护者，在对待理气关系的问题上同样受此影响，但他同其他朱子学者一样囿于朱子学中"理"作为本体范畴的意义，未能像王夫之一样明确走向"气本论"。即便是如此，陆陇其在维护朱熹"理本论"思想的同时，极力弱化"理"的创生和本原意义，强调"理"在人伦日用中的运用，提升"气"的地位。他不再注重"理"作为宇宙本体的意义，而是将其搁置一边，悬挂起来，更多的是看重"理"在日用常行（气）中的

---

① （宋）朱熹．答赵致道［M］//朱杰人，严佐之，刘永翔．朱子全书（第23册）．上海：上海古籍出版社，合肥：安徽教育出版社，2002：2863.
② （宋）黎靖德．朱子语类（卷一）：理气上［M］．王星贤，点校．北京：中华书局，2020：3.
③ （宋）黎靖德．朱子语类（卷一）：理气上［M］．王星贤，点校．北京：中华书局，2020：2.
④ （宋）朱熹．答黄道夫［M］//朱杰人，严佐之，刘永翔．朱子全书（第23册）．上海：上海古籍出版社，合肥：安徽教育出版社，2002：2755.

具体实践。陆陇其对朱熹理气关系的阐释，使得清初朱子学的理论重心由"形上"探究转移到了"形下"运用，由天道回归到了人道，推动了朱子学向世俗化、日用化的实用哲学转变。概言之，陆陇其对待理气关系的态度是"理气合一，悬理重气"，他强调理气之间的相合而不相杂。

陆陇其在论述理气关系时特别强调理气之间的相互依存，他说：

> 天下一气而已。天下之气，一理而已。气不能离理，而理亦不能离气。天得之而为天者，人得之而为心。古今圣贤之所发明者，不越此理气，不越此理气之在天地，与理气之在人心者已耳。①

面对朱熹阐述理气关系的二重性矛盾，陆陇其明确反对理在气先、理能生气的观点，他重点阐发了"理气相依而不相离"的思想。他认为，宇宙间的一切事物都是由气构成的，而气的运行规律就是"理"，气是理的显现，理是气的规则，气不能离开理独自运行，同样，理也不能离开气独自存在。在此基础上，他指出理气在时间上没有先后之分，它们之间是相合相依的关系。为此，他特别赞同薛瑄《读书录》中论述的理气关系，他说：

> 体用一原，显微无间，动静无端，阴阳无始，此四语是理学之宗祖，《读书录》亦解得最明。其解"显微体用"曰："太极中涵阴阳五行男女万物之理，体用一原也；阴阳五行男女万物具太极之理，显微无间也。"其解"阴阳动静"曰："太极动而生阳，虽自动处说起，而其根却自静中来。如天之四时，贞下起元是也。然静又根于动，动又根于静，所谓动静无端，阴阳无始也。"又曰："今天地之始，即前天地之终。其终也，虽天地混合为一，而气则未尝有息。但翕寂之余，犹四时之贞，乃静之极耳。至静之中，而动之端已萌，即所谓太极动而生阳。是则太极或在静中，或在动中，虽不杂乎气，亦不离乎气也。若以太极在气先，则是气有断绝，而太极别为一悬空之物，而不能生夫气矣。是岂动静无端、

---

① （清）陆陇其. 三鱼堂外集（卷二）：理气［M］//张天杰. 陆陇其全集（第2册）. 北京：中华书局，2020：403-404.

阴阳无始之谓乎？"此种发挥，确是洛闽真传。①

"体用一源，显微无间"和"动静无端，阴阳无始"是程颐解释《周易》时提出的观点。程颐说："至微者理也，至著者象也。体用一源，显微无间。"②这是说，《周易》深奥的义理存于繁杂的卦象之中，理在象中，即象识理。延伸来看，理是本质、本原，无形无象，微妙不可见，所以为"体"、为"微"；象是事物、表象，具体显明，可直接感知，所以为"用"、为"著"，两者相互依存、相互统一。因此，"体用一源，显微无间"指的是事物的本质存于事物的表象之中，靠事物的表象来体现，而事物的表象则由事物的本质来指导和决定，它们之间是统一相涵的关系。程颐又说："道者，一阴一阳也。动静无端，阴阳无始。"③ 这是说，太极的动静和阴阳二气的变化没有先后之分，动中蕴含着静，静中植根着动，阴阳二气交替变化，没有始终。这里的没有先后并不是说阴阳二气同时产生，而是指阴阳二气是永恒的存在。因此，"动静无端，阴阳无始"是指太极的动静和阴阳二气的存在既没有开始，也不会有终结，宇宙的动静交替和阴阳变化是一个永恒的过程。陆陇其认为"体用一源，显微无间"和"动静无端，阴阳无始"是理学内容演绎变化的核心，同样，它们也蕴含着理气变化的规律。"体用一源"指的是理气之间的规则和表象，"动静无端"指的是理气在时间上并无先后始终之分。他指出，运用"体用一源，显微无间"和"动静无端，阴阳无始"论述理气之间的关系，明代学者薛瑄在《读书录》中阐释得最为明白无误。薛瑄在解释"显微体用"和"阴阳动静"时强调理气之间相依相存、相互统一，承认理既不离乎气也不杂乎气、理气之间没有先后始终之分，并指出如言理在气先，那么先于气存在的这个理便无所依附，势必成为一悬空之理。薛瑄有关理气的论述，在陆陇其看来深得洛、闽真传。

陆陇其反对朱熹提出的"理在气先""理能生气"的观点，主张理气合

---

① （清）陆陇其. 问学录（卷三）［M］// 张天杰. 陆陇其全集（第 10 册）. 北京：中华书局：2020：230.

② （宋）程颢，程颐. 二程集［M］. 王孝鱼，点校. 北京：中华书局，1981：582.

③ （宋）程颢，程颐. 二程集［M］. 王孝鱼，点校. 北京：中华书局，1981：1029.

一，强调理气之间没有先后之分，是相依相存的关系。正是由于他言理必言气，故而有些学者称其思想"在一定程度上向唯气论方向发展"①。其实，细绎陆氏的理学思想可知，他突出气的作用，目的还是给"理"寻找更好的依托，并非走向了唯气论的方向。在他的思想体系里，"理"仍然是第一位的，具有本体的意义，"气"仍然处于第二位，起着具体表象的作用。然而，在对待"理"的态度上，他同宋儒又有着明显的区别，他弱化了"理"的本体意义，强调"理"在具体事物中的运用，对"理"进行了"实学化"的诠释，使得"理"抽象、玄虚的意义回归到了具体、实在。为了突出"理"在人伦日用中的具体实践，他不得不强调"气"的作用，从而为"理"的运用提供场所。因此，与其说陆氏突出"气"的作用具有走向唯气论的倾向，还不如说他希望借助提高"气"的地位，来强调"理"在"气"（人伦日用）中的具体运用。

陆陇其虽然强调理气合一，主张理气之间的互相依存，但他反对将理、气视为一物。在他看来，理、气之间是属于相依而不相杂的关系。换言之，从时间上看，理、气没有先后之分，它们之间是相依相存的关系；从整体上看，理、气又是属于两个相互关联的实体，它们虽然相依却并不相杂，也即理不杂乎气又需要借助气来体现，气不杂乎理又需要理来指导。为此，他特别反对一些学者将理、气视为一物，他批评罗钦顺不分理气是"但知理、气之合，而不知理、气之分"②，直言其"论理气处可议"③。他说：

> 朱子谓"理不离乎气，亦不杂乎气"，此言理气之一而二也。明道谓："形而上为道，形而下为器，须著如此说，器亦道，道亦器。"又曰："阴阳亦形而下者，而曰道者，惟此语截得上下最分明，原来只此是道。"

---

① 陈来便言道："陆陇其强调天下一气，强调理气没有先后，不能相离，表明他的思想在一定程度上向唯气论方向发展。"陈来. 中国近世思想史研究［M］. 北京：生活·读书·新知三联书店，2010：638. 学者晋圣斌、林国标也同样持此观点。晋圣斌. 陆陇其理学思想述评［J］. 中州学刊，1994（2）：76；林国标. 陆陇其理学思想评议［J］. 孔子研究，2004（2）：87.

② 陆陇其. 三鱼堂日记［M］. 杨春俏，点校. 北京：中华书局，2016：262.

③ （清）陆陇其. 三鱼堂文集（卷五）：答徐健庵先生书［M］// 张天杰. 陆陇其全集（第1册）. 北京：中华书局，2020：122.

此言理气之二而一也。程朱之说本合，整庵（罗钦顺）乃谓理气一物，不容分，而不满于朱子之说，何耶？林次崖（林希元）言："理一分殊，理与气皆有之。以理言，则太极，理一也；健顺五常，其分殊也。以气言，则浑元一气，理一也；五行万物，其分殊也。"此一段发明程朱理气之说最明，而整庵谓其未睹浑融之妙，亦过矣。又朱子以发于形气者为人心，发于义理者为道心，体用动静，道心、人心皆有之，此不易之理。而整庵谓道心，性也，性者道之体，人心，情也，情者道之用，其说殊难通。又以宋儒分本然之性，气质之性，一性而两名，疑其辞之未莹，而谓不若以理一分殊言性，较似分明。此皆整庵立说之异处，总由不知理气之分也。①

在理气关系上，罗钦顺认为理气本是一物，理为气之理，非气外别有一物，并且他还运用"理一分殊"的观点来处理人物之性的问题。他指出，万物禀受气生成之际，它们的理是相同的，这便是"理一"；在阴阳二气的作用下，万物构成了各自的形体，由于理为气之理，万物有了各自的形体便有了各自的理，也有了各自的本性，它们在本性上的差别，便是"分殊"。可知，罗钦顺理解的"理一分殊"是建立在理气为一物的基础之上的，他虽然也讲理气的"理一分殊"，但他的"理"是气之理，是杂于气之间的，是借助"气"的"理一"和"分殊"来体现它的"理一"和"分殊"。所以，他称林希元②以"理一分殊"分言理、气是"未睹浑融之妙"。这里的"浑融之妙"也即他所谓的"理气为一物"的理气关系。既然理为气的属性，那么理必然靠气来体现，相应地，程朱所谓的天命之性也必然表现在气质之性上，照这一逻辑，性完全体现在气质上，也就无须再划分天命和气质了。所以，他有"一性而两名，疑其辞之未莹"的疑问。罗钦顺关于理气关系的论述及其他在心性论上的疑问，在陆陇其看来，均是不分理气所致。陆氏认为，程

---

① （清）陆陇其．问学录（卷二）［M］//张天杰．陆陇其全集（第10册）．北京：中华书局，2020：186-187．

② 林希元（1482—1566），字茂贞，号次崖，福建同安人。明代理学家、文学家。明正德十二年（1517）进士，先后任南京大理寺丞、广西钦州知府、广东提学佥事等职。著有《四书存疑》《易经存疑》《自鸣稿》《林次崖先生文集》等。

朱所讲的理气关系是处于"不离不杂"的状态，是一而二、二而一的关系，现罗钦顺论理气只讲合不讲分，所以他在论述心性时才会出现未能融洽的弊病。最后，他将罗钦顺在思想上存在的问题主要归咎于他"总由不知理气之分也"。

在理气关系方面，陆陇其承袭朱熹理气"不相离也不相杂"的观点，但他做了进一步的发挥。论述理气时，他不愿在"理"的宇宙本体上做过多的形上探究，而更多的是看重"理"在人伦日用中的实践意义。为了突出"理"在日用常行中的具体运用，他不得不提高"气"的地位，以便给"理"的实践提供场所，但这并不意味着他就走向了"唯气论"的发展。

二、理气之浑沦与散殊

陆陇其论述理气之间的关系最终还是为他的人生论服务，而在人生论中，他又特别强调"理"在人伦日用中的实践。他所讲的"理"与宋儒常言的"理"在侧重方面有着明显的差异：宋儒言"理"多着落在"理"的本原意义和创生意义上，讲"理"的先验性和超现象性；陆氏言"理"多着落在"理"的践履意义和准则意义上，讲"理"的实践性和必然性。重实反虚本是清初学者治学的学术倾向，现陆陇其却将这一"实"字运用到了他的理学思想上，尤其是对朱子学的"形上"本体概念进行了"实有"化的诠释。所以，他反对宋儒在形质气上另觅一物称之为"太极"、为"理"、为"道"，主张"太极""理""道"都应在实有、实体中见，故而他提出了"太极在人身""理在日用""义理不离事理"的观点。关于这一点，本章第一节已有详细论述。

为了使理气论过渡到人生论，使"理"的本体意义过渡到实践意义，陆陇其对理气关系采取了浑沦与散殊的表达。他说：

> 有就理气之浑沦言之者，有就理气之散殊言之者，有就天地而言其浑沦、散殊者，有就人心而言其浑沦、散殊者，此源流分合，所以若不相一，而实无不一也。愚生虽不敢自负于尽人达天之学，然源流分合之际，亦尝窃闻之矣。请因执事之问而条晰之。

执事所引《易》之"继善"，《正蒙》之"太虚"，程子所谓"形体、主宰、性情"，邵子所谓"道为太极"，此就天地而言其理气者也。其于穆不已，而循之不见其端者，天地之理气之浑沦；其万物各得而著之莫穷其际者，天地之理气之散殊。虽其名递变，而其所指未尝变，《易》之言，固无异于程子之言，程子之言又无异于邵子之言也。

执事所引子思之言未发，孔、孟之言心，张子所谓"合虚与气""合性与知觉"，邵子所谓"心为太极"，此就人心而言其理、气者也。其无思无为，而卷之退藏于密者，人心之理气之浑沦；其随感随应，而放之则弥六合者，人心之理、气之散殊。虽其言互殊，而其所指未尝殊。①

这是说，理气分为"浑沦"和"散殊"两种形态。"浑沦"指的是理气还未形成万事万物前的状态，"散殊"指的是万事万物禀受理气而成后各自所具有的状态。用哲学术语来表述，"浑沦"指的是宇宙的普遍原理，"散殊"则指的就是普遍原理在事物上的具体体现，由于万事万物禀受理气的成形不同，所以普遍之理在事物上的具体表现也不同，这便是"浑沦"和"散殊"之间的关系。在陆陇其看来，理气的"浑沦"和"散殊"可以从不同的角度来观察，譬如可以从宇宙论层面来讨论天地之理气之浑沦与散殊，也可以从人生论层面来讨论心性之理气之浑沦与散殊，还可以从物理（事物的客观规律）层面来探寻具体事物之理气之浑沦与散殊。也就是说，不管是宇宙论范畴，还是人生论范畴，抑或是事物的物理范畴，它们都含有理气之"浑沦"与"散殊"的两种状态，同样，它们也是理气"散殊"的表现，也被统一在理气之"浑沦"的状态下。陆氏论述理气之"浑沦"与"散殊"的观点比较复杂，概言之，他认为理气在万事万物生成之前是处于"浑沦"的状态，万事万物生成后便处于"散殊"的状态，而理气之"散殊"在实质上和理气之"浑沦"是相同的，只不过"散殊"是"浑沦"在不同事物上的具体表现。同样，生成的万事万物中也含有"浑沦"和"散殊"的两种状态，以此类推，每个具体事物都含有"浑沦"和"散殊"的状态，而每个事物中含有的

---

① （清）陆陇其．三鱼堂外集（卷二）：理气［M］//张天杰．陆陇其全集（第2册）．北京：中华书局，2020：404.

"浑沦"与"散殊"又和宇宙间最初的理气之"浑沦"与"散殊"在实质上是相同的。

可知，陆陇其关于理气之"浑沦"与"散殊"的论述承袭了朱熹"万物统体一太极"和"一物各具一太极"及"理一分殊"的观点，他论述的目的还是使宇宙创生论顺利地过渡到人生论，使玄虚难测的具有本原意义的"天理"融洽地转向具体实有的具有实践意义的"人理"和"事理"上。需加以说明的是，他关于理气之"浑沦"与"散殊"的论述在实质上是有别于朱熹"万物统体一太极"和"一物各具一太极"及"理一分殊"的观点的。他们阐述的目的虽然都是顺利解决宇宙论向人生论的过渡问题，论述的重点也都在人生论范畴内的道德伦理层面①，但在论述的内容上陆氏却有自己的发挥。朱熹讲"理一分殊"和"一物各具一太极"侧重点在"理"和"太极"的分殊，而于"气"则不甚关注，他说："理只是这一个，道理则同，其分不同，君臣有君臣之理，父子有父子之理。"② 又说："本只是一太极，而万物各有禀受，又自各全具一太极尔。"③ 而陆陇其讲"浑沦"与"散殊"则"理""气"并举，言"有就理气之浑沦言之者，有就理气之散殊言之者"，其不但讲"理"之"统一"与"分殊"，亦讲"气"之"统一"与"分殊"，这与

---

① "理一分殊"本是程颐在回答杨时关于《西铭》疑问时所提出的观点。杨时在读《西铭》时疑其所论有同于墨家兼爱论的弊端，对此程颐答道："《西铭》明理一而分殊，墨氏则二本而无分。分殊之弊，私胜而失仁；无分之罪，兼爱而无义。"［（宋）程颢，程颐. 二程集（上）［M］. 王孝鱼，点校. 北京：中华书局，1981：609.］后朱熹进一步发挥了此义，其言："天地之间，理一而已。然'乾道成男，坤道成女，二气交感，化生万物'，则其大小之分，亲疏之等，至于十百千万而不能齐也。"［（宋）朱熹. 西铭解［M］∥朱杰人，严佐之，刘永翔. 朱子全书（第13册）. 上海：上海古籍出版社，合肥：安徽教育出版社，2002：145.］程朱认为，虽然人人都应讲求仁爱的原则，但仁爱在实施过程中却并不是相等的，而是存在亲疏有序的差别。比如人们应首先爱其父母，然后及人及物。人们讲求仁爱便是"理一"，而实施过程中的亲疏有别便是"分殊"，这也就是"理一分殊"。朱熹所论的"一物各具一太极"也同指此理。可知，"理一分殊"和"一物各具一太极"的观点最终的着落点还是在人生论道德范畴层面的实践。

② （宋）黎靖德. 朱子语类（卷六）：性理三［M］. 王星贤，点校. 北京：中华书局，2020：122.

③ （宋）黎靖德. 朱子语类（卷九十四）：周子之书［M］. 王星贤，点校. 北京：中华书局，2020：2938.

他强调的"理气合一"的观点是一致的。所以，当林希元言"理一分殊，理与气皆有之"时，他直言"发明程朱理气之说最明"①。

陆氏讲理气之"浑沦"与"散殊"与罗钦顺所讲之"理一分殊"颇有相同之处。如前所述，罗氏所讲之"理一分殊"是以"气"为主，讲"气理"的"统一"与"分殊"，他讲的"理"是伴随着"气"而存在，随着"气"的"统一"与"分殊"相应地表现为"统一"和"分殊"的状态。现在陆氏也讲"理气"之间的"浑沦"与"散殊"，只不过他是以"理"为主，理气是不杂不离的关系，而并非罗氏所言的"理为气之理"。正是由于罗氏讲"理一分殊"以理气并举（只是他的"理"是杂于气中的），所以陆陇其虽对他视"理气为一物"的观点表示不满，却对他理解的"理一分殊"并未提出异议。陆氏曾在日记中载道："廿七阅刁蒙吉《辨道录》。载罗文庄之言曰：'"理一分殊"四字，本程子论《西铭》之言。其言至简，而推之天下之理，无所不尽。持此以论性，自不须立天命、气质之两名。'按整庵尊'理一分殊'之语可也，而便欲以此破除天命、气质之名，则非矣。"② 可知，陆氏所批评的是其用"理一分殊"的观点来破除朱熹天命之性与气质之性的划分，而对其观点则并未表示明确反对，只是在罗氏批评林希元解读"理一分殊"时言其有批评太过之嫌。因此，当罗钦顺批评薛瑄"气有聚散，理无聚散"的观点有违"理一分殊"之旨时，陆氏却直言"说得最好"："校对《困知记》，见整庵论薛文清'气有聚散，理无聚散'之说，云'气之聚便是聚之理，气之散便是散之理，惟其有聚有散，是乃所谓理也。若云一有一无，则非理气无缝隙之论矣。'此一段说得最好，与整庵别处论理气不同。"③

陆陇其在朱熹"万物统体一太极""一物各具一太极"和"理一分殊"观点的基础上，通过理气之"浑沦"与"散殊"的阐发，使得宇宙论圆满地过渡到了人生论，"天道"转向了"人道"。陆氏虽然承袭了朱熹的观点，但又有着明显的不同：朱熹在解决宇宙论转向人生论的问题上，是以"理"为

---

① （清）陆陇其. 问学录（卷二）[M] // 张天杰. 陆陇其全集（第10册）. 北京：中华书局，2020：187.

② 陆陇其. 三鱼堂日记 [M]. 杨春俏，点校. 北京：中华书局，2016：261-262.

③ （清）陆陇其. 三鱼堂剩言（卷七）[M] // 张天杰. 陆陇其全集（第10册）. 北京：中华书局，2020：70.

重点，通过"理"的"理一"和"分殊"的阐发及"气"对理的干扰，来构建他人生论范畴内的心性论和工夫论；陆陇其在解决宇宙论转向人生论的问题上，是以"理气"为重点，通过"理气"的"浑沦"与"散殊"的阐发，将重点放在了每个事物中理气"浑沦"与"散殊"的状态下气对理的干扰，进而来构建他人生论范畴内的心性论和工夫论。与朱熹相比，陆氏明显地强调"气"的作用，也强调"气"在事物中"浑沦"与"散殊"的状态，然而由于陆氏为朱子学说的坚定拥护者，故其未能走出"理本论"的思想束缚，亦未能如罗钦顺一样走向"气本论"。在朱熹的理学思想体系里，"理一分殊"是被朱熹作为一种模式来处理本原与派生、普遍与特殊、统一与差别有关的问题。当朱熹用以表述宇宙本原和本体与万物之性的关系时，"理一分殊"便包含着理为气本的意义，换言之，此时"理"有绝对权威，决定着"气"存在的意义，"气"为"理"的从属。现陆陇其主张在具体事物中观察，讲理气之"浑沦"与"散殊"的关系，他把"气"提升到与"理"相当的地位①，强调"理"不离"气"，"理"应在具体事物中寻求。既然，陆氏提升了"气"的地位，强调具体事物中理气之"浑沦"与"散殊"，那么在具体事物中，他又是如何处理"气"对"理"的干扰呢？陆陇其提出了理气之一本与万殊的观点，并且强调理气之"一本"对于"万殊"的指导意义。关于理气之一本与万殊的具体内涵，下节会进行专门论述。

陆陇其论述理气之"浑沦"与"散殊"虽然承袭了朱熹"一物各具一太极"和"理一分殊"的观点，但他明显承认"气"的积极意义，强调"理气"在具体事物中"浑沦"与"散殊"的表现。陆氏之所以提出"浑沦"与"散殊"的概念而不沿用朱熹"理一分殊"和"一物各具一太极"的观点，原因就在于朱子的"理一分殊"和"一物各具一太极"阐发的重点在"理"和"太极"的概念上，于"气"则不甚重视，这对强调"理气合一"观点的他来说是必须要加以改造的，所以他提出了理气并举的理气之"浑沦"与"散殊"的观点。但需注意的是，陆氏论述理气之"浑沦"与"散殊"的主

---

① 当然，陆氏并非否定了朱熹的"理本论"思想。在他的思想体系里，"理"仍然处于本体地位，"气"仍然处于表用的地位，他只是对"理"的本体意义和创生意义采取了"弱化"或者"悬置"的态度，而更看重"理"在具体事物中的实践意义。

要目的还在于为他的人生论服务，理气"浑沦"与"散殊"的状态最终还是要着落在具体的人伦日用中。既然"气"同"理"一样也以"浑沦"与"散殊"的形式表现在人伦日用中，那么如何处理人伦日用中"散殊"之气对"理"的干扰这一问题呢？陆陇其又提出了理气之"一本"与"万殊"的概念，通过理气之"一本"对于"万殊"的约束和指导加以解决。

第三节　"一本为心"的心性论

一、心性之辨

朱熹认为，天地间有理有气，人物禀受天地之气为形体，禀受天地之理为本性。因此，从人和物的角度看，人物之性都是从天禀受而来的。既然人物之性都是禀受天地之理而来，那么为何人性与物性会表现出明显的差异呢？朱熹指出，天地之理只有进入由天地之气构成的形体中才可以称为性，换言之，人物未生时天地之理不能叫性，理顿放于一定形气之后始可谓性①。因此，由于人物形体气质的不同，最终天地之理在人、物中呈现出的本性也不同，朱熹将这一情况称为"理一分殊"，并以此来说明人的道德本性源于天地之理，而物却没有。他说："盖人之性皆出于天，而天之气化必以五行为用。故仁义礼智信之性，即水火金木土之理也。木仁，金义，火礼，水智，各有所主。独土无位而为四行之实，故信亦无位而为四德之实也。"② 又说："乾之'元亨利贞'，天道也，人得之，则为仁义礼智之性。"③ 这是说，天地之理在进入形气之前表现为"元亨利贞"，进入形气以后，随着天地之气的运行变化呈现出水火金木土的功用，而水火金木土的功用体现在人身上就表现为

---

① 关于"性"在"天命"与"气质"中的生成，陈来在《朱子哲学研究》中有详细的论述。陈来. 朱子哲学研究［M］. 上海：华东师范大学出版社，2000：203-208.

② （宋）朱熹. 答方宾王［M］//朱杰人，严佐之，刘永翔. 朱子全书（第23册）. 上海：上海古籍出版社，合肥：安徽教育出版社，2002：2658-2659.

③ （宋）黎靖德. 朱子语类（卷二十八）：论语十［M］. 王星贤，点校. 北京：中华书局，2020：882.

仁义礼智的道德规范。可知，在朱熹这里，人的本性是禀受于天的，它源于天地之理，以仁义礼智为主要内容，是元亨利贞或五行之理的分殊表现。所以，朱熹发挥了二程的"性即理"说，在他的理学思想里，"性"跟"理"在一定程度上是相等的。

既然，人之性源于天地之理，以仁义礼智为主要内容，那么禀受于天的"性"（理）存在于人身的什么地方呢？朱熹提出了"心具众理"的观点，他说："性便是心之所有之理，心便是理之所会之地。"① 又说："理在人心，是之谓性。性如心之田地，充此中虚，莫非是理而已。心是神明之舍，为一身之主宰。性便是许多道理，得之于天而具于心者。"② 在朱熹看来，人禀受于天而具有的性存于心中，心即性（理）的归属之地。性既然存于心中，那么是否可以称心即性或者心即理呢？朱熹指出，性（理）虽然存于心中，但绝不可以将其与心等同，因为心有感知、知觉的功能，而性没有，并且在善恶的表现上，心有善恶之分，而性为至善，他说："心有善恶，性无不善。（性）若论气质之性，亦有不善。"③ 故而，在朱熹的思想体系里，心和性之间的基本关系是"心具众理"，具体而言为：心包含性，性存于心；心有知觉的功能，而性没有；心有善恶之分，而性为至善。

朱熹以后，到了明代中叶，阳明学说崛起。阳明学说的核心观点便是认心为理，强调良知作用的发挥。因而，朱熹强调的心性之间的差别便被阳明主张的"心即理"说所取代。换言之，朱熹区分心性之间的不同被阳明消除殆尽，在阳明这里，心和理（性）之间是对等的关系。由于阳明及其后学认心为理，注重良知的自由发挥，进而造成了晚明学术的混乱。因此，清初学界对王学清算的重点还在于它的"心即理"说。相应地，心性之辨便成为清初学者批判王学的主要内容，也成为陆陇其理学思想一个至关重要的问题。很显然，陆陇其对于心性的分辨是建立在他对王学批判的基础之上的，关于

---

① （宋）黎靖德．朱子语类（卷五）：性理二［M］．王星贤，点校．北京：中华书局，2020：109.
② （宋）黎靖德．朱子语类（卷九十八）：张子之书一［M］．王星贤，点校．北京：中华书局，2020：3063.
③ （宋）黎靖德．朱子语类（卷五）：性理二［M］．王星贤，点校．北京：中华书局，2020：109.

这一点，本文第三章在论述王学是异端时已略有涉及。在心、性的关系方面，陆陇其继承了程朱"性即理"的观点，并在朱熹"心具众理"的基础上做了进一步的发挥。他说：

> 今夫人之生也，气聚而成形。而气之精英，又聚而为心。是心也，神明不测，变化无方。要之，亦气也，其中所具之理，则性也。故程子曰："性即理也。"邵子曰："心者，性之郭郭。"朱子曰："虚灵处是心不是性。"是心也者，性之所寓，而非即性也；性也者，寓于心，而非即心也。先儒辨之，亦至明矣。若夫禅者，则以知觉为性，而以知觉之发动者为心。故彼之所谓性，则吾之所谓心也；彼之所谓心，则吾之所谓意也。其所以灭彝伦、离仁义，张皇诡怪，而自放于准绳之外者，皆由不知有性，而以知觉当之耳。①

为了强调心、性（理）之间的差别，陆陇其在朱熹"心具众理"的基础上，提出了"心为性之所寓"的观点。在他看来，天地之气构成人之形体后，天地之气中的精英之气便聚而为心，而伴随天地之气共同进入人之形体的天地之理便存于心中，所以，心中存在的天地之理才是性，心只是性存在的寓所，并非等同于性或理，同样性也只是存在于心中，并非等同于心，像程颐提出的"性即理"、邵雍所言的"心者，性之郭郭"等观点都明确说明了这一问题。接着，他又从心的知觉方面力辨心、性之间的不同，反对以知觉为性。陆氏认为，心的主要意义就在于它具有的知觉功能，精英之气聚而为心后使心先天具有了能思能知的知觉功能，而"知觉"具体来讲就是心在应物时产生的各种具体的思维活动，它的意义主要体现在心应物之后。既然知觉是心在应物时产生的具体的思维活动，那么心在应物时产生的符合心之理（性）的思维便是道心，不符合心之理的思维便是人心，故而心之知觉在没有应物时只是心先天具有的一项能知能觉的自然功能，它在应物后便具有了哲学意义，有了道心、人心之分，有了性（理）、欲之别。因此，不能笼统地以

---

① （清）陆陇其．三鱼堂文集（卷二）：学术辨中［M］∥张天杰．陆陇其全集（第1册）．北京：中华书局，2020：27-28.

心之知觉当作性，而不去考量心在应物后产生的思维活动是否符合心之理，因为只有符合心之理的思维活动才可称为性，否则就是欲。陆陇其指出，阳明及其佛家正是以心之知觉为性，而不去区分人心、道心，故他们所讲的性刚好是儒家（程朱）所讲的心，他们所讲的心则是儒家所讲的意。由于笼统地以心之知觉为性，所以阳明后学才会把人心（与"道心"相对）、私欲当作性（理）来对待，进而出现任情自发、"自放于准绳之外"的情况。他批判阳明学说中"无善无恶"及"良知"之说近于禅学正是基于此论，其言："阳明言性无善无恶，盖亦指知觉为性也。其所谓良知，所谓天理，所谓至善，莫非指此而已。故其言曰：'佛氏本来面目，即我们所谓良知。'又曰：'良知即天理。'又曰：'无善无恶，乃所谓至善。'虽其纵横变幻，不可究诘，而其大旨亦可睹矣。"①

在论述心性关系时，陆陇其除了强调心在应物时（心之已发）心之知觉可以产生道心、人心等不同的思维活动，不能笼统地视为一体，还特别注重心在应物前（心之未发）的本然状态与性的区别。朱熹在论述心的本然状态时常用"湛然虚明"加以描述，他曾说："人之一心，湛然虚明，如鉴之空，如衡之平，以为一身之主者，固其真体之本然，而喜怒忧惧，随感而应，妍媸俯仰，因物赋形者，亦其用之所不能无者也。"② 所谓心体"湛然虚明"的本然状态，朱熹为了便于理解还常用镜能照物来加以比喻，他说："人心如一个镜，先未有一个影象，有事物来，方始照见妍丑。若先有一个影象在里，如何照得！人心本是湛然虚明，事物之来，随感而应，自然见得高下轻重，事过便当依前恁地虚，方得。若事未来，先有一个忿懥、好乐、恐惧、忧患之心在这里，及忿懥、好乐、恐惧、忧患之事到来，又以这心相与滚合，便失其正。"③ 朱熹认为，心在应物前其本然状态就像镜子一样，无尘垢之弊，无影象在内，这便是"虚明"，应物后，如镜已照物，思维在心中之理（性）

① （清）陆陇其．三鱼堂文集（卷二）：学术辨中［M］//张天杰．陆陇其全集（第1册）．北京：中华书局，2020：28.

② （宋）朱熹．大学或问下［M］//朱杰人，严佐之，刘永翔．朱子全书（第6册）．上海：上海古籍出版社，合肥：安徽教育出版社，2002：534.

③ （宋）黎靖德．朱子语类（卷十六）：大学三［M］．王星贤，点校．北京：中华书局，2020：423.

的干预下"自然见得高下轻重"，这也是《中庸》所言的"发而皆中节"。在朱熹这里，心之本体是不等于性的，所以他讲"虚灵处是心不是性"。陆陇其有感于阳明学说以心之本体为性而造成的学术混乱，所以在论述心体本然状态时，他承袭了朱熹的观点，明确反对陆、王将心体"虚明"的本然状态等同于性的观点。他说：

> 看《学蔀通辨后编》朱子答廖子晦一条，觉明镜止可喻心，不可喻性。朱子《大学或问》中有"鉴空衡平"之说，论颜子"明睿所照"，亦以明镜言之，皆只是言心。至象山论孟子"万物皆备"，而以镜中看花言之，则是以镜喻性矣，大谬。此陈清澜所以谓孟子"万物皆备"，是以万物之义理言；陆学之"万物皆备"，是以万物之影象言。①

陆氏指出，朱熹在描述心体"虚明"的本然状态时虽然以明镜喻之，但他所言的明镜只可喻心不可喻性，因为明镜照物，所照之影象可能合理，也可能不合理，即心之应物所产生之思维可能符合心之理，也可能不符合心之理，故不能笼统地讲明镜照物所成之影象皆符合心之理。所以，当陆九渊用镜中看花来形容孟子所言万物之理备于人心时，他批评其是以镜喻性。因为，如果以镜中影象来比喻万物之理存于人心，那么影象可能符合心之理，也可能不符合心之理，而陆九渊均将它们视为存于人心的万物之理，这显然是将镜中影象不做区别地看成了万物之性或理，也即认心为理（性）。故而，陆陇其认为朱熹和陆九渊虽然都用镜来比喻心之应物，但朱熹所比之镜指的是"心"，所照之影象有合理与不合理之分，而陆九渊所比之镜指的是"性"，所照之影象皆为合理。基于此，他评论朱熹论述孟子"万物皆备"是以万物之义理言（心应物后会受性的约束，进而思维达到"中节"的状态，行为处于理或性的约束下），而陆九渊言孟子"万物皆备"，是以万物之影象言（心应物后思维不受约束直接表现为行为），进而直言陆氏所论大谬。

总体来说，陆陇其对于心性关系的理解主要包含以下三个要点：第一，

---

① （清）陆陇其. 三鱼堂剩言（卷八）［M］//张天杰. 陆陇其全集（第10册）. 北京：中华书局，2020：83.

心不等同于性，心是性的寓所，性是心中所存之理；第二，知觉是心先天具有的物理功能，心应物后知觉有符合心中之理和不符合心中之理的区分，不能笼统地把心之知觉当作性；第三，心体的本然状态虽然"湛然虚明"，但"虚明"的状态指的是心而非性，心为虚，性为实（含仁义礼智）。这三点是陆陇其心性论和工夫论的基础，也是他理学思想的核心。

最后，应当注意，陆陇其在心性论方面的思想虽然承袭朱熹，但并非完全固守，而是做了进一步的发挥。在心、性、理的关系方面，朱熹主张"心具众理"，也就是说在朱熹的心性论思想里，他更多的是强调"理"在心中，而陆陇其则主张"心为性之寓所"，强调"性"在心中的运用。虽然在程朱的理学体系里，理和性在绝大多数情况下是可以相互替代的，但于陆陇其而言，它们在具体实践的操作上却有着明显的差别。陆陇其虽然也承认理和性在本体意义上的相同，但他更多的是关注理和性在具体实践中的运用：理的内涵比较抽象、玄虚，在实践中不易操作和把握；性的内涵比较具体、实在，在实践中较易把握和应用。所以，在心、性、理的关系中，他更愿言"性在心中"而非"理在心中"。另外，在心体的本然状态方面，朱熹更多的是强调心体"湛然虚明"的未发状态，而陆陇其则更看重心应物后受性指导的已发状态。换言之，在心体的本然状态方面，朱子更加重视心体未发状态的涵养，而陆氏则更加注重心体已发状态的持敬。心只有在应物时才会出现已发，而"物"在陆氏这里又特指具体的人事、物事。故而，陆陇其比较重视具体事物中"理""道"的探求与实践，通过外在事物中"理""道"的获取来衡量本心之理的体认，这一治学方法颇有以外在之理印证本心之理的倾向。

可知，在论述心性关系时陆陇其仍主实有言之，他在解释心、性、理的概念时较好地体现了这一思想。

他解释"心"说："人但知有知有觉者心，不知这知觉，一离乎天理，便与禽兽一般，如何叫得人心？须是知觉与天理合，方可叫作人心。"① 在陆陇其看来，心就是知觉和天理的结合，也即心的知觉功能在性的指导下的思维活动才可称为人心（的发用）。

---

① （清）陆陇其．松阳讲义（卷十二）：孟子［M］//张天杰．陆陇其全集（第3册）．北京：中华书局，2020：419.

他解释"性"说："所谓性者，不离乎气质，亦不杂乎气质；即气质之中，而指其不杂乎气质者。盖天之生人，即赋之以仁、义、礼、智、信之全理，即《易》所谓'继善'，《书》所谓'降衷'，《诗》所谓'秉彝'，这个叫作性。"① 在陆陇其的思想体系里，性也即存于人心的天地之理，但这个理绝非虚理，而是含有仁、义、礼、智、信等内容的实理。言理容易堕入虚无，不如言性实在，故他言"心为性之寓所"而不讲"心具众理"。

他解释"道"说："所谓道者，非于吾性之外，别有所谓道。即我性之所固有，而为吾之所必由者；气禀、物欲未用事，而自然大中至正。在物为理，处物为义，皆吾性，则皆吾所当循，这个叫作道。"② 陆陇其认为，道（理）和性其实是一回事，"性"是道进入人体后的说法，"道"大中至正，在不同的事物中显现出不同的特性，在人身上表现为仁义礼智信之性。

陆陇其论述心性同朱熹最大的不同就在于他论心、性、理皆以"实有"言之，论述的重点在于人心、人性，而于天道则不甚注意。我们知道，朱熹论述心性强调"性与天道"整体上的把握，注重"理"的本体和创生意义，而陆氏强调心、性在人身上的局部体现，注重"心""性"的实有内容和实践意义，这一区别应当值得注意。

二、心为人身之一本

如前所述，陆陇其通过对理气之浑沦与散殊的阐发，使得宇宙论圆满地过渡到了人生论，实现了"天道"向"人道"的转换。然而，陆氏所论之"浑沦"与"散殊"指的是理、气并举，也就是说，他在论述"理"之浑沦与散殊的同时，也强调"气"的浑沦与散殊。那么，在具体的事物中，如何处理"气"之浑沦与散殊对"理"的影响呢？陆陇其提出了理气之"一本"与"万殊"的观点，他说：

---

① （清）陆陇其. 松阳讲义（卷二）：中庸［M］//张天杰. 陆陇其全集（第3册）. 北京：中华书局，2020：57.
② （清）陆陇其. 松阳讲义（卷二）：中庸［M］//张天杰. 陆陇其全集（第3册）. 北京：中华书局，2020：57.

　　若夫理气之在天地者，人得之为人，物得之为物。日月以之明，星辰以之运；山以之峙，川以之流，鸢以之飞，鱼以之跃。其万殊者，固亦昭昭矣。而其本果安在哉？尝试以先儒之言推之，程子曰："天地无心而成化。"又曰："天地普万物而无心。"则似乎天地之为天地，浩浩汤汤，一气鼓动，而理随之，初无本之可言也。然《易》曰："复其见天地之心"，"正大，而天地之情可见。"程子亦曰："以主宰谓之帝，以性情谓之乾。"张子又有所谓"天地之帅"，而《诗》《书》言福善祸淫，降祥降殃，则是苍苍在上者，明有主宰。故天地者，不可谓之有心，又不可谓之无心，此一本之在天地，所以难见也。①

　　陆陇其指出，理气通过"浑沦"与"散殊"的形式成人成物，然而在具体生成的人、物中同时又包含着理气之"一本"与"万殊"的形式。理气之"万殊"是指理气成人成物后各自呈现出的不同特性，诸如日月之明、星辰运行、河峙川流、鸢飞鱼跃等都是理气"万殊"的表现。理气之"一本"则是指决定日月星辰、山川河流、鸟鱼禽兽等"散殊"现象的根源，陆陇其用"天地之心"加以解释。他认为，理气在天地，其"万殊"的表象比较明显，而"一本"的根源则较难把握。在他看来，日月之明、星辰运行、河峙川流、鸢飞鱼跃等众多现象都是理气自然流行的结果，浩浩汤汤、一气鼓动，依天地之心而言，理气之"一本"似指"无心"。然而，日月星辰等"万殊"现象在理气自然流行的过程中又不会出现违背天地之理的状况，似是理气之中有个"苍苍在上"的主宰，依这种情况言，理气之"一本"又似指有心。所以，陆氏称理气在天地，其"一本"较难觅见，不能简单地以"有心无心"言之，当属"无心之心"。

　　那么，这个"无心之心"究竟指的是什么呢？陆陇其概括道："惟有是理，则必有理所会归之处；有气，则必有气所统摄之处。天下未有无本而能

---

① （清）陆陇其．三鱼堂文集（卷一）：理气论［M］//张天杰．陆陇其全集（第1册）．北京：中华书局，2020：9-10.

变化无方者，未有无本而能流行不竭者，而理气之本，果安在哉？"① 也就是说，理气之"一本"是指理之所会归之处、气之所统摄之处，它是理气流行变化的根本，是宇宙万物生成的基础。理气在天地，其"一本"如"苍苍在上"的主宰，依天地之心言，既表现为"有心"，又表现为"无心"，极难把握和探究，远不如理气在人身容易了解，况且陆氏言理气之"一本"与"万殊"本就为了解决人身中理气"浑沦"与"散殊"的状态下气对理的干扰问题。所以，他明确指出"一本在人心者易见，而在天地者难知"，其言："理气之辨，不难乎明万殊之理气，而难乎明一本之理气。一本之在人心者易见，一本之在天地者难知。"② 也就是说，在陆陇其看来，理气在天地，其"一本"较难探寻，而理气在人身，其"一本"较易发现。因为，理气在人身，其"一本"是人心，人心毕竟是实际存在的实体，比玄虚高深的"天地之心"容易把握得多。他论理气在人身，心为理气之"一本"道：

> 今夫盈吾身之内者，皆气也；而其运于气之内者，理也。在目为视，在耳为听，在身为貌，在口为言。君令而臣忠，父慈而子孝，兄友而弟恭，夫妇别而朋友信。理气之万殊者昭昭矣，而其本则在心。心也者，是气之精英所聚，而万理之原也。故《中庸》曰："喜怒哀乐未发谓之中，中也者，天下之大本。"此其为一本，易明矣。③

陆陇其指出，理气在人身，人之目视、耳听、身貌、口言等身体的物理机能及君令臣忠、父慈子孝、兄友弟恭、夫妇有别、朋友有信等道德实践都是理气之"万殊"的表现，而这些表现又都处在心的指导下（视听言动等物理机能处在心之"知觉"功能的控制下，君令臣忠、父慈子孝、兄友弟恭等道德原则受心中仁义礼智信之性的约束），故心为气之精英所聚、天地之理的

---

① （清）陆陇其．三鱼堂文集（卷一）：理气论［M］∥张天杰．陆陇其全集（第1册）．北京：中华书局，2020：9.
② （清）陆陇其．三鱼堂文集（卷一）：理气论［M］∥张天杰．陆陇其全集（第1册）．北京：中华书局，2020：8.
③ （清）陆陇其．三鱼堂文集（卷一）：理气论［M］∥张天杰．陆陇其全集（第1册）．北京：中华书局，2020：9.

汇合之处，也即为理气之"一本"，它决定着人之耳目视听、父慈子孝、兄友弟恭等"万殊"现象。可知，理气之"一本"和"万殊"指的是本、末之间的关系，"一本"是本，"万殊"是末，强调的是"一本"对"万殊"的指导意义。

陆陇其之所以在理气"浑沦"与"散殊"的基础上，再提出理气之"一本"与"万殊"的观点，是因为他需要解决理气成人成物后在"散殊"的状态下气对理的干扰问题。如前所述，理气在成人成物后，具体的人物之中同样包含着理气的"浑沦"与"散殊"，也就是人物中除了具有理之"浑沦"与"散殊"，还有气之"浑沦"与"散殊"，这便和朱熹讲的"理一分殊"有所差别，但这和他讲的"理气合一"的思想是一致的。那么，如何处理具体人、物中气之"浑沦"与"散殊"对理的影响呢？陆陇其便提出理气之"一本"与"万殊"的观点加以解决。他认为，理气具有"浑沦"与"散殊"的形态，又有"一本"与"万殊"的形态，理气成人成物后，具体的人物中同样含有这两种形态，不过这两种形态代表着不同的意义。"浑沦"与"散殊"指的是事物之间的体、用关系，"一本"与"万殊"指的是事物之间的本、末关系。换言之，理气之"浑沦"与"散殊"指的是事物的普遍规律与体现规律的具体表象，它的重点在"散殊"，而理气之"一本"与"万殊"指的是事物普遍规律的根本因素与体现这一因素的不同表象，它的重点在"一本"。关于理气之"浑沦"与"散殊"及"一本"与"万殊"之间的关系，陆陇其曾有过明确论述，他说：

> 陆桴亭（陆世仪）谓："一本万殊，犹言有一本然后有万殊，是一串说下。理一分殊，犹言理则一而分则殊，是分别说开。譬之于水，一本万殊者，如黄河之水，出于一源，而分出千条万派之河水也。理一分殊者，如止是一水，而江河湖海自不同也。"其说极明。但桴亭以理一分殊解一贯，愚却未敢以为然。一贯是一本万殊，不是理一分殊。[1]

---

[1] （清）陆陇其. 松阳钞存［M］//张天杰. 陆陇其全集（第10册）. 北京：中华书局，2020：283.

在陆陇其看来，陆世仪解"一本万殊"言先有"一本"再有"万殊"，并用水之源头和分流的关系进行比拟，解"理一分殊"言"理一"和"分殊"同时共有，并用源头之水不同的存在形式进行比拟，是非常准确明白的。他认为，"一本"与"万殊"是本源和派生的关系，"理一"与"分殊"是普遍与特殊的关系。所以，当陆世仪又用"本源"与"派生"的关系说明"理一分殊"时，他提出了不同意见，坚持认为，"一贯"（"本源"和"派生"之间的关系）是说的"一本万殊"。

陆陇其讲理气之"一本"与"万殊"，目的就是借助"一本"的根源性意义来强调"一本"对"万殊"的指导作用。不过，他不愿过多地论述理气在天地中，其"一本"作用的发挥和运用，而更多地强调理气在人身中，理气之"一本"对"万殊"的指导意义。原因就在于，在他看来，理气在天地玄虚难测，不如在人身具体易见，且论述理气在天地容易陷入虚无的弊病，进而导致"穿凿、附会者多，而熏蒿、妖诞之说，且接迹于天下；执为无心，则恐戒谨恐惧易弛，而福善祸淫之理，将不信于天下"①。所以，陆陇其论述理气之"一本"与"万殊"的重点还在人身，这与他论述理气以实有言之的思想是一致的。

陆陇其对理气"浑沦"与"散殊"及"一本"与"万殊"的论述是他对朱子学"形而上"诠释的方法论基础，"浑沦"与"散殊"的划分是为了解决一般与个别、普遍与特殊的关系问题，"一本"与"万殊"的划分是为了解决本源与派生、主干与枝节的关系问题。用传统哲学的范畴来分疏，"浑沦"与"散殊"讨论的是"体用"问题，而"一本"与"万殊"讨论的是"本末"的问题。但不管是"浑沦"与"散殊"还是"一本"与"万殊"，陆氏都主张理气在具体事物中的存在和运用。可以看出，陆陇其的这种理论架构，它不是仅仅讨论理气论或本体论的理论本身，更看重的是它们在人伦日用中的具体运用及实践。

---

① （清）陆陇其．三鱼堂文集（卷一）：理气论［M］∥张天杰．陆陇其全集（第1册）．北京：中华书局，2020：10.

三、心与仁合一

陆陇其通过理气之"浑沦"与"散殊"的划分，使得"天道"顺利地回到了"人道"，又通过言理气之"一本"与"万殊"，解决了理气关系中气对理的干扰问题。然而，他所关心的并非抽象、玄虚的"天道"，而是具体、实有的"人道"，所以他对"理""道""太极"等概念的形上本体意义均做了形下的实有化诠释，并明确指出理气之"一本"在人心者易见、在天地者难知，将理学思想阐述的重点放在了具体、实有的"人事"上，而于抽象、玄虚的"天道"则采取了悬置或弱化的处理方式。因此，陆氏强调理气之"浑沦"与"散殊"及"一体"与"万殊"的划分，目的还在于阐发"人事""人身"间的体用及本末关系，为他实有化诠释朱子学的"形上"理论服务。所以，他特别提出理气在人身，其"一本"为人心的观点，强调"心"对人身行为的指导作用。

前面已指出，陆陇其在论述"心性"时，反对阳明学者"认心为理"的观点，强调心的知觉功能与性（心中之理）的统一，重视"性"在心的知觉功能发挥时的指导作用。然而，"性"在他的思想范畴里指的是人先天禀赋的仁、义、礼、智、信等道德原则，他明确表示："盖天之生人，即赋之以仁、义、礼、智、信之全理……这个叫作性。"[①] 所以，他在言"心"时，必然离不开"性"。在他看来，"心"如果离开了"性"的指导，便不叫作"性"了："人但知有知有觉者心，不知这知觉，一离乎天理，便与禽兽一般，如何叫得人心？"[②] 既然，陆氏言心必不离性，那么，作为"性"之主要内容的"仁、义、礼、智、信"等道德原则又是否有本末之分呢？按照陆氏理气之"一本"与"万殊"的观点，"仁、义、礼、智、信"等"性"的主要内容应当也有本末、主次之分。所以，他指出，在"性"的内容里，"仁"为"一本"，为本心之德，决定着义、礼、智、信等其他道德因素的实践。他说：

---

① （清）陆陇其．松阳讲义（卷二）：中庸［M］//张天杰．陆陇其全集（第3册）．北京：中华书局，2020：57.

② （清）陆陇其．松阳讲义（卷十二）：孟子［M］//张天杰．陆陇其全集（第3册）．北京：中华书局，2020：419.

　　大抵天下之人，多被境移，境能移得我，只是自家脚根，不曾著实，脚根不实，只是不知有本心之德。何谓本心之德？仁是也。仁也者，是天所赋于人的全理，禀之为性，发之为情。言其为万物所不能并，则曰尊爵；言其为万物所不能摇，则曰安宅；言其具四端，备万善，则曰广居；言其为人心所固有，则统谓之本心。这个本心，原是个大行不加，穷居不损的。①

　　陆陇其认为，人在生活中之所以会被外物诱惑，表现出种种不合理的行为，原因就在于他不会运用本心之德来约束自己的行为，而这个本心之德就是人们心中先天存有的"仁"。那么，这个"仁"究竟指的是什么呢？在陆陇其看来，"仁"具有体、用两方面的含义：从本体意义上讲，"仁"是上天赋予人的全理（天之全理），是人之四端发用的根源，是人的本心所见，人禀之为性，发之为情，故孟子以"尊爵""安宅""穷居"来形容它，这也是朱熹理解"仁"的主要观点；从功用意义上讲，"仁"根据心的未发、已发表现为心之知觉与天理的统一，也即仁是心合于理（性）的表现，换言之，仁即是心（本心）。故在陆陇其的思想体系里，"仁"常被指为心，也被视为与"心"是一体的。他说："须是知觉与天理合，方可叫作人心。故这仁，乃人心也。此是指仁为心，不是指心为仁。"② 又说："这个仁，不是可有可无的，就是天所赋于吾之性，是人之所以为人者也。以其具于人之心，而非是无以为心，则曰：'仁，人心也。'以其具于人之身，而非是并无以为人，则曰：'仁也者，人也。'故人固必有形气，使空有形气，无这个仁，可以为人乎？人固必有知觉，使空有知觉，无这个仁，可以为人乎？是有这仁，方成得人；有这人，即有这仁。'仁'与'人'，原是合一的。"③ 也就是说，"仁"是上

---

① （清）陆陇其. 松阳讲义（卷五）：论语［M］∥张天杰. 陆陇其全集（第3册）. 北京：中华书局，2020：229–230.

② （清）陆陇其. 松阳讲义（卷十二）：孟子［M］∥张天杰. 陆陇其全集（第3册）. 北京：中华书局，2020：419.

③ （清）陆陇其. 松阳讲义（卷十二）：孟子［M］∥张天杰. 陆陇其全集（第3册）. 北京：中华书局，2020：440.

天赋予人的本性，得之于天而具于心，心如果只有知觉，没有仁，便不能成为心，无心也就无所谓成人。再进一步讲，人如果只有形体，没有仁，也即只有动物的知觉本能，而无约束这一本能的尺度，人便会与禽兽无异，不能成为人。

因此，陆陇其明确指出人不可须臾离开仁，强调"仁"与"心"的统一。他说：

> 然则人可须臾离仁哉？仁上亏一分，则物累便重一分；仁上得一分，则物累亦便轻一分。诚于仁的工夫做熟了，心与仁一，不待思勉，而所为皆义理，是谓仁者。仁者则随所往而皆安于仁，固非约、乐所能移也。即未能到仁者地位，心犹与仁二，而于仁的道理，看明白了，知有是非，求其是而去其非，是谓知者。①

陆陇其认为，人只有达到"心"与"仁"的统一，其心才能不待思勉，其行才能符合义理。所以，他指出，仁上亏一分，私欲便加一分，仁上得一分，私欲便减一分，要求人们不断求"仁"，进而达到"心"与"仁"的统一。那么，"心"与"仁"的统一在日常生活中容易达到吗？他说："仁者，吾心之德，本与心是一物，惟圣人纯亦不已，则到底是一物。自圣人以下，不免私欲之隔，心与仁遂分为二，则以学力之浅深，为离合之久暂。"② 也就是说，在陆陇其看来，人们在日常生活中多少会受到私欲的影响，进而干扰"心"与"仁"的统一，只有圣人才能不受干扰，始终做到"心"与"仁"的合一，普通人要通过不断学习、修养及实践来培养心中之"仁"，进而使得"心"和"仁"趋于合一。

陆陇其既然强调"心"与"仁"的统一，主张"仁即是心"的观点，那么，他所讲的"仁即心"和阳明所主的"心即理"又有哪些不同呢？整体上

---

① （清）陆陇其．松阳讲义（卷五）：论语［M］//张天杰．陆陇其全集（第3册）．北京：中华书局，2020：230.

② （清）陆陇其．松阳讲义（卷六）：论语［M］//张天杰．陆陇其全集（第3册）．北京：中华书局，2020：277.

看，除了前面论述心性之辨时提到心、性之间的差别外，还有一个比较明显的不同：陆氏讲的"仁即心"，这里的"仁"是实有的性，主要体现在心已发时人在具体行为上的约束；阳明讲的"心即理"，这里的"理"是指抽象的"良知"，主要体现在心未发时能照物的明净状态。所以，陆陇其重点从心的发用上来阐明"仁"对人们具体行为的约束作用，他说：

> 仁，即"天命之性"；道，即"率性之道"也。喜怒哀乐，人之情也，而合于仁，则喜怒哀乐即为道；视听言动，人之事也，而合于仁，则视听言动即为道；君臣父子，人之伦也，而合于仁，则君臣父子即为道。若舍仁而言道，不入于浮薄则入于烦苛，不入虚无则遁于寂灭。是异端曲学之所谓道，非圣贤所谓道也，是则一离乎仁，不成其为人，亦不成其为道。①

这是说，仁是天命之性，遵循仁便是奉行天道。因而，当心应物时产生的喜怒哀乐之情、视听言动之事及君臣父子之伦均应合于仁，否则便有违天道。可知，喜怒哀乐、视听言动、君臣父子都是人们具体行为的表现，也就是说，陆陇其主张的"仁即心"，强调的是"仁"在外在事为上治意，在具体行动上用功，而于内在的"主静涵养"则不甚重视②，这和阳明尤其阳明后学片面注重个人主观的内在修养不同，也与朱熹过分强调心未发前本心的内在涵养有异。如果说道德修养包括内在修养与外在践履两部分内容，无可否认阳明及其后学在主静涵养方面关注过多，以至于他们忽略了外在行为的践履，使得内心涵养陷入了"浮薄""虚无""寂灭"的境地，成为异端曲学。陆氏此论正是为了纠正这一偏失，这和他主张"实有"的理学思想是一致的，也是他对朱子学形上思想"实学化"诠释的结果。

最后，需加以说明的是，陆陇其虽然提出了"仁即心"的观点，强调

---

① （清）陆陇其. 松阳讲义（卷十二）：孟子［M］∥张天杰. 陆陇其全集（第3册）. 北京：中华书局，2020：440-441.
② 这里的"不甚重视"是相较于"外在用功"的重视程度而言，并非指陆陇其于"主敬涵养"不管、不问，他同样经常教育学生要重视"主敬"的修养方法。

"仁"在"性"中的"一本"地位，但这并不是说，他就轻视"性"中"义、礼、智、信"等其他道德因素的作用。根据理气之"浑沦"与"散殊"及"一本"与"万殊"的观点，他指出，"性"中"仁、义、礼、智、信"等内容也应各有体用和本末的关系。从整体上看，"性"是处于"浑沦"的状态，"仁、义、礼、智、信"处于"万殊"的状态，当心应物时，性当仁则仁、当义则义、当礼则礼、当信则信，它们都是"性"的表现，同时，"性"中又包含着"一本"与"万殊"的关系，"仁、义、礼、智、信"中"仁"为"一本"，而"义、礼、智、信"为"散殊"，"仁"决定着"义、礼、智、信"的发用。从具体应用看，"仁、义、礼、智、信"等内容也同样有"浑沦"与"散殊"及"一本"与"万殊"的关系。以"仁"为例，当心应物时，需要"仁"为指导，此时"仁"便处于"一本"的状态，而"义、礼、智、信"则处于"万殊"的状态；但当其作为整体言时，它是处于"浑沦"的状态，而它在流行运用中凸显出的"义、礼、智、信"的特性又是"散殊"的表现。故而，陆陇其说："仁、义、礼、智，各有体用，此以对待者言也。若以其流行者言之，仁初发出，只是一点萌芽，及其盛则为礼，及其成则为义，既成而藏则为知。故或将仁、礼分体用，或将仁、义分体用，或将仁、知分体用。"① 所以，当学者诸庄甫②以体用、本末论述"仁义礼智信"时，他直言"论得最好"："昆山诸庄甫论仁义礼智信最好，曰：'仁义礼智信，虽作五件，其实是一时俱有的，但要识得那一件为政耳。如有时仁为政，仁主于慈爱，而慈爱莫切于子。爱而教诲之，仁之义也；爱而有节文，仁之礼也；爱而知其恶，仁之智也；爱而有始有终，仁之信也。四者缺一，则非仁矣。如有时礼为政，礼主于尊敬，而尊敬莫大于君。敬而忠爱之，礼之仁也；敬而裁制之，礼之义也；敬而每事先见，礼之智也；敬而终身不易，礼之信也。四者缺一，则非礼矣。推之义智信，莫不皆然，先儒所谓理一而

---

① （清）陆陇其．松阳讲义（卷十二）：孟子［M］//张天杰．陆陇其全集（第3册）．北京：中华书局，2020：422．

② 诸士俨，生卒年不详，字庄甫，号湛庵，明末清初昆山人。著有《迁改录》《勤斋考道日录》《一簣录》等。

分殊也。' "①

第四节 "敬在事为"的格致论

一、"居敬穷理"的新发展

居敬和穷理是程朱理学中最重要的两种修养方法，简单来说，它们就是要求人们既要切己涵养身心，又要应事读书明理。朱熹为了驳斥佛学"顿悟"的学术特点②，特别强调"格物穷理"，他在《大学》中作《格物致知补传》，系统地阐发了这一观点。我们知道，朱熹讲"格物穷理"的终极目的是希望人们通过全面、透彻地了解事物之理，明心之全体大用。按照朱熹的思想，所谓"明心之全体大用"指的是，人们研究和了解具体事物之理，由之上升到对普遍天理的认识，进而逐步了解心中存有的天地之理，随着人们对具体事物之理的不断探究，心中的道德意识日益得到扩展，从而摆脱气质的干扰，使天地之理（本性）得到完全的发挥和彰显。然而，他所讲的"穷理"的范围是非常广泛的：宇宙间的一切事物，大至天高地厚，小至一草一木，在他看来，皆为所格之物，皆应所穷之理。面对穷之不尽的万物之理，且不说心之全体大用是否能由"穷理"达到，单就"格物"的过程来讲，也并非所有的"格物"都与道德意识的培养有关，如探寻天高地厚、草木山川的规律就与个人的道德修养没有直接的关联，这也是王阳明"格竹"失败的原因。

程朱"穷理"的最终目的虽然是恢复心中本性之明，然而他们在操作的

---

① （清）陆陇其. 松阳钞存［M］∥张天杰. 陆陇其全集（第 10 册）. 北京：中华书局，2020：282.

② 对此，陈来曾指出："禅宗的悟道既非认识也非知识，因而它不要求以穷理为基础，禅宗顿悟的特点是不依赖经验知识的积累，而追求一种不可说的参悟，因而禅宗那种基于个体心理体验的神秘飞跃，常具有极大随意性和偶然性，抛瓦击竹、草木风云，只要具有机缘，都可导致一种忽然的省悟。"（陈来. 朱子哲学研究［M］. 上海：华东师范大学出版社，2000：274-275.）

过程中却极易将"格物穷理"单纯地当作对外求知的手段，进而走向支离、繁杂的路子，鹅湖之辨时，陆九渊兄弟便以此为主要论点来责难朱熹。所以，为了避免陷入支离，程朱在强调外在"穷理"的同时，也主张内在的"居敬"涵养，程颐讲"涵养须用敬，进学则在致知"①，朱熹主张"主敬以立其本，穷理以致其知"（朱熹门人李方子总结朱熹治学大略的言语）便是最好的说明。因此，"居敬"和"穷理"便成为程朱思想体系里道德修养的两个重要的方法。那么，"居敬"和"穷理"是什么样的关系？它们之间有无主次、轻重之分呢？在朱熹看来，两者同等重要，相互促进，但如果非要分本末、轻重的话，他认为"居敬"较为重要，因为"居敬"是"穷理"的基础。需注意的是，这里的"居敬"指的是心未发时的"居敬"涵养，也就是说，人在"穷理"之前，需要保持本心的安定集中，而这一状态必须通过心在未发时的"居敬"涵养来实现。对此，门人李方子在总结朱熹治学特点时说道："先生之道之至，原其所以臻斯域者，无他焉，亦曰主敬以立其本，穷理以致其知，反躬以践其实，而敬者又贯通乎三者之间，所以成始而成终也。"② 所以，朱熹论述的"居敬穷理"大概包含了以下三个方面的内容：一是整体上看，"居敬"和"穷理"两种方法同等重要，但从实际操作看，"穷理"以"居敬"为基础；二是"居敬"虽然贯彻心之未发、已发的始终，但对"穷理"而言，它主要指的是心之未发时的涵养状态；三是读书学习虽然为"穷理"的主要方法，但也鼓励探寻宇宙中的其他事物之理。

陆陇其继承了朱熹"居敬穷理"的思想，并做了进一步的发挥。在对待"居敬"与"穷理"的关系上，他同朱熹一样，认为"居敬"和"穷理"同等重要，应该相互促进、交相培养。所以，当他读到明代学者吕坤③在《呻吟语》中只重视内与本的培养，忽略外与末的作用时，便直言可疑，他说：

---

① （宋）程颢，程颐. 二程集［M］. 王孝鱼，点校. 北京：中华书局，1981：188.
② （宋）李方子. 紫阳年谱后论［M］//朱杰人，严佐之，刘永翔. 朱子全书（第27册）. 上海：上海古籍出版社，合肥：安徽教育出版社，2002：645.
③ 吕坤（1536—1618），字叔简，自号抱独居士，河南宁陵人，明代文学家、思想家。万历二年（1574）进士，历任山东参政，山西按察使，刑部左、右侍郎等职。著有《呻吟语》《实政录》《去伪斋文集》等。

（《呻吟语》）一条谓："'内外本末，交相培养。'此语余所未喻，只有内与本，那外与末，主张得甚？"愚谓此似与孟子"持志养气"之论显背。《易》言"敬以直内，义以方外"，亦是交相培养。若轻视外与末，岂程子所谓"体用一原"者乎？圣贤之学，虽云美在其中，则自然畅于四肢，发于事业。然欲其中之充实，非内外、本末，交相培养不可。①

由此可见，陆陇其同朱熹一样，主张"居敬""穷理"应交相培养，不可重内轻外。陆氏生活的时代正处于王学清算的高潮，对于王学末流片面重内带来的危害，亦深有体会。故而，他对学者偏重内向的修养有相当的警惕，唯恐其流入空疏，这也集中体现在他对"居敬"的理解上。陆氏虽赞同朱熹"居敬"的涵养方法，但他理解的"居敬"却与朱熹有着明显的不同。他论"居敬"首先从辨"敬""静"之不同开始，其言：

然敬之所以为敬，静之所以为静，亦有不可不辨者焉。尝观朱子之言敬，每言略绰提撕，盖惟恐学者下手过重，不免急迫之病。故于延平"观喜怒哀乐未发"一语，虽悔其始之辜负而服膺之，然于"观"之一字则到底不敢徇，见于《答刘淳叟》诸书。至《观心说》一篇，极言观之病，虽指佛氏而言，而延平之言，不能无病，亦在其中。此用力于敬者，所不可不知也。又，朱子虽云："敬字功夫，通贯动静，而必以静为本。"却又云："不必特地将静坐做一件工夫，但看一敬字贯通动静。"又云："明道说静坐可以为学，上蔡亦言多著静不妨，此说终是小偏，才偏便做病。"盖《乐记》之"人生而静"，《太极图》之"主静"，皆是指敬而言。无事之时，其心收敛不他适而已，必欲人谢却事物，专求之寂灭，如佛家之坐禅一般也。高景逸不知此，乃专力于静，甚至坐必七日，名为"涵养大本"，而不觉入于释氏之寂灭，亦异乎朱子所谓静矣。此用

---

① （清）陆陇其．三鱼堂文集（卷四）：读呻吟语疑［M］∥张天杰．陆陇其全集（第 1 册）．北京：中华书局，2020：90.

力于静者，所不可不知也。①

如前所述，"居敬"在朱熹那里虽然贯通动静始终，但他特别强调心在未发时的主敬。所谓未发时的主敬，指的是心在应物前时刻保持着敬畏和警省，最大限度地平静思维和情绪，使得本心清明而不昏乱，从而达到一种平静而不纷扰的状态，以便更好地把意识活动转化为直接的心理应用。本心的清明可以毫无杂念地开展格物穷理的活动，正因如此，朱熹把心未发时的"居敬"涵养看作"穷理"的基础。然而，陆陇其却认为，心在未发时的"主敬"涵养极易混同于佛家的"主静"静修，应当加以辨别。他指出，朱熹讲心未发时的"主敬"主要是为了保持本心清明，为更好地应物（格物穷理）做准备，而佛家讲的"主静"主要是通过内心的高度集中，使人们体验到宇宙万物皆为虚无。所以，在陆陇其看来，"敬"和"静"所指的意义不同，"敬"指的是"实"，重点在应物，"静"指的是"虚"，重点在寂灭。为此，他认为，心未发时朱熹强调的"主敬"虽然同佛家的"主静"在修养方法上非常相似，但二者还是有本质区别的，且朱熹对心未发时的"主敬"也并非太过重视，只是要求人们略绰提撕，他看重的还是心在已发后的"主敬"涵养。我们知道，陆氏此解显然有悖朱熹本意。因为，在"居敬"的修养方法上，朱熹更为看重的是心在未发时的涵养，而非陆氏理解的心在已发后的约束。反倒是陆氏为了避免混同于佛家的"主静"，不愿在心未发时的修养上做过多的讨论，而更加重视心在已发时的"主敬"涵养，这是他同朱熹理解"居敬"的区别所在，也是他修养工夫的基础。

按照陆陇其的理解，心在未发时的"主敬"涵养极易混淆于佛家的"主静"修养，所以，他不愿过多地纠结于心在未发时的涵养，而更加注重"敬"在已发的事为上用功。因此，在理解"敬"的内涵上，他特别认同薛瑄的解释，他说：

> 至于"敬"之一字，是圣门至要紧工夫，无论为政、为学，皆当体

---

① （清）陆陇其．三鱼堂文集（卷五）：答秦定叟书［M］∥张天杰．陆陇其全集（第1册）．北京：中华书局，2020：134.

认。从古讲"敬"字，莫如程子"主一无适"四字说得切当。而"主一无适"四字之解，又莫如薛文清公瑄说得明白。文清论"敬"曰："行第一步，心在第一步上；行第二步，心在第二步上；三步、四步，无不如此，所谓敬也。如行第一步，而心在二三步之外；行第二步，而心在四五步之外，即非敬也。至若写字、处事，无不皆然。"合程子、文清之言观之，"敬"字之义了然矣。诚能于此实下工夫，由浅而深，学术、政事，皆可一以贯之。①

程颐所讲的"主一无适"本指心的修养方法，然而，它实则包含了未发、已发两种情况。"主一"指的是心未发时精神的高度集中，即心在未应物前如何避免各种思虑的纷扰；"无适"指的是心在应物时的专一而不分散。由于程颐未区分心之未发和已发，所以，他讲的"主一无适"通常被看作心在未发时的修养方法，诸如朱熹便以此为基础来阐发他的"主敬涵养"思想。然而，对于"敬"的理解，陆陇其并不完全认同朱熹重视心在未发时"主敬"涵养的做法，而是肯定了薛瑄强调的"敬"在已发时的涵养工夫。由此可见，他对"居敬"的理解侧重于心在已发时的涵养上，强调的重点在具体行为上"敬"的约束作用的发挥。他在解释朱熹注解《论语》"道千乘之国"章中"然此特论其所存，未及为政"更是集中表达了这一思想。他说：

> 近年时文，因《注》（按：《四书章句集注》）有"但言其所存，未及为政"一句，讲来却似为政者只要空守一心光景，殊失注意。如《中庸》言"致中"而"天地位"，"致中"是未发工夫，未见之于事，如何天地便位？盖内面有"致中"工夫，则外面亦必有实事，其设施定不同，但只是大纲好，未能如"致和"之精细，所以只得"天地位"。讲家亦多错认"致中"是空守一心，故于"天地位"多说不去。②

---

① （清）陆陇其. 松阳讲义（卷四）：论语［M］//张天杰. 陆陇其全集（第3册）. 北京：中华书局，2020：173-174.
② （清）陆陇其. 松阳讲义（卷四）：论语［M］//张天杰. 陆陇其全集（第3册）. 北京：中华书局，2020：174.

陆陇其认为，学者多以朱熹注解《论语》中"道千乘之国"章中提到的"但言其所存，未及为政"是指心未发时的"主敬"涵养，这是误解了朱熹的意思。他指出，朱熹虽言"但言其所存，未及为政"，但最终的目的还是着落在"政"上。为了支撑这一观点，陆陇其用《中庸》中"致中和，天地位焉"加以说明。在他看来，《中庸》中提到的"致中"便是心未发时的涵养状态，但达到了"致中"还不是最终目的，最终目的是要由"致中"实现"天地位焉"，也即未发的涵养要最终体现在已发的事为上。故而其有"'致中'是未发工夫，未见之于事，如何天地便位？"的反问，这也说明了陆氏"敬在事为"上的修养方法。

另外，在对待"穷理"的态度上，陆陇其与朱熹也有着略微的不同。朱熹强调宇宙间的一切事物均为所穷之物，所以，他"穷理"的范围和内容要广泛得多。关于"格物穷理"，朱熹在《大学或问》中说道："若其用力之方，则或考之事为之著，或察之念虑之微，或求之文字之中，或索之讲论之际。使于身心性情之德，人伦日用之常，以至天地鬼神之变，鸟兽草木之宜，自其一物之中，莫不有以见其所当然而不容已，与其所以然而不可易者。"① 可知，"事为之著""念虑之微""文字之中""讲论之际"及"身心性情之德""人伦日用之常""天地鬼神之变""鸟兽草木之宜"皆为"穷理"的内容。相较于朱熹，陆陇其"格物穷理"的范围要具体和狭窄得多。因为，他认为"理"不应在玄虚、抽象的太极、阴阳中去求，也无须格尽宇宙万物，"理"应在人们的日用常行中去求，明理的方法就在于读书讲学和身体力行。他说："本领工夫，一在多读书，《五经》《性理》《通鉴》，皆是要熟读精思的；一在身体力行，圣贤说话，句句要在身上体认，要在身上发挥，不可只在口里说过。"② 然而，他提到的读书讲学，所读之书并非科举之书，所讲之学亦非时文词章，且读书讲学的目的不是科举和名利，而是明理。他说："故时文者，所以考诸生之学、思，不是教诸生就以此当学、思也。若无

---

① （宋）朱熹．大学或问下［M］//朱杰人，严佐之，刘永翔．朱子全书（第6册）．上海：上海古籍出版社，合肥：安徽教育出版社，2002：527-528.

② （清）陆陇其．松阳讲义（卷五）：论语［M］//张天杰．陆陇其全集（第3册）．北京：中华书局，2020：214.

这本领，终日只在时文里做工夫，遇著题目，盗袭几句套语，勉强敷衍成文，纵然敷衍得好，亦是涂饰耳目之具，要他何用?"① 这是说，作为"格物穷理"的主要手段，读书讲学绝非学习毫无用处的八股时文，而应当是培养学、思、行等明理的能力。

概言之，陆陇其在"居敬穷理"的修养方法上，对朱熹的发展主要体现在两个方面。一是在"居敬"方面。朱熹于"居敬"强调的主要是心未发时的涵养，"居敬"的目的是更好地"穷理"，而陆氏于"居敬"强调的则主要是心已发时的约束，"居敬"的目的是保障心在应物时不受外物的干扰，进而时刻保持心中本性的彰显。另外，为了避免陷入佛家的"主静"修养，陆氏于心未发时的"主敬"则极少论及。二是在"穷理"方面。朱熹强调"理在万物"，所以他"格物穷理"的范围和内容要广泛很多，而陆氏强调"理在日用"，他"格物穷理"的范围和内容要狭窄很多，集中体现为读书学习及人们日常的道德实践。

二、致知在力行

在儒家的思想体系中，知行问题指的是道德知识与道德践履的关系问题。延伸来看，知行指的是人的知识与人把既有知识付诸行动的关系，其中，"行"不是泛指一切行为，而是指对既有知识的实行，"知"既指知识，又指求知②。知行关系在朱熹的理学思想里主要有三个方面的基本内容：知在行先，行重于知，知行互发③。然而，这三个方面的基本内容，朱熹尤其重视"知在行先"，强调已知知识的力行。他说："知、行常相须，如目无足不行，足无目不见。论先后，知为先；论轻重，行为重。"④ 陆陇其的知行思想是以朱熹的知行观为基础的，他根据自己的生活和学习经历，重点阐发了朱熹"知行互发"的思想，表明了他对知行关系的基本看法。

① （清）陆陇其. 松阳讲义（卷五）：论语［M］∥张天杰. 陆陇其全集（第3册）. 北京：中华书局，2020：214.
② 陈来. 宋明理学［M］. 北京：北京大学出版社，2020：213.
③ 陈来. 朱子哲学研究［M］. 上海：华东师范大学出版社，2000：315.
④ （宋）黎靖德. 朱子语类（卷九）：学三［M］. 王星贤，点校. 北京：中华书局，2020：183.

陆陇其的知行思想是同他"居敬穷理"的修养方法联系在一起的。我们知道，在朱熹的理学思想里，"居敬穷理"的修养方法如果用知行关系来表述，它们之间是知行并进互发的关系："居敬"属于"行"的范畴，"穷理"属于"知"的范畴，"居敬"与"穷理"交相培养，"知""行"也应相互并进。然而，由于朱熹言"居敬"分未发、已发，又说"涵养于未发见之先，穷格于已发见之后"①，也即在已发的"穷理"之前，"居敬"已经在心未发时发挥作用，这样"主敬"于"穷理"而言便是行先知后的关系，进而与他主张的知先行后的观点相冲突。对于朱熹"居敬"在知行关系上的罅隙，陆陇其提出了自己的解释。他认为，"敬"不应当体现在心未发的涵养上，而应作用在心已发的事为上。因为这样，具有"力行"意义的"主敬"便与具有"致知"意义的"事为"相互促进、交相影响，也就不存在朱熹言"居敬"时知行关系产生罅隙的现象。他说：

> 《读书记》谓博文乃道问学之事，是欲尽知天下之事物之理；约礼乃尊德性之事，是欲常存吾心固有之理。按此二句即是程子"涵养须用敬，进学则在致知"之意，然看来约礼即是克己复礼也。克己复礼，是力行之意，与涵养用敬之意稍别，所以看作一事者，盖朱子论涵养用敬二句，原将克己补在敬一边也。克己复礼，少不得以敬为主，则以约礼作尊德性看自妙。②

在陆陇其看来，"博文""约礼"与"致知""涵养"是指同一件事，"博文""致知"是"道问学"方面的事，"约礼""涵养"是"尊德性"方面的事，它们在个人道德修养上的意义是相同的。如果用知行关系来表示，"博文""致知"属于"穷理"的范畴，目的都是使人获知天下事物之理；"约礼""涵养"属于"力行"的范畴，目的是使人保持本性彰显而使行为不

---

① （宋）黎靖德．朱子语类（卷十八）：大学五［M］．王星贤，点校．北京：中华书局，2020：493．
② （清）陆陇其．问学录（卷四）［M］//张天杰．陆陇其全集（第10册）．北京：中华书局，2020：253-254．

去逾理。"约礼"指的是克己复礼，强调人们具体行为上的约束，所以，把它划入"力行"的范畴比较容易理解，而"涵养"强调的是本心的修养，且朱熹又把它细分为未发和已发两种情况，尤其是心在未发时的"静中体验"颇与佛家在意念上的静修相似，如果将其划入"力行"的范畴则有些费解。故而，陆氏指出，克己复礼与涵养用敬"稍别"，其用"稍别"二字以示差异，并强调朱熹所讲的"涵养用敬"是指"敬"用在已发的"克己复礼"上。正是由于他强调"敬"在已发上的作用，所以有效地避开了朱熹在知行关系上的罅隙，他自己也认为将约礼视作尊德性属"自妙"之举。他又说：

> 所以言尊德性即言道问学，不必以行先于知为疑。或云此章尊德性是极乎道体之大，道问学是尽乎道体之小，岂力行则专务其大，致知则专务其小欤？是又不然，知在行先者，固无分大小，皆须理会；知在行后者，大纲已不差了，只是要详求其节目。①

这是说，尊德性和道问学是交相培养的，不必分彼此先后，相应地，其对应的知行关系也是相互促进的，无须分先后轻重。因为，依尊德性和道问学而言，知在行先者，即道问学在尊德性之前，也就是说，要成为一个有道德的人，无论大小，必须先清楚所有具体的道德原则，所以，知在行先者，无分大小，皆须理会；知在行后者，即道问学在尊德性之后，也就是说，人们在具体的道德践履过程中又可以反过来加深对道德原则的认识，所以，知在行后者，基本的道德原则（大纲）已经明了，只是在一些具体的方面还需进一步实践。

陆陇其论述知行关系是以他"居敬穷理"的修养方法为基础的，由于他特别强调"敬"在事为上的作用，相应地，他也特别重视各种具体行为的实践，故在知行关系中，他比较看重"行"的运用，主张知行交相培养。他认为，行应以知为指导，知应由行来验证，只有能行才是真知。他说："但论学者工夫，有存心、致知、力行三件，此只说得存心、致知二件，缺却力行，

---

① （清）陆陇其. 松阳钞存［M］//张天杰. 陆陇其全集（第 10 册）. 北京：中华书局，2020：290-291.

于是解者纷然，不知言存心、致知，便包得力行。盖'存心'，不专是虚静工夫。《语类》有一条谓伊川言敬、言致知，不言克己，盖'敬胜百邪'，亦自有克。篁墩程氏（程敏政）曰：'尊德性者，制外养中，而道问学，则求其制外养中之详；尊德性者，由中应外，而道问学，则求其由中应外之节。'制外养中、由中应外，即《克己复礼章》注语。此可见存心包得力行也，若以致知言之，知即知其所当行者，尽精微、道中庸、知新、崇礼，皆致知事，则皆力行事。《大学》之格、致、诚、正、修，《中庸》之学、问、思、辨、行，分言则二事，合言只是一事，是'致知'亦可包'力行'也。此无可疑。"①

陆陇其强调知行交相培养，认为它们分言为两事，合言则为一事，此论颇似王阳明的知行合一说。然需加以说明的是，陆氏主张的知行交相培养与王阳明的知行合一有着本质的区别，区别的重点在于他们对于"知"的认识和理解的不同。王阳明所讲的"知"主要是指人们先天具有、不假外求的道德意识（良知），在他这里，"知"是不需要凭借外力获得的，理皆在心中；而陆氏所讲的"知"则需靠学习、实践等外在途径获得。为此，他说道："'不知而作'的人有二种：一种是不学的人，胸中昏暗，不知当然之理是如何，所以然之理是如何，只管鲁莽去行；一种是异学的人，自作聪明，谓当然之理，只在我心，所以然之理，亦只在吾心，反以成宪为障碍，以讲求为支离。这都是不知而作的，天下事败坏，多由这两种人。"② 可知，在他看来，阳明属于第二种人，是异学之人。另外，在对"行"的理解上，他们也略有不同，阳明认为凡是意念的发动都可看作行，而陆氏则认为"行"应体现在具体的事为上，关于这一点，前面在论述陆氏与朱熹知行关系时已有详论，此不赘述。所以，他明确指出，圣贤在对待知行关系时，也强调知行之间的相互统一，但这绝非阳明所讲的"知行合一"："愚谓圣贤之言知行，有分先后言者，有不分先后言者。如子思云'尊德性道问学'，程子云'涵养须

① （清）陆陇其．松阳讲义（卷三）：中庸［M］//张天杰．陆陇其全集（第3册）．北京：中华书局，2020：137.

② （清）陆陇其．松阳讲义（卷七）：论语［M］//张天杰．陆陇其全集（第3册）．北京：中华书局，2020：298.

用敬，进学则在致知'，皆不可分先后。然却又不是王阳明知行合一之谓。"①

陆陇其对清初朱子学的"实学化"诠释，虽然受当时"崇实"学风的影响，但多数是他生活、学习的亲身感悟。扼要地说，在朱子学的讨论范围内，他侧重于人生论的阐发，而于宇宙论则不做过多的深究。在人生论中，他除了论述程朱强调个人主观的内在修养方法（即"主敬涵养"），更多是看重道德在人伦日用中的践履。通过分析陆氏对清初朱子学的"实学化"诠释，我们可以初步归纳出理学在清初的一个基本走向，并以此去考察朱子学在清代的发展脉络。基本上说，清初的陆陇其、陆世仪，稍后的汪绂及清中期的程瑶田、戴震、凌廷堪等学者都在试图打破程朱"性即理"的命题，进而尝试着对性、理及性理之间的关系进行重新诠释。理内存于心，是宋明理学人性论的前提，也是其工夫论构成的基础，更是宋明儒（程朱和陆王）固守理学立场的核心，陆陇其、汪绂、程瑶田等学者就是要打破这个前提，重新在经验界中去考察人理、事理和物理，并以此来建构性、理之间的关系。陆陇其提出的"理在日用""义理不离事理"便是对这一重建的尝试，不过由于他生活的时代正处于朱子学刚刚复兴的时期，加上他本人对朱熹又极为尊崇，所以他未能如后来的程瑶田、凌廷堪等学者直接以"物则"和"礼"来言"理"，进而将"理"从存于内心的本体剥落到具体事物的准则。陆氏虽没有直接将"理"从心中剥落掉，但他提出的"理在日用""义理不离事理"等观点，却为程瑶田的"物则代理"及凌廷堪的"以礼代理"提供了理论尝试。同时，他对朱子学的"实学化"诠释，反映了清初理学最终将走向世俗化、日用化，进而成为实用哲学的基本学术走向。

---

① （清）陆陇其. 松阳钞存 ［M］// 张天杰. 陆陇其全集（第 10 册）. 北京：中华书局，2020：287.

第五章

陆陇其理学思想的特色和影响

康熙三十一年十二月二十七日（1693 年 2 月 1 日）陆陇其卒于平湖家中，雍正二年（1724），陆陇其去世三十二年后，清廷决议增加一批历代贤儒陪祀孔庙，陆陇其便在其中，成为有清一代入祀孔庙的第一位学者。乾隆元年（1736），赐谥清献，加赠内阁学士兼礼部侍郎。乾隆二年御赐祭文，三年复御制碑文，称其："赋性清淳，持躬端慎。研精圣学，作洙、泗之干城；辞辟异端，守程、朱之嫡派。宰赤县则循良著绩，清风万姓交乎；历乌台而謇谔扬声，正论一时推重。入孝出弟，惟待后以守先；诵诗读书，实知人而论世。家居著述，蔚为一代之醇儒。"①《四库全书总目》收录其著述达十三种之多。其实，在陆陇其入祀孔庙之前，他的学术思想便已得到同时代学者的称誉，张伯行赞其《问学录》"学术醇正，原本深厚，于近世诸贤所论，辨晰尤精"②。道光年间，唐鉴作《国朝学案小识》将陆陇其列为《传道学案》第一，并置于卷首以示尊崇。以上种种，足见陆氏身后其学术、地位在清代极获推崇。民国以降，章太炎、梁启超、刘师培、钱穆等学者出于政治需要，对陆陇其理学思想的评价普遍持否定的态度，认为其于气节有亏且学理上毫无创新（本书绪论部分已有提及）。其实，抛开政治偏见和民族感情，将研究对象重置于他所生活的这一特殊历史环境中加以考察，我们会发现陆陇其在清代学术史上有着不可忽略的影响，他的理学思想预示了清初朱子学的最终

---

① （清）吴光西，郭麟，周梁，等. 陆陇其年谱［M］. 褚家伟，张文玲，点校. 北京：中华书局，1993：2.

② （清）陆陇其. 问学录［M］∥张天杰. 陆陇其全集（第 10 册）. 北京：中华书局，2020：134.

学术走向。乾嘉时期，汉学大盛，陆陇其的理学思想并没有随着考据学的兴起而陷入沉寂，相反，他对理学本体意义的消解及对道德实践的重视，正好与清中叶学风的转变发生了共振，直接或间接地对乾嘉学者的义理思想产生了影响：他对徽州学者汪绂的影响，使得他的学术思想传入徽州，并间接地影响到了程瑶田对义理思想的阐发；他对崔述父亲崔元森的影响，间接促进了崔述疑古思想的产生。道咸时期，理学复兴，唐鉴、曾国藩、罗泽南等理学家无不奉陆陇其为理学正宗，他们以程朱理学为思想基础，结成了强大的**政治群体（湘军集团）**，左右着清政府当时的政治走向。直到光宣时期，方宗诚、贺瑞麟等理学家仍奉陆陇其的理学思想为救弊良药。可见，陆陇其自去世直至清亡，他的理学思想一直都在影响着不同时期的理学家，并与每次的学术转变①都有着直接或间接的关联。

第一节　陆陇其理学思想的特点

一、卫道意识强烈，反对"朱王调和"

　　陆陇其在反思和总结明亡原因时，极端地认为"明之天下不亡于寇盗，不亡于朋党，而亡于学术"。这里的"学术"指的就是阳明学说。他指出，王学就是异端曲学。那么，何为异端曲学呢？他解释道："异端曲学知儒者之尊孔、孟也，于是皆托于孔、孟以自行其说。"② 也就是说，异端曲学是"托孔

---

　① 依笔者愚见，清代的学术转变大致可分为两个阶段：第一个阶段是从清初朱子学的复兴到乾嘉考据学的出现，其中还伴随着疑古思潮的兴起；第二个阶段是从乾嘉考据学到道咸时期理学的复兴，其中还伴随着今文经学的兴起。然这两个阶段的出现都与陆陇其的理学思想有着或多或少的内在关联：第一个阶段中，陆陇其对朱子学本体概念的"实学化"诠释和道德实践的提倡，契合了考据学的"求实"学风，影响了考据学背景下汪绂、程瑶田等乾嘉学者义理思想的阐发；第二个阶段中，陆陇其强调的严守程朱道统及对道德修养的实践，成为唐鉴、曾国藩等学者促使理学中兴的主要内容，并且他们还将陆陇其提倡的朱子学的"实学"和道德实践演化为事功和封建纲常的维护。

　② 陆陇其. 三鱼堂文集（卷二）：学术辨上［M］∥张天杰. 陆陇其全集（第1册）. 北京：中华书局，2020：25.

孟以自行其说"的学说。而王学是阳儒阴释之学，"自阳明王氏倡为良知之
说，以禅之实而托儒之名"①，因此它便是异端曲学。正由于王学为异端曲
学，所以明代嘉靖、隆庆以后，随着王学大行其道，社会便出现了礼法松弛、
伦常失序、人欲横行的乱象，最终导致了明代亡国的惨象。那么，何为正学，
又如何才能避免明代学术亡国的惨象呢？陆陇其强调，要尊奉朱子为正学，
谨守朱子家法。他说："愚尝谓今之论学者无他，亦宗朱子而已。宗朱子者为
正学，不宗朱子者即非正学。"② 又说："救弊之法无他，亦惟有力尊考亭
耳。"③ 在他看来，朱熹是承接孔子的正统，是孔子之后儒学发展的集大成
者，朱子之学是孔子之学在宋代的集中体现，尊朱子就等同于尊孔子。"非
周、程、张、邵，则洙、泗之学不明；非朱子，则周、程、张、邵之学不明，
故生以为汉之世，当尊孔子；而今之世，当尊朱子。"④ 基于此，他甚至提出
了效仿董仲舒"罢黜百家，独尊儒术"的做法，罢黜"非朱子之学"，要求
"非朱子之说者，皆绝其道，勿使并进"⑤。

　　陆陇其要求人们治学必以朱熹为准绳，反对王学。因此，针对清初出现
的调和朱王的学术倾向，他出于卫道的目的，给予了详尽的批判和辨析。在
他看来，王学的弊端和危害经过明末清初学者们的批判已经普遍为学界所认
识，现在王学的传播主要是借助"朱王调和"的形式进行。"今之回护姚江者
有二：一则以程、朱之意解姚江之语，此不过欲宽姚江，其罪小；一则以姚
江之意解程、朱之语，此则直欲诬程、朱，其罪大。"⑥ 所以他认为，"朱王
调和"已成为清初学界王学存在和传播的主要形式，应加以警惕和批判。为

① （清）陆陇其．三鱼堂文集（卷二）：学术辨上［M］∥张天杰．陆陇其全集（第1
册）．北京：中华书局，2020：26.
② （清）陆陇其．三鱼堂外集（卷四）：经学［M］∥张天杰．陆陇其全集（第2册）．北
京：中华书局，2020：464.
③ （清）陆陇其．三鱼堂文集（卷五）：答嘉善李子乔书［M］∥张天杰．陆陇其全集（第
1册）．北京：中华书局，2020：111.
④ （清）陆陇其．三鱼堂外集（卷四）：道统［M］∥张天杰．陆陇其全集（第2册）．北
京：中华书局，2020：466.
⑤ （清）陆陇其．三鱼堂外集（卷四）：道统［M］∥张天杰．陆陇其全集（第2册）．北
京：中华书局，2020：466.
⑥ （清）吴光西，郭麟，周梁，等．陆陇其年谱［M］．褚家伟，张文玲，点校．北京：中
华书局：1993：301.

此，他与汤斌、秦云爽、范鄗鼎等学者就"朱王调和"的观点展开了反复论辩，以免朱学再次遭受王学的浸染和曲解。同时，他还对批判"朱王调和"观点的学者加以表彰，在与人论学时，其极力推荐明代陈建的《学蔀通辨》和清初张烈的《王学质疑》，足见卫道意识之强烈。

"尊朱辟王"和反对"朱王调和"可谓陆陇其理学思想中最显著的特征，后世学者（尤其是民国学人）常以此讥其门户之见太深，梁启超甚至责其开清代学术门户争斗之先①。然笔者以为，评价一位学者的学术思想，不应以现代的眼光去衡量古人，应将其放置于他所生活的时代加以考察。陆陇其生活的时代正好是理学反思和王学清算的时代，不但是陆氏本人，即便是顾炎武、王夫之等大儒也都有"尊朱辟王"的学术倾向，只是陆陇其表现得更为坚决而已。对待王学的态度，陆陇其并非有意标榜门户，开启学术争斗，而是他学习和生活的切实体悟所致。正如清代学者张履所言："公（按：陆陇其）确守程、朱，其贬斥阳明及论梁溪、蕺山之偏，或颇以为过，然理之至当，不容有二。是非同异之界，辨之必明，而持之必力，乃公卫道之志，则然非有门户之见存也。"②

二、重"述"不重"作"，固守朱子圭臬

陆陇其在对理学进行总结时，认为儒学发展到朱熹已经完全大明，后世学者无须再做任何的发挥和解释，只需认真学习和实践即可。他曾说："陇其尝窃以为孔、孟之道，至朱子而大明。其行事载于《年谱》《行状》；其言语载于《文集》《语类》；其示学者切要之方，则见于《四书集注》《或问》《小学》《近思录》；其他经传，凡经考定者，悉如化工造物，至矣！尽矣！"③ 对于明代学术的败坏，他认为主要原因就在于陈献章、王阳明等学者不能尽守朱子之学，而以己见随意曲解经书，另立门户。"以有明一代之儒论之，文清、敬斋，所以确然为学者规矩准绳，而无遗议者，以其所言所行，

---

① 梁启超. 论中国学术思想变迁之大势 [M]. 上海：上海古籍出版社，2001：101.
② 陆陇其. 三鱼堂日记 [M]. 杨春俏，点校. 北京：中华书局，2016：1.
③ （清）陆陇其. 三鱼堂文集（卷五）：上汤潜庵先生书 [M]// 张天杰. 陆陇其全集（第1册）. 北京：中华书局，2020：114.

无非考亭而已。自是而后，厌正学为支离，辄欲以胸臆所见，自辟门户，自起炉灶，始于新会，盛于姚江。天下翕然宗之，以至于横溢奔溃而不可止，其为世祸，亦既彰明较著矣。"①

所以，对待宋以来的理学家，陆陇其提出了"作"和"述"的观点。他在《答徐健庵先生书》中指出，道学未明，创而明之，这是"作"的事情，道学已明，因而守之，这是"述"的事情。宋以来的周敦颐、二程、张载及朱熹等学者从事的是"作"的事情，尤其是朱熹集前人之大成，使孔子后晦暗的儒学大明。因此朱熹以后的学者仅仅从事"述"的事情就可以了，他们的任务是把朱熹已然阐明的儒学传承下去。

在陆陇其看来，理学至朱熹已然大明，后世学者无须再做过多解释，并且后世学者如果对理学过多地进行发挥，就容易造成以胸臆所见，自辟门户，终像阳明学说一样背离儒学，成为异端。所以，他对理学的基本态度是只"述"不"作"。基于此种观点，他的理学著作基本上都以阐述和维护朱熹学说为基础，而这一观点也束缚了他对理学学理的创新和发展。

三、消解理学本体意义，注重道德实践

陆陇其理学思想另一个非常重要的特征就在于他对程朱理学本体意义的消解。"弃虚崇实"虽是清初学者普遍的学术追求，但是每位学者对于"实"的理解和侧重方面又不尽相同：顾炎武、黄宗羲强调经世致用，将理学转向了经、史研究，以期从经、史中寻找治国救弊之良药；王夫之在对前代理学进行总结的过程中，同样强调学以致用，并开始关注诸子学的研究；颜元、李塨则于理学（程朱和陆王）全部推翻，反对读书，强调实行，将理学引向了极端的实践主义。当然，清初固守程朱理学的学者对于"实学"的倡导也可以分为两种：一是非常重视朱子学中"形而下"实学内容的践履，而于"形而上"性理内容的发挥则持相对漠视②的态度，张履祥、吕留良是这类学

---

① （清）陆陇其. 三鱼堂文集（卷五）：答嘉善李子乔书［M］∥张天杰. 陆陇其全集（第1册）. 北京：中华书局，2020：111.

② 这里的"漠视"并不是排斥或者不论，而是指他们于心性理气等"形而上"的理学本体范畴不喜论及或鲜有发挥，即是论及也多沿用朱熹定论，而自己少有直接的阐发。

者的代表；二是在强调朱子学"形而下"内容践履的过程中，还重点对朱子学"形而上"的性理内容进行了"实学化"的诠释，使得程朱理学的形上之思变得不那么玄虚和抽象，同时也为形下之用提供了"所以然"的实学基础，陆世仪、陆陇其是这类学者的代表。尤其是陆陇其，他不但对程朱理学中的"天理""道""太极"等理学本体的范畴进行了实学诠释，还对朱子学中的理气论、心性论、工夫论等"形而上"的主要内容不同程度地进行了实学的发挥，使得程朱理学中"形而上"的宇宙本体从"天道"转向了人伦日用的"人道"，消解了理学中"理""道""心""性"的本体意义。

　　陆陇其对程朱理学本体意义的消解，给朱子学在清代的发展带来了非常重要的影响，它使得理学自宋代以来长于形上思辨，而绌于形下践履的特性得到了根本性的改变。自此，"理""道"存于人伦、日用，不再玄虚、抽象，而变得具体、实有，人们"穷理"的重点也由内心的体认转移到了外在的践履。照此路径发展下去，"理"最终会丧失其宇宙的本体意义而单纯地演变成封建社会的道德秩序和准则，清中叶凌廷堪提出的以"礼"代"理"的观点便是最好的说明。正因为在陆陇其这里，"理""道"从宇宙本体降落到了日用准则，所以他特别强调"理""道"在人们日常生活中的体认和实践。《松阳讲义》中有大量他要求士子将"理""道"身体力行的言论，诸如他在讲《论语·有子曰其为人也孝弟章》便要求诸生"读这章书，要将'孝''弟'二字，身体力行，若这个上亏欠了，便触处成病痛"①。

四、倡导"实有"学风，重视经世致用

　　经世致用是清初学者的普遍共识，陆陇其也不例外。他对程朱理学中形上本体概念做出的"实学化"诠释，为程朱理学中形下实用内容的践履提供了更为合理和实在的依据，使得程朱理学逐渐剥离了抽象、玄虚的形上思辨内容而转变为以道德实践为基础的实用哲学。为此，陆陇其于程朱理学中修身、齐家、治国、平天下等"形而下"的"外王"内容特别重视，并积极加以实践。

---

　　① （清）陆陇其. 松阳讲义（卷四）：论语［M］//张天杰. 陆陇其全集（第3册）. 北京：中华书局，2020：166.

康熙二十九年（1690），陆陇其在灵寿县任上，时灵寿县出现灾荒。为了赈济灾民，他不顾61岁的高龄，"每日裹粮驰驱，深山穷谷，无所不到，审其众寡老弱而配给焉。务使人人得沾实惠，胥吏不得有所侵冒。自二十八日起，至四月十三日，凡四十五日而赈毕"①。同年，他因感于畿辅边山一带土瘠民困，且长年受战争影响，还必须承担各种赋税，民困滋甚，遂向康熙帝上《畿辅民情疏》，希望朝廷能对该地的赋税适当予以减免。《疏》言："初奉上谕，将二十八年，及二十九年上半年钱粮，尽行蠲免，已经抚臣出示晓谕。后因部议，分别被灾州县中，有不被灾地亩，不准概蠲，百姓甚苦。抚臣不得已，题请秋后带征，地方得以粗安。然虽今岁秋收稍稔，既征其新，又征其旧，臣恐非积贫之民所能堪也。"② 表达了他对百姓困苦的担忧和同情。

康熙三十年（1691），清廷征讨噶尔丹，当时政府为筹集所需军饷，实行捐纳得官的办法，陆陇其做御史后，先上《请速停保举永闭先用疏》，后又作《捐纳保举议》《复议捐纳保举》力陈捐纳之弊，其言："谨议得天下之根本在民生，民生之休戚在县令。故县令一官，关系非轻。未有县令贪污，而百姓不困穷者也。近因有捐纳一途，县令之中，遂不免贤愚错杂。"③ 当他得知女婿李铉欲行捐纳之法时，便写信加以劝阻："今科之设，不过为急于功名者，使之稍助军需，亦得一体进取，原非所以待豪杰也"④。

康熙二十五年（1686），陆陇其在灵寿县任上向巡抚于成龙上《时务条陈六款》，建议从"缓征之宜请也、垦荒之宜劝也、水利之当兴也、积谷之宜广也、存留之宜酌复也、审丁之不宜求溢额也"等六个方面来改善民生。

以上事例，足以说明陆陇其并非一位只会谈心论性、注目于理学性理阐发的"空疏"理学家或者伪道学家（刘师培在《近儒学案序》中将陆氏列为

① （清）吴光酉，郭麟，周梁，等．陆陇其年谱［M］．褚家伟，张文玲，点校．北京：中华书局，1993：171-172.

② （清）陆陇其．三鱼堂外集（卷一）：畿辅民情疏［M］//张天杰．陆陇其全集（第2册）．北京：中华书局，2020：382.

③ （清）陆陇其．三鱼堂外集（卷一）：捐纳保举议［M］//张天杰．陆陇其全集（第2册）．北京：中华书局，2020：388.

④ （清）陆陇其．三鱼堂文集（卷六）：与李枚吉婿［M］//张天杰．陆陇其全集（第1册）．北京：中华书局，2020：153.

"伪儒"之首）。相反，他非常重视程朱理学中"形而下"的经世致用之学，积极从自身做起，强调实行、实学。所以，对于当时学者热衷于举业而背离实学和致用，他表达了担忧之情，"为其以利禄之心，从事于圣贤之书，探精索微，手拮据而口呻吟者，非以求道也。将以求其所欲也甚者，则又不待其精微，苟可以悦于人而止，饰伪长诈，如市贾然，是以君子恶之"①，并给出了实用、实学的方法，"今使为举业者，无以利禄存于胸，惟知道之当求，而圣贤之不可不学。以居敬为本，以穷理为用，求之《六经》，以探其奥；求之濂、洛、关、闽，以一其途；求之史，以穷其变；求之敬轩、敬斋、月川、整庵诸君子之书，以博其识。精择而笃行之，口之所言，必使无愧其心；身之所行，必使无愧其言。其发而为文者，皆其得于心而体于身者也"②。

正如陈来所言："陆陇其强调实行实学，反对空谈心性，反对太极玄想，要求使学问向人的道德实践方面发展，表现出他与早期朱学的差别，可以说他是属于清初理学内部的实践派。"③

第二节　陆陇其理学思想与清中叶学风的转变

清中叶学风转变最主要的特征就是考据学的出现。然而，清初学风何以由刚刚复兴的讲求性理发挥的朱子学忽然转向讲求实证的考据学呢？关于这一问题，学界众说纷纭，莫衷一是，大致形成了以下几种观点：一是由文字狱而造成的"政治高压"所致，章太炎即主此说④，此观点影响较为广泛；二是"理学反动说"，此说与第一种观点相关联，梁启超即持此论⑤；三是

---

① （清）陆陇其．三鱼堂文集（卷九）：钱孝端经义序［M］∥张天杰．陆陇其全集（第2册）．北京：中华书局，2020：296-297.

② （清）陆陇其．三鱼堂文集（卷九）：钱孝端经义序［M］∥张天杰．陆陇其全集（第2册）．北京：中华书局，2020：297.

③ 陈来．明清朱子学将是宋明理学研究的新增长点［N］．中华读书报，2021-01-20（9）.

④ 章太炎．章太炎全集（三）［M］．上海：上海人民出版社，1984：473.

⑤ 梁启超．中国近三百年学术史［M］．夏晓虹，陆胤，校．北京：商务印书馆，2011：23，25.

"理学延续说",认为清代汉学是宋明理学的继承,钱穆力主此说①,余英时在此基础上提出了"内在理路说",认为考据学是理学由"尊德性"发展到"道问学"的必然结果②。

可以肯定的是,以上诸说,从不同的角度对清初理学转向考据学做出了解释,具有一定的合理性。但是,第一、二种观点强调的都是外部因素的影响,第三种观点即使提到了理学内部的发展要求,也仅仅是着眼于学术本身的发展,并未从作为创造学术主体的人(理学家)的身上加以考察。正如一些学者所言:"即使所谓'内在理路说',因其并非从作为思想学术创造主体的思想家、学者的主观能动性立论,故而也是一种'外缘'性的解释。一般而言,在事物的形成和发展过程中,内因是事物存在的基础,也是事物发生、发展的根据和动力,规定着事物运动和发展的基本趋势。一代学术思想的形成,外缘的因素固然重要,但思想家、学者的精神信念、价值取向,尤其是其终极关怀,更是不容忽视的重要因素。"③ 基于此,本节将以清初朱子学的主要代表人物陆陇其为研究对象,从学术思想的创造主体着手,通过他对于"道"的理解与追求及对朱子学的重新诠释来觅得清初朱子学转向考据学的种种痕迹,并关注他与王学、疑古思潮等其他学术之间产生的共鸣,以期全面考察他与清中叶学风转变的互动。

一、陆陇其与朱子学的建设

(一)从"道在日用"到"以礼代理":理学本体意义的嬗变

"王学清算"是明末清初最主要的学术活动。清算的重点主要集中在阳明王学的援佛入儒方面,清算的结果是形成了清初学界"由王返朱"和"弃虚崇实"两个最主要的学术特征(其实,这两个学术特征早在明末就已经出现,只是在清初形成了规模)。因此,清初朱子学的复兴是同"实学"学风的兴起

---

① 陈勇."不知宋学,则无以评汉宋之是非":钱穆与清代学术史研究 [J].史学理论研究,2003(1):48-58,158.

② 余英时.历史与思想 [M].台北:联经出版事业公司,1976:121-156.

③ 孔定芳,林存阳.清代学人的价值取向与乾嘉考据学的形成 [J].哲学研究,2017(6):56-57.

交织在一起的。我们知道，程朱理学正是由于袭用了佛、道（尤其是佛）的本体论和方法论，才最终构成了它逻辑严谨的理论体系。那么，这样便会产生一个问题：清初朱子学的复兴和"实学"学风的兴起是"王学清算"的结果，而"王学清算"又以辟佛、道作为主要内容，那么复兴的朱子学中袭用佛、道的本体论和方法论的内容是否也成为清初学者批判的对象呢？或者说，清初学者在复兴朱子学的过程中是如何对待其中受佛、道影响的具有形上思辨性质的那部分"形而上"的内容呢？

关于这一问题，有学者曾做出如下论断："众所周知，清初诸大师因清算理学而辟佛，主要集中在对阳明王学援佛入儒的批判与清算上。对于程朱一派的援佛入儒，则还没有来得及下手。这就留下了一块学术空白。东原作《孟子字义疏证》正是想弥补这一空白。"① 此论可谓道出了朱子学在清代发展的内在动力——"辟二氏"。戴震在《答彭进士允初书》中确实对程、朱援佛、老入儒的做法进行了严厉的批评，他说：

> 宋以前，孔、孟自孔、孟，老、释自老、释，谈老、释者高妙其言，不依附孔、孟。宋以来，孔、孟之书尽失其解，儒者杂袭老、释之言以解之。于是有读儒书而流入老、释者。有好老、释而溺其中，既而触于儒书，乐其道之得助，因凭藉儒书以谈老、释者。对同己而共证心宗，对异己则寄托其说于《六经》、孔、孟，曰："吾所得者，圣人之微言奥义。"而交错旁午，屡变益工，浑然无罅漏。②

戴震所讲的宋以来的"儒者"即指程、朱。在他看来，程朱理学中有关谈心论性等形上思辨的内容就是援引了佛、老的高妙之言。他批评程、朱等理学家以老、释之言解孔、孟之书，进而使得儒学流入老、释。为了肃清程朱理学中老、释之学对于儒学的影响，使儒学回归于平实和致用，戴震对程朱理学的立论基础"理"进行了无情的批判和讨伐，提出了宋儒"以理杀人"的著名论断。

---

① 路新生. 中国近三百年疑古思潮史纲［M］. 上海：复旦大学出版社，2014：67.
② （清）戴震. 戴震集［M］. 上海：上海古籍出版社，2009：166.

戴震对于"理"的批判是以剥离"理"的本体意义为目的的。在程、朱那里,"理"是最高的哲学范畴,它支配着宇宙、社会和人生,决定着人与事物的本性,得之于天而内具于人心。所以,程、朱常合言心、理,以"性即理"释性善,通过"理一分殊"既主张穷"分殊"之理又要求体悟"理一"之理,强调"主敬"和"致知"之间的统一。针对程、朱合言心、理的做法,戴震提出了批评,他说:"《六经》、孔、孟之言以及传记群籍,理字不多见。今虽至愚之人,悖戾恣睢,其处断一事,责诘一人,莫不辄曰理者,自宋以来,始相习成俗,则以理为'如有物焉,得于天而具于心',因以心之意见当之也。于是负其气,挟其势位,加以口给者,理伸;力弱气慑,口不能道辞者,理屈。"① 戴震认为,程、朱合言心、理,往往会使人们以心之意见为理,使得"理"成为责诘他人的借口,而丧失其客观性。所以,他主张应分言心、理,消除"理"的本体意义,使之成为具体事物的客观法则,而心和理应当是彼此独立的两个物体,它们之间的关系是认知主体和认知对象。他解释"理"为"物理""条理","理者,察之而几微必区以别之名也,是故谓之分理;在物之质,曰肌理,曰腠理,曰文理;得其分则有条而不紊,谓之条理"②,并对程、朱所讲的具有本体意义的"天理"提出了批评,"古人所谓理,未有如后儒之所谓理者矣"③。

如前面学者所言,戴震正是看到了程朱理学中存在的援佛入儒的学术空白,所以他作《孟子字义疏证》对程朱理学加以批判和清算。然而需加以说明的是,他清算的是程朱理学中援引佛、老的本体论和严谨的逻辑形式而建立起来的形上思辨的内容,对于程朱理学中维护以纲常名教为核心建立起来的传统伦理道德观和价值观,强调修、齐、治、平等形下之用的内容,他不但不反对,反而加以提倡。故而戴震对于程朱理学的清算,主要在于"形而上"方面的内容,而其中尤以具有本体意义的"理"为讨伐的重点。

其实,对于程朱理学的援佛入儒,朱子学在清初复兴的时候,朱子学内部的部分学者已然注意到了这一问题,他们也在努力地尝试解决这一问题。

---

① (清)戴震. 戴震集 [M]. 上海:上海古籍出版社,2009:268.
② (清)戴震. 戴震集 [M]. 上海:上海古籍出版社,2009:265.
③ (清)戴震. 戴震集 [M]. 上海:上海古籍出版社,2009:265.

但囿于对朱熹的尊崇及其儒学正统地位的重建，他们不敢公开地加以批判和清算，只能通过弱化朱子学中"形而上"的本体意义这种较为隐晦的方式，来消解佛、道对儒学的影响。其中，陆陇其对朱子学本体意义的消解最为深入和系统，也最具代表性，影响也最大。

陆陇其重点发挥了程朱理学中"理一分殊"的观点。他认为，按照"理一分殊"的逻辑，日常生活中的"理"和宇宙中的"理"本质上是相同的，相应地，人心中的"理"与日常生活中的"理"也是相同的，既然宇宙间的"理"和存于人心的"理"及日常生活中的"理"在本质上都是相同的，那么人们穷理也就不需要面向宇宙间浩浩茫茫的天地万物而努力，也不需要去体悟玄妙难测的本心，只需在人伦日用中"治意""用功"和"践履"即可。换言之，人们在日常生活中的循理而行及道德实践，便是"穷理"。所以，他特别强调"理""道"在人伦日用中的实践和运用。在他看来，宇宙间天地万物的气化流行"虚而难据"，不如人伦日用中的具体实践"实而可循"，故而他提出了"太极在人身""道在日用""义理不离事物"等观点，并在此基础上，对朱子学中的理气、心性及格致等"形而上"的内容做出了"实学化"的诠释，把程朱理学关注的形上思辨转向人的具体生活和道德实践上来。这一点，本书第四章已有详论，此不赘述。可知，为了清除佛、道对朱子学的影响，在程朱理学中具有最高哲学范畴的"理""道"，其本体意义被陆陇其逐步消解在人们的具体生活和道德实践中。

陆陇其去世不久，雍正、乾隆年间，学风突变，理学式微，考据学兴起，"雍乾之际，风气已变，理学渐衰，经学渐盛"[①]。然而，此时宗程朱的学者并没有因为理学的式微而放弃清除佛、道的努力。徽州理学家汪绂颇仰慕陆陇其的学术精神，他在陆陇其"义理不离事物"的基础上，进一步将"理""道"的内涵具体到了人伦社会，他解释"道"说：

> 道原于天，备于性，存于心，见于事，著于物，为人、物之所同具。
> 而日在天下，非有人所得而私之也。其在天曰元、亨、利、贞，其在人

---

① 钱穆. 中国学术思想史论丛（卷八）[M]. 合肥：安徽教育出版社，2004：371.

曰仁、义、礼、智，其在物曰父子、君臣、夫妇、昆弟、长幼、尊卑、宗族、乡党、朋友，其在事曰孝、弟、忠、信、睦、姻、任、恤、貌、言、视、听、恭、从、明、聪。道之为道，如斯而已。①

这是说，道虽然源于天，备于性，存于心，但却依靠事、物来体现，即"道见于事物"。在汪绂看来，体现在事、物之中的"道"就是仁义礼智、孝弟忠信及父子君臣夫妇昆弟等社会关系中的伦理秩序。可知，汪绂进一步发挥了陆陇其"道在日用"的观点，将理学中"理""道"的本体意义完全消解到了人类社会具体的伦理关系中。然而，他毕竟还承认"道"源于天、备于性、存于心，也即强调心②对理的体认功能。那么，在"穷理"时他又是如何处理程朱理学要求的心在未发时的体认和心在已发时的格物之间的关系呢？汪绂在陆陇其论述"格物致知"观点的基础上，明确要求应以外在的"格物"来验证内在的本心的体认，即强调"以外证内"的观点。他说：

有物必有则。物与道未始相离也，而或者以格物训扞格，谓扞去外物而本然之善自明，则是绝父子而后可以知孝慈，离君臣而后可以知仁敬也，安有此理哉！若曰所谓外物者，不善之诱耳，则外诱之甚者，莫若饮食男女，然推其本，亦人之所不能无者，但其中自有理欲之辨耳。今不能克己复礼而徒恶外物之诱，欲一切扞而去之，则是必阴口楞腹而后为得，饮食之正，绝灭种类，然后得全夫妇之别也。圣人大中至正之道，乌得以此乱之也哉。③

我们知道，朱熹在论述心、性关系时，将心分为未发和已发两个阶段，并指出心在未发时通体透明，可以自认天理，故而需常常用"敬"来加以涵养。汪绂担忧有些学者在处理心未发的状态时片面强调本心对理的体认，易

---

① （清）汪绂．理学逢源（卷十一）：外篇·道统类：道统［M］．清道光十八年敬业堂刻本．
② 这里的"心"指的是"本心"，即朱熹讲的心在未发时的状态。后文中提到的"心对理的体认"均指的是"本心"。
③ （清）汪绂．理学逢源（卷一）：内篇·圣学类：格致［M］．清道光十八年敬业堂刻本．

流入异端，故而他借助反对有学者将"格物"之"格"释为"扞"，来强调物、道（理）之间的统一。他认为，本心先天存有的理必须通过外物之理的验证才能得以彰显，否则放弃了"道"在外物的实践而依靠心对理的体认（引文中所讲的"本然之善自明"），那就犹如离开父子讲慈孝，离开君臣讲仁敬，这是惑乱圣人之道，显然是不对的。所以，他特别重视"道"在外物的实践和对本心之理的验证，他明确说道："欲极推吾心之知，必须实靠事物上，逐渐印证过来。"①

如前所述，陆陇其虽然强调"道在日用""义理不离事理"，论述心、性关系强调心在已发时的作用，颇有"以外证内"的倾向，但他毕竟不能完全脱离程朱理学的藩篱，还强调本心对于"理""道"的体认。不过，与朱熹不同的是，他不讲心中的理，而讲心中的仁。换言之，他注重以心中的"仁"来衡量外物的实践："视听言动，人之事也，而合于仁，则视听言动即为道；君臣父子，人之伦也，而合于仁，则君臣父子即为道。"② 因此，陆陇其在处理心、理关系时便会呈现出一种矛盾：他既强调通过"理""道"在外物的实践来验证心中先天存有之理，又不能摆脱程、朱所讲的心对于理的体认作用。故而，为了削弱心的主动性，降低心中之"理"的主体性和虚无性，他用较为具体的"仁"进行替代。虽然"仁"相较于程、朱讲的先天存于心中的"理"更加具体和翔实（"仁"在儒学体系里有较为明确的内涵，孔子以"克己复礼""己所不欲，勿施于人"等内容来言"仁"），但它毕竟还有主观性的倾向，因为每个人在心中对于"仁"的理解的尺度和标准可能存在差异，这就容易造成戴震所讲的"以心之意见为理"的状况。汪绂正是看到了这一问题，所以他在阐发"道见于事物"的观点时，非常重视"道"在外物的实践。

因此，相较于陆陇其，汪绂更加重视对理学本体意义的消解。他不但更加强调"理""道"在事物中的存在，还消解了心体认理的功能，使得先天

① 严佐之，戴扬本，刘永翔. 近思录专辑（九）[M]. 严佐之，丁红旗，校点. 上海：华东师范大学出版社，2014：20-21.
② （清）陆陇其. 松阳讲义（卷十二）：孟子 [M] // 张天杰. 陆陇其全集（第3册）. 北京：中华书局，2020：441.

存于心中的"理"沦为了待验证的认知对象。在他的理学体系里，程朱理学中的最高的哲学范畴"天理"需要借助外在事物之中的"理""道"来加以印证，这就使得"穷理"完全变成了外在的"格物"，"理""道"的本体意义由"天道"完全消解到了"人事"，由内在的抽象转向了外在的具体。但是，他所讲的"道见于事物"中的"道"毕竟还"原于天，备于性，存于心"，并且在处理心、理关系时，他只强调了外物之理对心中之理的验证，并没有从根本上消除本心具有主动体认天理的功能这一问题。其后，同样信奉程朱理学、同为徽州籍的学者程瑶田①则解决了这一问题，并将"理""道"更加推向具体、客观和翔实。他论"道"曰：

> 天道亦有于其形、其气，主实有者而言之。有天之形与气，然后有天之道，主于其气之流行不息者而言之。故曰"一阴一阳之谓道"也。道在于天，生生不穷，因物付物，乃谓之"命"，故曰"维天之命，于穆不已"也。若夫天人赋禀之际，赋乃谓之命，禀乃谓之性，所赋所禀，并据气质而言，性具气质中，故曰："天命之谓性。"②

这是说，"理""道"应在形气中寻求，主实有者言之，在天生人、生物是为命，而人、物禀之则为性。换言之，"性"就是"理""道"在人、物身上的体现。程瑶田以"性"来言理、道，并且主张性从形气中体现。所以，他明确反对程、朱将"性"分为气质之性和义理之性。他说："性也安得有二哉！安得谓气质中有一性，气质外复有一性哉！且无气质则无人，无人则无心；性具于心，无心，安得有性之善？故溯人性于未生之前，此天地之性，乃天道也。天道亦有于其形、其气，主实有者而言之。"③ 也就是说，在他看来，"性"只有体现在气质中的气质之性，并非气质之性外还有一个义理之

---

① 程瑶田治学虽以考据见长，然却不废义理。相较于考据，义理反为其治学主旨之所在，观其亲手编订《通艺录》之目次即可见其意图。

② （清）程瑶田. 程瑶田全集（第1册）[M]. 陈冠明，等校点. 合肥：黄山书社，2008：40.

③ （清）程瑶田. 程瑶田全集（第1册）[M]. 陈冠明，等校点. 合肥：黄山书社，2008：40.

性。那么，这样就会产生一个问题：既然性不从义理上言，那么如何解释儒家一直以来强调的人性本善的问题？换言之，何以人禀气质而为"性善"，物则不然呢？程瑶田以构成人、物的质形气之不同来解释这一问题：

> 人生矣，则必有仁义礼知之德，是人之性善也。若夫物，则不能全其仁义礼知之德，故物之性，不能如人性之善也……虽虎狼有父子，蜂蚁有君臣，而终不能谓其性之善也。何也？其质、形、气，物也，非人也。物与物虽异，均之不能全乎仁义礼知之德也；人之质、形、气，莫不有仁义礼知之德。故人之性，断乎其无不善也。①

程瑶田指出，构成人的质、形、气先天具有仁义礼知之德，故而人性为善，而构成物的质、形、气却于此欠缺，故而物性不能如人性之善。至于为何人的质、形、气先天含有仁义礼知之德，而物却没有，他并没有细说。既然人性为善，且不受气质影响，那么人的"恶"又是如何出现的呢？程瑶田指出，"恶"是人心在应物时，"意"的出现导致，因此他非常重视"诚意"，著有《诚意义述》一文专申此事。可知，以上程瑶田在论"性"时只是强调从气质上言，于人而论，人性先天本善，这和程、朱所讲的"理""道"内具于心，体现为义理之性并无明显差别。但程瑶田又指出，"性"虽然内居于心而表现为善，但这个"性"只是具有"善"的萌芽，并不包含着无所不知的"善"。他用"赤子之诚"来加以形容，认为人生成后所具有的人性就如"赤子之诚"，是一无所知的，需要通过不断地"格物"来进行扩充，进而达到无所不知之诚，这样人的"性善"就能够完满、自足。其曰：

> 诚意莫如赤子，而赤子非能格物以致其知者也。此可以见人性之善。而吾人之学必先于格物以致知者，何也？盖以意诚诚矣，意之诚诚如赤子之无妄矣，而卒不得谓之为"明明德"者也。"明明德"者，无所不知之诚；赤子之诚，一无所知之诚也……然即使赤子中有生而能为圣人

① （清）程瑶田. 程瑶田全集（第1册）[M]. 陈冠明，等校点. 合肥：黄山书社，2008：38.

者，亦必不能不格物致知而徒恃其一无所知之诚以造乎其极也。①

可知，在这里程瑶田所讲的内具于心的"性"是有别于程、朱所讲的"理""道"的。在程朱理学中，理学家也讲"性"具于心，只不过这个"性"是"义理之性"，是无所不知的"天理"。心在未发时，"义理之性"中含有的仁、义、礼、智等道德因素可以自行显现，进而被心体认，无须借助外在的"格物"，这称为"复性"，也叫"尽心知性"。现在，程瑶田所讲的"性"完全成了具有"善"的萌芽，是一无所知的"赤子之诚"，需要借助外在的"格物"来不断扩充内容，进而才能实现圆满，心的体认功能被他拦腰截断，直接转向了外在"格物"。然而，何以外在的"格物"就可以使心中的"性善"得到不断扩充呢？换言之，心中的"性"和外存于事物中的"理"有什么样的关系呢？程瑶田又提出了"物则"的概念，强调以"物则"代替人心中的"性"和事物中的"理"。他说："天分以与人而限之于天者，谓之命；人受天之所命而成之于己者，谓之性。此限于天而成于己者。及其见之事为，则又有无过、无不及之分以为之则。"② 又说："五官百骸，五常百行，无物无则；性、命相通，合一于则，性乃治矣。"③ 也就是说，命、性和理（事物中的理）指的都是同一个概念，只不过对象不同称谓也不同，在天言命，在人言性，命、性见于事为无过、无不及就是则。可知，"则"就是命、性在事为中中正无失的表现，因存于事为之中，故称为"物则"。"物则"既然和人心中的性是相等的，外在格物穷理扩充"物则"也就是内在地扩充"性善"。所以，程瑶田指出，"吾人之学必先于格物以致知者"④，"格

---

① （清）程瑶田．程瑶田全集（第1册）[M]．陈冠明，等校点．合肥：黄山书社，2008：32.

② （清）程瑶田．程瑶田全集（第1册）[M]．陈冠明，等校点．合肥：黄山书社，2008：36.

③ （清）程瑶田．程瑶田全集（第1册）[M]．陈冠明，等校点．合肥：黄山书社，2008：37.

④ （清）程瑶田．程瑶田全集（第1册）[M]．陈冠明，等校点．合肥：黄山书社，2008：32.

物以致其知，斯能穷尽物则，以知其心所具之性，而因以尽其心"①，将治学的工夫完全转向了外在的"格物"。② 然而，世上物有千万，早在程颐就讲过是"格"之不尽的，而程瑶田强调的"格物"和"物则"中的"物"又指的是什么呢？他说：

> 知非空致，在于"格物"。"物"者何？意、身、心、家、国、天下也。丽于身者有五事，接于身者有五伦，皆物之宜格焉者也。格者，举其物而欲贯通乎其理，致知者能贯通乎物之理矣。而于是诚意，使吾造意之时务不违乎物之理。而因之正心，使吾心常宅乎物之理。③

又说：

> 吾学之道在有，释氏之道在无。有父子，有君臣，有夫妇，有长幼，有朋友。父子则有亲，君臣则有义，夫妇则有别，长幼则有序，朋友则有信。以有伦，故尽伦；以有职，故尽职。……凡吾学之所有者，释氏固未尝无也，而其道则在于"无"。故道其所道，其于道，所以背而驰也。然而吾学之有，实有也，其尽伦尽职者，实有之也。④

可知，他所讲的"格物"主要还是在伦理社会上用功，"物则"也主要指的是"五事""五伦"等封建纲常和伦理秩序。他的这一观点后来又被凌廷堪所发展，直接以更为翔实和具体的"礼"来取代，提出了"以礼代理"

---

① （清）程瑶田．程瑶田全集（第 1 册）［M］．陈冠明，等校点．合肥：黄山书社，2008：33.

② 张寿安将程瑶田的这一思想称为"物则代理"，本部分关于程瑶田的论述颇参考张先生的观点。张寿安．以礼代理：凌廷堪与清中叶儒学思想之转变［M］．石家庄：河北教育出版社，2001：259-265.

③ （清）程瑶田．程瑶田全集（第 1 册）［M］．陈冠明，等校点．合肥：黄山书社，2008：30.

④ （清）程瑶田．程瑶田全集（第 1 册）［M］．陈冠明，等校点．合肥：黄山书社，2008：46.

的思想①。至此，程朱理学中的"理""道"的本体意义和本心对理的体认功能彻底被消除殆尽。

综上可知，从陆陇其到程瑶田，尊奉程朱理学的学者在不断地消除佛、道对儒学的影响，他们的主要任务是消解理学的本体意义和减弱心性的主动作用。具体体现在：一是理学本体意义的消解，从陆陇其的"道在日用"到汪绂的"道见于事物"再到程瑶田的"物则代理"，理学的本体意义呈现出逐步消解的过程，终至凌廷堪的"以礼代理"的提出，完全消解殆尽；二是心、性主动作用的减弱，随着理学本体意义的消解，理学体系中心、性的主动运作的功能也呈现出逐渐减弱的趋势，从陆陇其以"仁"来言心中所具之理，提出"格致"应遵循"以外证内"的方法到汪绂搁置心、性的主动发挥，明确强调"以外证内"的观点，再到程瑶田完全将本心的体认斩断而转向外在"物则"的探求，终于理学中心、性的主动运作的能力被完全消除。

（二）从"经世致用"到纲常维护：理学"实学"发展的异化

明代后期，面对国事的衰落和学术的败坏，以东林学派为代表的一批有识之士高举"经世致用"的大旗，开始从学术上对王学的空疏误国展开清算，他们清算的结果便是复兴朱子学中的务实、致用的思想。他们希望通过在学术上推崇"实行""实念""实事"的思想来实现程朱理学所要求的以修、齐、治、平为主要内容的"有用之学"。高攀龙便直言："大学之道，先致知格物，后必归结于治国平天下，然后始为有用之学也。"② 又说："学问通不得百姓日用，便不是学问。"③ 明清易鼎后，清初学者秉承东林学风，继续倡导和推广朱子学中务实和致用的思想，朱子学得到复兴。因此，清初尊奉朱子学的学者普遍具有务实和致用的共识，他们寄希望于通过朱子学中"内圣外王"思想的实践来拯救混乱的局势和重建败坏的学术。具体体现在：希望通过"格物"来实现治国、平天下的"外王"之学；希望通过"居敬"存理去欲、摒除邪念，达到"内圣"的境界，进而取得修己、为学、治政的合一；

---

① 关于凌廷堪"以礼代理"的思想，可参阅张寿安著作《以礼代理：凌廷堪与清中叶儒学思想之转变》。

② 《东林书院志》整理委员会. 东林书院志（卷五）［M］. 北京：中华书局，2004：89.

③ 尹楚兵. 高攀龙全集（上）［M］. 南京：凤凰出版社，2020：309.

希望通过"实行"将朱子学的经世思想真正落实到各处，使朱子学成为"修己治人"的有用之学。

熊赐履（1635—1709）在为康熙皇帝讲授《四书》《五经》时常以程朱理学来启沃君心，他说：

> 俯仰上下，只是一理。惟洞彻本原，扩充分量，存之心性之微，验之事为之实，则表里精粗，无有欠缺。总之，凡事有始终，有本末，人主根本既立，方讲得用人行政。盖用人行政，原无穷尽。先将道理讲明，根本立定，不惑于他歧，不迁于异物，一以二帝三王为法，而后用人行政，次第讲究施行，务期允当，不患不登斯世于上理也。①

他又从"内圣"的角度来劝导康熙皇帝时时不忘"主敬"涵养，其言：

> 敬者，圣贤传心之要，帝王修身出政之本，无所不包，亦无所不贯，南面临民，其一焉尔。敬则大纲正而万目举，敬则不下堂阶而天下平。盖惟敬必简，未有敬而不简者，亦未有简而不由于敬者。敬者，兢业之谓，而非矜持之谓也；简者，体要之谓，而非阔略之谓也。后世刑名法术之治，失之杂；清净寂灭之学，流于荒，皆不敬之过也。②

康熙二十二年（1683）十月二十四日，康熙帝就"理学"与治国、为人之间的关系同理学家展开了讨论：

> 上问："理学之名始于宋人否？"
>
> 张玉书奏曰："天下道理具在人心，无事不有，宋儒讲辨更加详密耳。"
>
> 上曰："日用常行无非此理，自有理学名色，彼此辩论益多。"
>
> 牛钮奏曰："随事体认，义理真无穷尽，不必立理学之名。"

---

① 中国第一历史档案馆. 康熙起居注（第 1 册）［M］. 北京：中华书局，1984：118.

② （清）熊赐履. 学统（卷十一）［M］. 清康熙二十四年刻本.

上又问："汤斌云何？"

斌奏曰："理学者本乎天理，合乎人心，尧、舜、孔、孟以来总是此理，原不分时代。宋儒讲理，视汉、唐诸儒较细，故有理学之名。其实理学在躬行，近人辨论太繁耳。"

上曰："朕见言行不相符者甚多，终日讲理学，而所行之事全与其言悖谬，岂可谓之理学？若口虽不讲，而行事皆与道理符合，此即真理学也。"

张玉书奏曰："皇上此言真至言也。理学只在身体力行，岂尚辞说？"①

不独独是殿臣理学家，即使是民间的理学家也同样强调"实行"和"致用"。张履祥便说道："读书为学，须是切实。切实者，切己也，养德、养身是也。养己之身，推之可以养人之身；养己之德，推之可以养人之德。壹是皆以修身为本，养德以是，养身亦以是。舍是，虚费光阴，徒劳心力。"② 陆世仪也说："六艺古法虽不传，然今人所当学者，正不止六艺，如天文、地理、河渠、兵法之类，皆切于用世，不可不讲。俗儒不知内圣外王之学，徒高谈性命，无补于世，此当世所以来迂拙之诮也。"③

然而，清初朱子学者倡导的"实行"和"致用"精神毕竟是随着"王学清算"展开的，王学的援佛、道入儒和谈玄论虚是他们清算的重点。相应地，辟佛、道和反对形上思辨的学风也成为清初朱子学者反思程朱理学的主要内容。故而，陆世仪、朱用纯等学者开始尝试着对程朱理学中形上思辨的内容进行"实有"化的解读，以消除佛、道有关本体论的思想及其形上逻辑推理和思辨形式对儒学的影响，其中以陆陇其诠释得最为全面和系统。如前所述，陆陇其强调的"太极在人身""道在日用""义理不离事理"等观点将"理""道"的本体意义逐步消解在了人们的日常生活中，而随着理学形上思辨内容

① 中国第一历史档案馆.康熙起居注（第2册）[M].北京：中华书局，1984：1089-1090.
② （清）张履祥.杨园先生全集（中）：初学备忘上[M].陈祖武，点校.北京：中华书局，2002：997.
③ （清）陆世仪.思辨录辑要（卷一）：大学类[M].清文渊阁四库全书本.

的逐步消解，再加上当时统治者的文化高压，他所讲的"日用""事理"之"理""道"又最终会落到封建伦理道德的维护上，遵循"道昭著于日用常行"到"道不外人伦日用"再到"道存于纲常秩序"的发展路径。他自己也明确说："夫圣人之道始乎卑，极乎高；始乎迩，极乎远。其为道不过君臣、父子、夫妇、长幼、朋友。"① 换言之，陆陇其消解理学本体意义的结果便是使理学最高哲学范畴的"理""道"逐步演化为封建社会的伦理纲常秩序。

同时，清廷统治者对程朱理学性理发挥的钳制，又为理学异化为纲常秩序提供了外部环境。清初复兴的朱子学发展到雍、乾时期，理学在最高统治者心目中的地位已然下降。雍正帝和乾隆帝没有康熙帝的理学修养和兴趣，他们对于朱子学的提倡完全出于统治的需要，而非真正地希望臣子们和世人发挥朱子学中的经世致用思想。雍正时期出现的吕留良案，便是吕留良借程朱理学宣扬民族大义所致。据陈祖武考证，乾隆时期，自乾隆二十一年（1756）至乾隆六十年（1795），在举行的 32 次经筵讲论中，乾隆帝有 17 次明显质疑于朱子②，而所疑之处亦多为影响清廷统治的性理阐发。正如钱穆所言："清代虽外面推尊朱子，但对程、朱学中主要的'秀才教'精神，则极端排斥。他们只利用了元、明以来做八股应举的程、朱招牌，他们绝不愿学者认真效法程、朱，来与闻他们的政权。"③ 可知，陆陇其从消除佛、道对儒学的影响着手，将程朱理学中具有本体意义的"理""道"消解在人伦日用之中，将朱子学中形上思辨的内容进行了"实有化"的诠释，这刚好与清廷提倡朱子学的目的相吻合。这或许也是陆陇其去世后得到清廷极力推崇的原因之一。

综上，我们可以知道，清初复兴的朱子学中具有的"致用"和"务实"精神随着朱子学中形上思辨内容的不断清除和理学本体意义的逐步消解，再加上清廷文化政策的高压，逐渐呈现出一种"异化"的现象。"经世致用"由清初关注国计民生和理学批判等学术层面的反思逐渐异化为伦理纲常的维

---

① （清）陆陇其. 三鱼堂文集（卷三）：钱子辰字说［M］//张天杰. 陆陇其全集（第1册）. 北京：中华书局，2020：67.

② 陈祖武. 清代学术源流［M］. 北京：北京师范大学出版社，2012：195.

③ 钱穆. 国史大纲（修订本）［M］. 北京：商务印书馆，1994：860-861.

护和道德操守的实践等教化层面的运用，而这种"异化"带来的影响又是巨大的，它限制了朱子学在学理上的创新，使得朱子学成为僵化的纲常名教。这一影响在晚清理学再次中兴时的理学家身上表现得尤为明显。

二、陆陇其与汉学背景下的徽州理学

梳厘清初理学向乾嘉考据学的转变，有一地区不可不论，那便是朱熹的祖籍徽州。徽州作为朱子故里，既是理学昌盛之地，又是乾嘉时期考据学的重镇。清代中期，以它为中心形成了影响巨大的"皖派"，将考据学推向了一个新的高度。对于清初徽州学术的传承，梁启超在《近代学风之地理的分布》中指出："皖南，故朱子产地也，自昔多学者。清初有歙县黄扶孟，治文字学，专从发音上研究训诂。是为皖南学第一派。有当涂徐位山，治史学及地理学，虽稍病芜杂，然颇有新见。是为第二派。雍正间则休宁程绵庄、歙县黄宗夏皆学于李恕谷。而宗夏兼师王昆绳、刘继庄。颜李学派之入皖自此始。绵庄又斯派图南之第一骁将也。是为第三派。同时有休宁汪双池，以极苦寒出身，少年乞丐庸工自活，而遍治诸经，以程朱学为制行之鹄，又通音乐医方诸学。是为第四派。宣城梅勿庵，崛起康熙中叶，为历算学第一大师。其弟和仲、尔素，其孙循斋，并能世其学。是为第五派。五派各自次第发展，而集其成者为江慎修，蜕变而光大之者则戴东原。"① 梁氏所指的第四派的代表人物汪绂和第五派的代表人物江永，分别是雍乾时期徽州朱子学和考据学的代表人物。江永治学虽尊朱子，然兴趣亦在考证，弟子戴震、程瑶田皆以考据闻名而不废义理。戴震治学虽不废义理，然其论心、性、理、气等内容皆以痛斥朱子为先，以至于章学诚讥其"饮水而忘其源也"②，独程瑶田能守考亭之学，论学皆以朱子为要。然考程瑶田为学大要，发现其论学颇近于汪绂，而汪绂治学又颇与陆陇其相合，故本节尝试论述在考据学兴盛的背景下

---

① 梁启超. 近代学风之地理的分布［J］. 清华大学学报（自然科学版），1924，1（1）：24.
② 章氏言："戴氏亦从此数公（按：指蔡沈、黄榦等传朱子之学的人）入手，而痛斥朱学，此饮水而忘其源也。"（清）章学诚. 文史通义（下册）［M］. 仓修良，编注. 北京：商务印书馆，2017：784.

陆陇其与徽州学者在义理思想上的互动。

（一）陆陇其对汉学的态度

陆陇其尝作《经学》一篇，表明他对汉学和宋学的态度，他说：

> 《六经》者，圣人代天地言道之书也。《六经》未作，道在天地；《六经》既作，道在《六经》。自尧、舜以来，众圣人互相阐发，至孔子而大备。不幸火于秦，微言大义几于湮没。至汉兴，诸儒索之于烬煨之余，得之于屋壁之中，收拾残编断简，相与讲而传之，于是言《六经》者，以为始于汉矣。然汉儒多求详于器数，而阔略于义理，圣人之遗言虽赖之以传，而圣人之精微亦由之而湮。历唐及宋，至濂、洛、关、闽诸儒出，即器数而得义理，由汉儒而上溯洙泗。然后圣人之旨，昭若白日，而《六经》之学，于是为盛，是故汉、宋之学不可偏废者也。①

在陆陇其看来，汉学和宋学都是传圣人之道的学问，只不过汉学是传圣人之遗言，而宋学则是传圣人之义理。所以，他说汉学"多求详于器数，而阔略于义理"，宋学"即器数而得义理，由汉儒而上溯洙泗"。由此，他主张汉学和宋学都不可偏废。随后，他又对汉学和宋学进行了整体的评价，并分析了它们各自的优缺点。他说：

> 然而辨汉儒犹易，辨宋儒则难者。汉儒之所争者，不过郊坛之分合、禘袷之大小、明堂世室之制、皋库雉应之位、祥禅之月日、律吕之上下，皆有迹可循、有数可稽，故虽繁而易究。至于宋儒之所争者，每在于太极之动静、先天之顺逆、理气之离合、知行之先后。其得者足以救汉儒之支离，其失者遂入于佛、老之虚无。一字之误认而学术由之而顿变，一言之谬解而风俗由之而尽移。②

---

① （清）陆陇其．三鱼堂外集（卷四）：经学［M］∥张天杰．陆陇其全集（第2册）．北京：中华书局，2020：461-462.

② （清）陆陇其．三鱼堂外集（卷四）：经学［M］∥张天杰．陆陇其全集（第2册）．北京：中华书局，2020：463.

陆陇其指出，汉学的优点在于"皆有迹可寻，有数可稽"，但缺点在于繁杂、支离，而宋学的优点在于"能救汉儒之支离"，但缺点在于易"坠入佛、老之虚无""一字误认而学术顿变""一言谬解而风俗尽移"。由此可见，陆陇其对于汉学、宋学的认识应当说是比较客观和准确的，他能够看到汉学"支离"和宋学"空疏"的弊端。因此，当吕柟①在论汉、宋之学时，将训诂归为异端之学，他表示了反对。《陆陇其年谱》载："阅《泾野集》，《陕西乡试录序》云：'论异端于汉、宋，黄、老为小，训故为大。论异端于晋、宋、齐、梁、陈、隋、唐，佛为轻，诗赋为重。'先生谓：'亦须问如何样训故，如何样诗赋？不得一概抹杀。'"②

综上可知，陆陇其对汉学应当是认可的。他并没有像对待阳明学说那样给予严厉的批判，反而承认汉学和宋学都是圣人之学，并指出汉学有"详于器数"的"实学"特征和"有迹可循，有数可稽"的学术优点。所以，明代嘉靖九年（1530），当朝廷以"学术未纯"将郑玄从孔庙请出后，他深为郑玄叫屈和不平，其言："至汉儒郑康成，历代从祀，嘉靖九年，以其学未纯，改祀于乡。然其所注《诗》《礼》，现今行世，程、朱大儒，亦多采其言，恐不当与何休、王肃辈，同置门墙之外。若以其小疵而弃之，则孔门弟子，亦有不能无疵者，岂可以一眚掩大德乎？"③ 另外，陆陇其在与同时代以考据闻名的学者交往时，均能对其学术、人品做出肯定的评价，譬如他称阎若璩为学"博雅"④、顾炎武为人"卓然"⑤，赞顾氏《日知录》"多论学之言"⑥，

---

① 吕柟（1479—1542），字仲木，号泾野，陕西高陵人。弘治十四年（1501）中举，官至南京礼部右侍郎。师事薛瑄，治学恪守程朱，是明代关学的集大成者，著有《周易说翼》《尚书说要》《宋四子抄释》《泾野集》等。

② （清）吴光西，郭麟，周梁，等．陆陇其年谱［M］．褚家伟，张文玲，点校．北京：中华书局，1993：118.

③ （清）陆陇其．三鱼堂文集（卷三）：灵寿志论［M］∥张天杰．陆陇其全集（第1册）．北京：中华书局，2020：55.

④ （清）吴光西，郭麟，周梁，等．陆陇其年谱［M］．褚家伟，张文玲，点校．北京：中华书局，1993：105.

⑤ （清）吴光西，郭麟，周梁，等．陆陇其年谱［M］．褚家伟，张文玲，点校．北京：中华书局，1993：67.

⑥ （清）吴光西，郭麟，周梁，等．陆陇其年谱［M］．褚家伟，张文玲，点校．北京：中华书局，1993：74.

并为其作注①。同时，他自己还著有《读礼志疑》，张伯行作序称其："探索于《仪礼》《戴记》诸书，而于古今之名物位号，吉凶乡祭之品物序次，亦皆精究深考，不遗余力。又折衷于孔、郑诸家之注疏，务得其中正不磨之说，是是非非，要以明古人之精意，而授学者以指归。其间皆衷以考亭之书与其及门同志所辩难往复，旁及于《春秋》律吕与夫天时人事，可与《礼经》相发明之言悉附于简。此其深切而著明，亦可自附于'信古而传述'者矣。乃先生于信者虽自矢其信，疑者则仍自阙其疑，而颜之曰《读礼志疑》。"②《四库全书总目》赞其："陇其覃思心性，墨守程、朱，其造诣之醇，诚近代儒林所罕见。至于讨论《三礼》，究与古人之终身穿穴者有殊。然孔疏笃信郑注，往往不免附会。而陈澔《集说》，尤为舛陋。陇其随文纠正，考核折衷，其用意实非俗儒所能及。"③ 这都说明陆陇其对于汉学的治学方法是比较认同的，并且也进行了尝试。整体上看，在对待汉学、宋学的态度上，他主张两者都不可偏废，并非要扬此贬彼。故近代有学者称其开门户争斗之先，此论其实是有失客观的。

（二）汪绂对陆陇其理学思想的继承

道、咸时期的理学家夏炘④在总结清代朱子学发展时，指出清代能光大朱子学的大儒有三人，分别为张履祥、陆陇其和汪绂，其中陆陇其名最显，汪绂名最晦。汪绂（1692—1759），初名煊，字灿人，号双池，安徽婺源（今属江西）人。父亲因家贫出游不归，自幼由母亲教授《四书》《五经》，八岁便可成诵。母亲去世后，无以自活，为陶窑画碗为生。尽管生活贫苦，但仍不失读书之志，晚年至休宁蓝渡学馆著书论学。治学以朱子为归，旁及乐律、天文、舆地、兵法、术数、医药等，皆能精通。著述丰富，有《易经诠义》

① （清）黄汝成．日知录集释（上）：叙录 ［M］．栾保群，校点．北京：中华书局，2020：4.

② （清）张伯行．读礼志疑序 ［M］∥张天杰．陆陇其全集（第9册）．北京：中华书局，2020：6.

③ （清）永瑢，等．四库全书总目（卷二十二）：经部二十二·礼类四 ［M］．清乾隆武英殿刻本，1594：346—347.

④ 夏炘（1789—1871），字心伯，安徽当涂人。道光五年（1825）中举，任武英殿校录。后任吴江、婺源教谕18年。咸丰初年，曾在婺源倡办团练，后擢颍州府教授，保升内阁中书，四品卿衔。治学推崇朱熹，主汉宋兼采，著有《述朱质疑》等著作。

15 卷、《诗经诠义》15 卷、《理学逢源》12 卷、《读问学录》1 卷、《参读礼志疑》2 卷、《读近思录》1 卷等。

夏炘所讲的三人中，张履祥、陆陇其生同时、居同郡、学相近，汪绂则稍晚于二人（汪绂出生的第二年陆陇其去世）。然考三人学术，或许陆陇其声名最显、学传最广，故汪绂治学亦颇受其影响。光绪年间，学者赵舒翘在为汪绂的《读问学录》作序时便已指出二人之间的学术渊源，他说："国朝诸儒，尊朱者杨园先生而外惟稼书先生著作最正，而著作之多，能为朱子功臣，则惟婺源汪双池先生一人而已。此录（按：《读问学录》）虽仅一帙，而以双池先生精诣，其片语亦耐人寻绎，况系推阐稼书先生之言乎？后之求两先生道脉渊源上及朱子者，其必执是篇以为嚆矢乎！"①

《读问学录》成书于乾隆十九年（1754），系汪绂晚年著作。汪绂在读陆陇其《问学录》时因感陆氏为学"平正通达"、为人"实践躬行"，故将己见抄存于左，是成此书。他在自序中说道："予读陆稼书先生之《问学录》及其《读礼志疑》，而知其所学之平正通达，则其人之实践躬行，亦迄今可想见也。儒先之理，谁不能言？言之而偏诐庞杂者，可无问矣，即言之而醇，吾未知其醇之果有于躬乎否也。安可因论笃而与之？然而躬行本于心，得真知自见于行，故有得之言与无得之言，必有分也；反躬之言与务外之言，又必有分也。孔子曰：'有德者必有言，有言者不必有德。'其辞气吐属间，不有可深识乎？明季以来，异学横塞，逾闲荡检，浮论若狂。虽其间维持正学者要不乏人，而或所见未逮，则论涉骑墙。惟②稼书先生气象和平，刚而不折。然而未读其书，则未敢深知其实。而今乃释然信矣。虽其质近于笃实，稍欠渊深，言及精微，或亦如有隔膜，然皆实践理地，则非其以身体焉，其必不能道之

---

① （清）汪绂. 读问学录［M］. 清光绪二十年刻本.

② 按：余龙光所编《汪双池先生年谱》中有"予所心仪惟□□、稼书二子。□□之超踔高明，似非稼书先生所及。而圭角太张，英气太露，又不若稼书先生气象平和"一段，在光绪二十年刻本《读问学录》中缺漏。依笔者愚见，《汪双池先生年谱》中所剜去两字当为"用晦"（吕留良字），因为检视《读问学录》，汪绂提及本朝学人仅有两位，一为陆陇其，一为吕留良，且均表达仰慕之情。书中有"吕用晦深恶讲章之支离，其言明切痛快，予甚喜之"之言，雍正年间，吕氏因文字狱获罪，故此二字为"用晦"当无疑，然光绪二十（1894）赵舒翘刻《读问学录》时因避讳径将此段删掉。

亲切而有味有如斯也。因读其书而有触焉，则亦以笔识之，抄存于左。"① 同年，他读陆陇其《读礼志疑》甚喜之，又作《参读礼志疑》。自序曰："稼书先生之读《礼》也，凡有疑议，必考悉于注疏，而不敢遗。非不惮烦，盖不如是不敢安。读经求实得也……然则稼书先生之志不可尚欤。愚是以喜读其书，而时或旁参一说焉，谓疑有同心，亦复识之，且欲为世之好异而畏烦者告也。"② 以上足见陆陇其学术对于汪绂治学的影响，而汪绂在论学时亦多与陆陇其相合并能做进一步的发挥。

汪绂在对待理学的态度及理、气关系上与陆陇其并无明显的不同，在处理心、性关系时，他进一步发挥了陆陇其偏重外在"格物"的思想，明确提出了"以外证内"的观点，现将其治学大要概述如下。

一是奉朱熹为正统，辟阳明为异端，反对"朱王调和"。在对待理学的态度上，汪绂同陆陇其一样，认为朱熹是儒学正统，王学是异端，坚持"尊朱辟王"的治学态度，反对朱、王之间的调和。他说：

> 自孔、孟而后千五百年至周子，而道统之传始续乃微而未大显于世，及二程、张、邵并兴，而师儒乃大显于世，道学昌明，猗与盛矣……厥后朱子出焉，初往来于刘氏、胡氏之门，继从游于延平李氏，而道统之传乃终属之我朱子焉。③

又说：

> 延平、五峰，皆朱子所尝从游，而朱子化其偏；周、程、张、邵，皆朱子所祖述，而朱子饮其醇，故不规规于师承而大而能化。盖德无常师，惟善为师，善无常主，协于克一也。至若张（张栻）、吕（吕祖谦）之俦，为朱子之同志，而或过或不及，皆不能如朱子之至大而无外，至

① （清）汪绂. 读问学录 [M]. 清光绪二十年刻本.
② （清）余龙光. 汪双池先生年谱（卷三）[M]. 清光绪二十二年刻本.
③ （清）汪绂. 理学逢源（卷十二）：外篇·道统类：师儒 [M]. 清道光十八年敬业堂刻本.

精而不遗，大中至正而无所偏倚也。此朱子所以为集诸儒之大成也。①

汪绂梳理了自己所认为的道统谱系。他指出，道统自孔、孟中断后至周敦颐而得以续接，其后二程、张载、邵雍先后阐释道义，道学昌明，至朱子集诸儒之大成，终使"道学"至精而不遗，大中至正而无所偏倚。接着，他又批评王学为异端，他说：

> 异学而谓之端者，以立异之始，为端甚微，而其末之流为害甚大，君子宜辨之于早也……陈白沙以自然为宗，以忘己为大，务去耳目支离之用，以全虚圆不测之神，而其学遂与释氏之清净六根、明心见性者全无少间矣。王阳明远祖金谿（陆九渊），近宗新会（陈白沙），倡良知之学以号召一时，窃孟子之说而实扬告子之波，饰儒者之名而实为释氏之黠，虽时强自为别白于释，而亦乌得为别白之？其徒王艮、王畿益畅其邪，颠倒愈甚。心斋之学一传而颜均，再传而罗汝芳；龙溪之学一传而何心隐，再传而李贽，乃直引三教为一家。②

汪绂认为，陆王心学自陆九渊、陈白沙再到王艮、王畿皆是异端曲学，尤其是王阳明的"良知"之学，阳儒阴释，窃孟扬告，危害最为巨大，而颜均、罗汝芳、何心隐、李贽等阳明后学更是离经叛道，败坏纲常，援佛入儒，直言三教合一。由此，他得出了"异端之贼道者，不在佛、老，而即在吾徒矣"③的结论。

另外，汪绂和陆陇其一样，同样反对"朱王调和"的观点，认为当下有些学者所主的"朱王调和"之论，不过亦是异端之学的新表现，他借"朱陆调和"予以批判。他说：

---

① （清）汪绂. 理学逢源（卷十二）：外篇·道统类：师儒 [M]. 清道光十八年敬业堂刻本.

② （清）汪绂. 理学逢源（卷十二）：外篇·道统类：师儒 [M]. 清道光十八年敬业堂刻本.

③ （清）汪绂. 理学逢源（卷十二）：外篇·道统类：师儒 [M]. 清道光十八年敬业堂刻本.

要不得谓非陆氏之偏于主静、立大，为有以开其端也。乃至于理穷辞遁，而又欲援朱入陆，而阳明以有《朱子晚年论定》之书，赵东山以有"始异终同"之说，将谁欺欺天乎！是以有明之季，为举业者争以私智穿凿、离经叛传为奇，立朝廷者争以影响风闻、快于搏击为事，而是非之颠倒、错乱所不计焉。未必非认取一心，而不必格致、不必敬诚之为害祟也。夫自用私智以立异于天下者，世不能尽无其人，而吾儒苟严以绝之，辨以明之，则斯人亦何自以为害于天下！①

在汪绂看来，"朱王调和"同"朱陆调和"及王学一样，都是以私智而立异说，是异端之学，如不能及时加以辨别和抵制，必然会导致像明代那样"为举业者争以私智穿凿、离经叛传为奇，立朝廷者争以影响风闻、快于搏击为事"的现象出现，进而是非颠倒、错乱不计，终至为害天下。所以，对于陆陇其批评汤斌调和朱、王的观点，他表示认同。他说："整庵辨朱陆同异一条最为详尽，卫道严矣。近世如汤潜庵，学行、事业亦似可观，然含糊于白沙、阳明间而不为明辨。陆稼书尝遗书讯之，要其厚诬天下后世之咎，殆已大于轻议儒先矣，其不明哉，其甘自诬也。"②

二是"理气相依，气强理弱"的理气关系。在处理理、气关系时，汪绂在陆陇其"理气合一，悬理重气"观点的基础上，做出了进一步发挥。他强调理、气之间的互相依存，重视"气"的作用，将程朱以来主张的"理体气用"的关系变更为"理、气相与为体"，并提出了"气强理弱"的观点，将"气"提升到可以和"理"互为本体的地位。他说：

太极无极，理也，阴阳五行，气也。形上之理合于形下之气，而相与为体，所谓妙合而凝也。理不离气，气不离理，有此气即有此理，此便是凝合之妙，而形以生，而理亦以赋，又何必问求未合之先安在乎？

---

① （清）汪绂．理学逢源（卷十二）：外篇·道统类：师儒［M］．清道光十八年敬业堂刻本．

② （清）汪绂．读困知记（卷一）［M］．清光绪二十一年刻本．

以其合言之，则理为气主，气为理舆；以其分言之，则理无形，气有迹，理无为，气有觉。是不得不有分歧而成二矣。惟理无为而气有觉，故气强理弱，理管摄他不得，气化之所以不能无太过不及，人物之所以不能无善恶邪正，以是故也。①

"理"在理学中具有最高的本体意义，程朱以来的理学家在论述理、气之间关系时，都遵循着以"理"为体、为道，以"气"为用、为器的观点，主张"理体气用"。即使清初的陆陇其在尽力削弱理学本体意义时，面对理、气关系，也只是将"理"悬挂、搁置，而不去过多地阐发它的形上意义，以来凸显"气"的作用。现在，汪绂在陆氏论述理、气关系的基础上，进一步削弱"理"的本体意义，提升"气"的地位，并指出理、气之间是"相与为体"的关系，理不离气，气不离理。又因为，"理"无形、无为，是为虚体，不易把捉，而"气"有迹、有觉，是为实体，较易感知，所以他又提出了"气强理弱"的观点。汪绂指出，"理"无形、无为，气有迹、有觉，如果分言理、气，则"理"必定沦为玄虚、抽象之理，较难探寻和把握，就如陆陇其所言"是故善言太极者，求之远，不若求之近；求之虚而难据，不若求之实而可循"②。所以，他也有"又何必问求未合之先安在乎？"的反问，主张"理"应在理、气相合中寻求。换言之，在汪绂看来，"理"应在具体的事、物中寻求，因为由"气"生成的具体的事、物有迹可循，亦可感知，这同他"道见于事物"的观点是相一致的。

需注意的是，虽然汪绂极力削弱"理"的本体意义，提升"气"的地位，但他治学毕竟以朱子为尊，不能完全跳出程朱理学的学术影响。所以，他对"气强理弱"的观点，又做出了进一步的解释。他说："虽言气强理弱，而太极实为造化之枢纽、品物之根底者，语气之所以行与物之所以生，则理实为之主宰而后气循之而以行以生，故物物之生莫不各具此理，若语气之行而已，则太过不及之间甚且有拂乎？理之当然而不可抵止者，物生之后，理

① （清）汪绂 . 读困知记（卷一）［M］. 清光绪二十一年刻本.

② （清）陆陇其 . 三鱼堂文集（卷一）：太极论［M］// 张天杰 . 陆陇其全集（第1册）. 北京：中华书局，2020：3.

安能尽为管摄乎？"① 可知，他虽然极力削弱"理"的本体意义，提升"气"的地位，但毕竟不敢直接改变程朱理学中"理"的本体地位。故而，他在论述理、气关系时呈现出一种矛盾性。

　　三是强调"以外证内"的心性关系。我们知道，陆陇其虽然对朱子学中"理""道"的本体意义进行了一定的消解，但作为清初的理学家，他受时代的限制，必然不能完全脱离理学性理的发挥。所以，在论述心与理的关系时，他也重视主敬涵养，承认本心之理的体悟和验证。只是与程、朱不同的是，程、朱等理学家看重的是心在"未发"前，体悟"本一"之理，而陆陇其关注的是心在"已发"后所求外在事物之理对心中"本一"之理的验证。陆氏的这一观点得到了汪绂的继承和发展。汪绂在处理心、性关系时，特别重视"理""道"在具体事物中的实践。在他看来，人心中虽然自备万物之理，但这个理虚而难测，如果不在具体事物中寻求与印证，那么它也就无法得到本心的体认。所以，他非常重视外在的"格物"，主张通过外在事物之理来印证本心之理，提出了"以外证内"的观点。他说：

> 人之有生与物同原，而人受天地之中，故吾心自备万物之理。有物则有事，而吾心自有通乎万事之知，但此心之知时体统固，然而不从事事物物上印证过来，则无以尽此知之量。如吾心本知要孝，而或不知所以尽孝；吾心本知要弟，而或不知所以尽弟。知孝、弟者，吾心之灵也，不知所以孝、弟，物有未格也。于是于事物、日用、载籍、闻见间，日日讲求其所以事父事兄，而尽孝尽弟之道，是则格物以致知也。②

　　汪绂认为，人与物的构成同源同质，均由气化而生，但人在生成过程中最为灵秀（受天地之中），故人心自备万物之理。然而，人心虽自备万理，却无法完全体认，需要借助外在的"格物"来加以印证。他指出，心中所具的万物之理如果不能从具体的事物中加以印证，那么它也就成了空理，终不得被体认。可知，汪绂将程朱强调的心在未发时的体认天理转向了外在的"格

①　（清）汪绂．读困知记（卷一）[M]．清光绪二十一年刻本．
②　（清）汪绂．理学逢源（卷一）：内篇·圣学类：格致 [M]．清道光十八年敬业堂刻本．

物"印证，与陆陇其注重心在已发时的运用相比，他更重视"理""道"在外物的实践和探寻。所以，在汪绂构建的心性体系里，本心对于"理"的体认，完全取决于外在事物"格物"的结果。而他所谓的"物"又是指具体的事物、日用、载籍、闻见等日用常行，"有志格物，无物无理，随处目睹耳闻、手持足践，皆吾穷理之学"①。他解释"格物"道：

> 物如何格？《诗》云："有物有则。"上文"致知"，"致"字为"推致"之义甚明。则格物为穷至物理，亦甚明矣。凡物虽在外，而万物之理，则本皆备于吾心。但吾心之知虚，而在物之理实。故欲推极吾心之知，必须实靠事物上逐渐印证过来，此心之知方实在、信认得定。如人家有田地万顷，契墨册税，承祖以来，本皆在家。然亦须逐亩逐段亲身历过，四至分明，与契税符合，方始信得此亩此段是自家田地。不然，则或冒认他人田地为己有，或自己田地被他人冒去，不得清矣。②

在汪绂看来，内心先天存有的"理"本就是虚无难知的，要想体认它的存在，就必须向事物中求理进而反向验证，也即向外寻求事理而后才能获知心中之理。由此可见，汪绂重点发挥了陆陇其重视外在"格物"的思想，在论述心、性关系时明确提出了"以外证内"的观点，而将程、朱强调的心对理的体认功能搁置不论，改变了程朱理学偏重内在涵养的治学路径。他这样做的目的就是削弱心主动运作的能力，使心在对理的体认上失去作用，进而将"格物致知"的重心完全放到了外在事物的求理上。

（三）程瑶田对汪绂理学思想的发展

程瑶田（1725—1814），字易田，一字易畴，号让堂老人，安徽歙县人。少师淳安方粹然，稍长，与戴震、金榜同学于江永，学问大进。九应乡试，至乾隆三十五年（1770）恩科始才中试，乾隆五十三年（1788），大挑二等，

---

① 严佐之，戴扬本，刘永翔. 近思录专辑（九）［M］. 丁红旗，校点. 上海：华东师范大学出版社，2014：19.

② 严佐之，戴扬本，刘永翔. 近思录专辑（九）［M］. 丁红旗，校点. 上海：华东师范大学出版社，2014：20-21.

由吏部选为嘉定县教谕，在任期间廉洁自持，以身率教。嘉庆元年（1796），被举为孝廉方正，嘉庆十九年（1814）卒。程瑶田一生以著述为事，所著之书，为《通艺录》。

程瑶田生活在乾嘉考据学风大盛的时期，且本人以考证精密闻名学界。然其治学绝非一般断断于琐碎饾饤考据者流可比肩。程氏治学并不仅仅满足于考证实学，其志趣则在阐明义理上。嘉庆八年（1803）他将己作合刻为《通艺录》，在亲订的次目中，两篇义理之作《论学小记》与《论学外篇》醒目地置于全帙之首，开宗明义，彰显学旨，亦可见阐发义理在其学术价值认定中之地位①。

程瑶田论学虽然在某些地方与朱熹相异，但整体上仍不出程朱理学的范围，可以说是朱子学在清中叶发展的修正者。钱穆曾说："余观易畴论学，颇有与东原异者，东原盛诋宋儒，易畴无之，且深推朱子，其恭敬桑梓之情，有似慎修。"②彼时，徽州府要改朱熹祠庙为文昌（周文王）祠庙，程瑶田极力反对，连作《徽州府建文昌神祠议》和《徽州府建文昌神祠议二》两篇文章为朱熹叫屈，其在文中写道："诚以孔子之道，得文公阐扬发挥，使千百世下，不致为异端旁门督乱之者，其功尽在文公。"③可见，其推崇朱熹至此。所以，称他为清中叶的朱子学者并不为过。杨向奎曾说："程易畴的思想与东原早期的思想有相似处，程始终是程朱，他修正了程朱而没有叛离。"④关于程瑶田义理思想的渊源，目前还没有学者进行专门的探讨，不过学界大致有两种约定的看法：一是认为来源于江永⑤，一是认为受徽州朱子遗风影响。持第一种看法的依据是江永著有《近思录集注》，能传朱子之学。是书据江永言："采取朱子之言，以注朱子之书；朱子说不备，乃取叶（按：叶采，著有

①　单智伟.考据学风下程瑶田的义理学［D］.上海：华东师范大学，2011：2.

②　钱穆.中国近三百年学术史［M］.北京：九州出版社，2011：411.

③　（清）程瑶田.程瑶田全集（第1册）［M］.陈冠明，等校点.合肥：黄山书社，2008：336.

④　杨向奎.清儒学案新编（第五卷）：让堂学案［M］.济南：齐鲁书社，1985：48.

⑤　江永（1681—1762），字慎修，号慎斋，安徽婺源人。其一生蛰居乡里，潜修砥行，为学长于比勘，明于步算、钟律、声韵，而于三礼之学尤深。著述丰富，著有《周礼疑义举要》《礼记训义择言》《春秋地理考实》《礼经纲目》《近思录集注》《四书典林》等。

《近思录集解》）说补之；叶说有未安，乃附己意。"① 与江永同时代的学者姚鼐便说："婺源自宋笃生朱子，传至元、明，儒者继起。虽于朱子之学益远，然内行则崇根本，而不为浮诞，讲论经义，精核贯通，犹有能守大儒之遗教而出乎流俗者焉，近世若江慎修永其尤也。"② 乾嘉时期的学者夏銮也曾说："近儒学术兼考据词章者，惟朱竹垞（朱彝尊）；兼汉学、宋学者，惟江慎修。江氏书无不读，人知其邃于三礼，而不知其《近思录集注》实撷宋学之精。"③ 杨向奎亦言："他的《近思录集注》是一部有用的书，用朱子的语言解释周张二程的语录，可以看出自北宋到南宋理学发展线索，可以看出濂洛关闽学说之异同。虽然江永自己的按语无足轻重，但他的努力是可贵的，这种精神影响到东原、易畴，使东原成为卓越的思想家，而易畴也是有所成就。"④ 故学者多以此为据认为程瑶田义理思想来源于江永。持第二种看法的依据是徽州为朱子故里，学者多受朱子遗风影响，崇尚程朱理学。钱穆便说道："盖徽歙乃朱子故里，流风未歇，学者固多守朱子圭臬也。"⑤ 陈祖武在描述戴震治学方法时也提到了徽州朱子遗风的影响："戴震为学之初，本受乡里宋学遗风熏陶，尽管力图弃宋而归汉，但是探寻义理，始终如一，因而他的释仁，颇多演绎而非尽归纳。"⑥

　　这两种看法都有一定的合理之处，但又都有值得商榷的地方。第一种看法的商榷之处在于，江永治学以考据显名，而少言义理，被誉为皖派朴学的开山。其虽服膺程朱之学，兴趣却并不在此，故于义理极少发挥。当时与其论学的汪绂便担忧他沉溺于考据而不知，故不厌其烦地劝诫其不要耽于"博洽"的虚名，要做到"由博返约"，与"洙泗、紫阳同一心法"，他说："今之号为尊守紫阳者，亦或以小言细物与朱子争博洽。慎修潜心经籍，考慎先王法制、悬揆。慎修所志，当与洙泗、紫阳同一心法。然求其弗叛于道，势

① （清）余龙光. 汪双池先生年谱（卷二）[M]. 清光绪二十二年刻本.
② 钱穆. 中国近三百年学术史（第八章）：戴东原 [M]. 北京：九州出版社，2011：334.
③ 徐世昌，等. 清儒学案（卷五十九）：慎修学案下 [M]. 沈芝盈，梁运华，点校. 北京：中华书局，2008：2321.
④ 杨向奎. 清儒学案新编（第五卷）：让堂学案 [M]. 济南：齐鲁书社，1985：52.
⑤ 钱穆. 中国近三百年学术史 [M]. 北京：九州出版社，2011：334.
⑥ 陈祖武. 清代学术源流 [M]. 北京：北京师范大学出版社，2012：282.

不得不由博返约，而今世遂徒以博称慎修，且或为慎修作《慷慨不遇赋》，是安足以尽慎修之大？而慎修之所以苦心为慎修者，不反以虚称掩耶？且夫博最难言耳，天地之大，古今所传记载何穷？岂耳目所能遍及？此圣人所不知、不能者，慎修苟以博洽自见，则由基之射百中或不无一失。"① 道光时期的学者王炳燮更是指责江永不能传朱子之学，他说："时则有汪双池先生挺生朱子之乡，与慎修江氏同邑同时，称'二儒'焉。然江氏自《近思录集注》而外，其他经说不合朱子者多矣。其徒戴东原氏至为《原善》《原象》《孟子字义疏证》等书，诵言以攻朱子。则江氏守之不恳、传之不纯，尚不得为无过也。"② 因此，便有学者指出程瑶田虽问学于江永，但所受影响多在声韵、音律、地舆、三礼等考证方面，而非义理。他们以与程瑶田共同问学于江永的戴震的思想构成为例来说明这一问题。梁启超便言："东原既是密之（方以智）、慎修的乡后学，受他们影响成就他的考证学，他却是'十七岁即有志闻道'的人，对于哲学上许多问题，不甘以'不理'态度自满足，中年得颜李学派的帮助，再应用向来的治学方法往前探讨，渐渐便熔铸出他的'东原哲学'来了。"③ 张寿安亦言："戴震早年问学于江永，但所受之影响多在声韵、历数、步算，与名物考核，而非义理。"④ 甚至还有学者认为，即便是考证之学，程瑶田受戴震的影响也要比江永大⑤。据《江慎修先生年谱》记载，乾隆十八年（1753），江永设馆于歙县西溪不疏园，戴震、程瑶田、郑牧、汪肇龙、方矩、金榜、汪梧凤、吴绍泽从学，二十二年，江永改馆于歙县方矩家，除戴震北上避祸外，其余门人从学如旧⑥。程瑶田从学于江永有确切时间记载的共有这两次，而乾隆十八年（1753）当属其第一次问学于江永，是年他二

---

① （清）余龙光.汪双池先生年谱（卷二）[M].清光绪二十二年刻本.
② （清）王炳燮.毋自欺室文集（卷四）：汪双池先生遗书序 [M].清光绪十一年广仁堂刻本.
③ 梁启超.梁启超论儒家哲学 [M].北京：商务印书馆，2012：257.
④ 张寿安.以礼代理：凌廷堪与清中叶儒学思想之转变 [M].石家庄：河北教育出版社，2001：190.
⑤ 金玲.清代徽州经学家互动的微观图景：以程瑶田礼学交游为中心 [J].学术界，2016（8）：198.
⑥ （清）江锦波，（清）汪世重.江慎修先生年谱 [M]//薛贞芳.清代徽人年谱合刊.合肥：黄山书社，2006：63，64.

十九岁①。然考程氏著作，可以发现江永对其学术影响仅体现在两三处，且都较为隐晦，也都集中在考据方面②。可知，言江永对于程瑶田的学术影响主要集中在考据学方面，具有一定的合理之处。第二种看法的商榷之处在于，地域环境对于学者的学术思想的构成应当说会有一定的影响，但非决定性的影响，戴震最终走向反理学的路子便是最好的证明。且程瑶田生活的时期，徽州崇朱学风已然骤变，章学诚曾形容乾嘉时期的徽州学风，"至今（嘉庆二年，1797）休、歙之间，少年英俊，不骂程、朱，不得谓之通人"③。

一位学者思想的最终形成，可能受某一个人、某一种环境的影响，也可能受多个人或者多种环境的影响。所以，我们在考察某一位学者的思想构成时不应单纯地将其局限于一个人或者某一种因素，应当从多个方面和角度对其进行综合的考察。笔者在梳理程瑶田的义理思想时，发现其有些观点与汪绂比较相近。为此，笔者深信程瑶田的义理思想，有一部分是受汪绂理学思想的影响，虽然在他的著作中一点实证也找不出，但笔者相信存在这一可能性。现大略寻找一下其中的线索。

第一，程瑶田的义理学著作《论学小记》成书于其中晚年时期，也就是戴震去世以后④。戴震卒于乾隆四十二年（1777），是年程瑶田五十三岁。然而可以肯定的是，程瑶田在此之前就已经对汪绂的学术思想和著作有了大致

---

① 据江永弟子汪世重与江永之孙江锦波编撰的《江慎修先生年谱》记载，江永设馆于不疏园前，戴震、程瑶田、郑牧、汪肇龙等人已从学于其门下，但具体从学时间未知。段玉裁撰《戴东原先生年谱》，其中载道"乾隆七年（1742），戴震问学于江永"，汪、江《年谱》所载当采此说，然这一时间又被杨应芹考证有误。据杨先生考证，戴震首次问学江永的确切时间应当在乾隆十八年（1753），即江永设馆于不疏园时（具体见杨应芹：《段注〈东原年谱〉补正》，《文献》1996年第1期，第105-106页）。故可知，《江慎修先生年谱》中所载"戴震、程瑶田、郑牧、汪肇龙早在乾隆十八年（1753）前已问学于江永"当系误载，而戴、程、郑、汪等人求学于江永的确切时间应当在乾隆十八年（1753），即江氏设馆于不疏园时。
② 金玲. 清代徽州经学家互动的微观图景：以程瑶田礼学交游为中心 [J]. 学术界，2016（8）：198.
③ （清）章学诚. 又与朱少白书 [M] // 仓修良. 文史通义新编新注（下册）. 北京：商务印书馆，2017：784.
④ 张寿安推测其中的《诚意义述》《述性》《述情》等阐发义理的代表作当完成于戴震去世以后。张寿安. 以礼代理：凌廷堪与清中叶儒学思想之转变 [M]. 石家庄：河北教育出版社，2001：236.

的了解。据余龙光编著的《汪双池先生年谱》记载，乾隆三十八年（1773），汪绂门人余元遴邀集了徽州一大批具有功名的官员和学者向时任安徽学政的朱筠上《呈遗书于朱学院后更请从祀紫阳书院状》，联名提请汪绂从祀紫阳书院，而程瑶田便在其中①。因此，程瑶田对于汪绂的思想和著作在当时必定有所接触和了解。

第二，乾隆三十六年（1771），朱筠奉命提督安徽学政。乾隆三十八年（1773），余元遴携汪绂遗书献于朱筠，同年八月，朱筠同意汪绂与江永共祀于紫阳书院，并于九月亲自作《婺源县学生汪先生墓表》以表彰汪绂学术。可知，朱筠对于汪绂的学术思想应当是清楚和熟悉的。然而乾隆三十八年（1773），朱筠督学安徽时，程瑶田应与其有过接触，且进行过学术之间的探讨。《笥河文集》中有一篇朱筠所作的《程茸翁画册跋尾》，其中写道："歙程茸翁瑶田假馆于武邑者二年，乾隆癸巳、甲午也。"②（乾隆癸巳年即乾隆三十八年，甲午年为乾隆三十九年）又道："吾得交于茸翁而反覆观是图也。"③可知程瑶田必定于乾隆三十八年（1773）与朱筠有过会面，并将其坐馆于武邑时④所画的画册展示给朱筠，故而朱筠才有此跋。朱筠跋中提到的乾隆癸巳年和余元遴在乾隆三十八（1773）年邀集徽州官员、士绅为汪绂请祀于紫阳书院的时间相符。后乾隆四十年（1775），程瑶田还将自己所作的《丰

---

① 《汪双池先生年谱》载曰："具呈治下合属翰林院修撰黄轩、前任刑部郎中汪承霈、内阁中书王友亮、吴镶、吴锡龄……举人黄廷杰、汪澎、洪腾蛟、程瑶田、程启祐、戴锡光、黄恩、戴丙南……等，呈为吁恩祔祀，以表幽潜事。窃见婺源已故生员汪绂，安贫守道，笃志穷经，具马、郑之宏通，非矜博物，探程、朱之奥奥，允切提躬，著作不止等身，议论绝无剿说，阐天人性命之秘，抉摘深微，极礼乐制度之详，发挥条畅，不幸遗经独抱，竟至德潜未彰。"（清）余元遴. 呈遗书于朱学院后更请从祀紫阳书院状［M］∥（清）余龙光. 汪双池先生年谱（卷四）. 清光绪二十二年刻本.
② （清）朱筠. 笥河文集（卷六）：程茸翁画册跋尾［M］∥王云五. 丛书集成初编. 上海：商务印书馆，1935：115.
③ （清）朱筠. 笥河文集（卷六）：程茸翁画册跋尾［M］∥王云五. 丛书集成初编. 上海：商务印书馆，1935：116.
④ 据《程易畴先生年谱》记载，程瑶田于乾隆三十七年（1772）至乾隆四十年（1775）坐馆于武邑县令何圣容家中。（清）程瑶田. 程瑶田全集（第1册）［M］. 陈冠明，等校点. 合肥：黄山书社，2008：181.

润县牛鼎记》寄给朱筠和翁方纲相互讨论①。因此，程瑶田完全有可能从朱筠处获悉汪绂的学术思想。

第三，汪绂生前名声虽然没有大显，但其学术在当时的徽州已然有所传播，其言："绂诚谫劣无似，而猥闻乡间聚语所讥评为道学骨董者，则以绂与慎修并指，时用自愧。"② 再加上乾隆三十八年（1773）朱筠所作《婺源县学生汪先生墓表》的推崇，故程瑶田完全有可能从他人处获知汪绂的学术思想。

综上种种，在程瑶田义理学著作《论学小记》成书之前，他是有可能对汪绂的学术思想有所了解和熟悉的。观其义理思想中对理学本体地位的削弱、对外在"格物"的重视及对待考据学的态度，都与汪绂有相近之处。另外，他在论述心性时舍弃本心主动作用的发挥，而将"穷理"完全转向外在的"格物"，这一方法或许来自汪绂。

前面我们已经讲到，汪绂在陆陇其论述心、性关系的基础上，搁置本心对于"理""道"的体认功能，而将"穷理"转向了外在的"格物"，主张通过外在事物之理来印证本心之理，"故欲极推吾心之知，必须实靠事物上逐渐印证过来，此心之知方实在、信认得定"③，提出了"以外证内"的观点（详见本章"汪绂对陆陇其理学思想的继承"部分内容）。但汪绂并没有解决程朱理学中心在未发时具有"主动体认天理"的功能这一问题，而是将其搁置不论。程瑶田则通过对"性"及"性善"的解释，使得程朱理学中先天存于人心的理被"性善"所替代，而他所讲的"性善"只是指性具有"善"的萌芽，自己不能被心来体认，需要靠外在的"格物"来不断地扩充和丰富，以达到极致，他用"赤子之心"到"圣人之心"来形容这一过程。然后存于外物的"理"和先天具于人的"性"则又被他统一在"物则"的概念下，最终程朱理学中本心具有体认天理的功能被他彻底舍弃，"穷理致知"的工夫完全转移到了外在的"格物"，圆满地解决了汪绂论述心、性时所存在的问题。

---

① （清）程瑶田.程瑶田全集（第1册）[M].陈冠明，等校点.合肥：黄山书社，2008：181.

② （清）余龙光.汪双池先生年谱（卷二）[M].清光绪二十二年刻本.

③ 严佐之，戴扬本，刘永翔.近思录专辑（九）[M].丁红旗，校点.上海：华东师范大学出版社，2014：21.

（详见本章"从'道在日用'到'以礼代理'：理学本体意义的嬗变"部分内容）可知，汪、程二人治学均强调外在"格物"，钱穆在评价程瑶田学术思想时曾这样说道："易畴以《大学》说孟子，以诚意为工夫，而即以好恶说诚意，蹊径颇近阳明，而归极之于格物。"① 但与汪绂相比，程瑶田在削弱理学中本心的主动发挥作用上则更加彻底。

另外，程瑶田以考订精详闻名于学界，即便是戴震亦自认其精密过己②。然而，这样一位以考据成名的学者却对当时学界只言考据而不讲义理的风气进行了严厉的批评，他说："今世读书，其上者，涉猎经史，讲六书，方考核，尚矣！然不原于道德仁义之意，而力去其求利达之心，则敦末捐本，欲其文章上追乎古之作者，盖亦难已！又况乎况而每下，挟策呻吟，爱博而贵多，好怪而记丑，攫其饾饤，而不遗乎群晬，用以迎合于人而希弋获，则亦往往有幸而得寯者。"③ 他的批评可谓犀利，"挟策呻吟，爱博而贵多，攫其饾饤"云云，正刺中考据末流之脏腑。而"迎合于人而希弋获，则亦往往有幸而得寯者"，则一语道出了考据学大盛时鱼目混珠、泥沙俱下，某些学人借考据沽名钓誉的社会现实④。此种言论，汪绂也同样表达过，他在《三与江慎修书》中指出："见今日学者日角雕虫，全然不知反本，其视圣贤经书只以为贾利梯荣之具；而时下讲章污心翳目，亦只为时艺，徒开方便法门，因是叛传离经、日趋纤巧，而圣学愈支离晦昧矣！"⑤ 前面已经提到，汪绂因担忧江永沉溺于考据而忽略义理，故在信中再三提示其要"由博返约""与洙泗、紫阳同一心法"。因此，程瑶田批评当下学者沉迷于考据而不顾义理发挥的思想不可能来自江永，反而极有可能源于汪绂。

① 钱穆. 中国近三百年学术史［M］. 北京：九州出版社，2011：412.
② 戴震曾言："兹敝友程君亦田，名瑶田，上年秋闻后同震到扬，今复往，特取道江阴，愿抠谒大君子。其人少攻词章之学，诗、古文词皆有法度，书法尤绝伦，直造古人境地。年来有志治经，所得甚多。与震往还十余载，行日励，学日进，而境日困。今遭重丧，不得已外出，情可悲也。其读书沈思核订，比类推致，震逊其密。"（清）戴震. 戴震集［M］. 上海：上海古籍出版社，2009：71.
③ （清）程瑶田. 程瑶田全集（第1册）［M］. 陈冠明，等校点. 合肥：黄山书社，2008：99.
④ 单智伟. 考据学风下程瑶田的义理学［D］. 上海：华东师范大学，2011：19-20.
⑤ （清）余龙光. 汪双池先生年谱（卷二）［M］. 清光绪二十二年刻本.

从陆陇其到汪绂再到程瑶田，他们都在为清除理学中佛、道的影响而努力。特别是程瑶田以"性善"和"物则"来代替程朱理学中的"理"，将宋儒偏重内向修养的治学方法完全转移到了外在的"格物"，但他又不像他的同学戴震直接以"性恶"来论述人性，进而走到了程、朱的对立面，他只是清中叶程朱理学的修正者。

三、陆陇其与疑古思潮的出现：以崔述《考信录》为考察对象

崔述（1740—1816），字武承，号东壁，直隶大名（今河北大名县）人。乾隆二十七年（1762）举人，历任罗源、上杭知县。《清史稿》称其为学"考据详明如汉儒，而未尝墨守旧说而不求其心之安；辨析精微如宋儒，而未尝空谈虚理而不合乎事之实"。著书三十余种，而《考信录》一书，尤为生平心力所专注。崔述的考信辨伪在他生活的乾嘉时期并不为学者所重视，其学术价值在清代也一直被学界所忽视，直到 20 世纪 20 年代，随着"古史辨派"的兴起，他的疑古思想才被胡适、顾颉刚加以推重，进而为学界熟知和称赞。胡适称他为"一个伟大的学者"①，称他的《考信录》为"一部伟大的著作"②，顾颉刚称其《考信录》为"不朽的巨著"③，又说："我们今日讲疑古辨伪，大部分只是承受和改进他（崔述）的研究。"④ 钱穆描述当时学界追捧《崔东壁遗书》的景象时说："胡君（胡适）于古今人多评骘，少所许，多所否，顾于东壁加推敬，为作长传，曰《科学的古史家崔述》，流布仅半篇，未完稿，然举世想见其人，争以先睹《遗书》为快。胡君友钱君玄同，主废汉字为罗马拼音，读东壁书，自去其姓而姓疑古，天下学人无不知疑古玄同也。而最以疑古著者曰顾君颉刚。顾君为胡君弟子，亦交友于钱君，深契东壁之治史而益有进，为《古史辨》，不胫走天下；疑禹为虫，信与不信，交相

①　胡适．科学的古史家崔述［M］//顾颉刚．崔东壁遗书（下）．上海：上海古籍出版社，2013：953．
②　胡适．科学的古史家崔述［M］//顾颉刚．崔东壁遗书（下）．上海：上海古籍出版社，2013：953．
③　顾颉刚．崔东壁遗书（上）［M］．上海：上海古籍出版社，2013：60．
④　顾颉刚．崔东壁遗书（上）［M］．上海：上海古籍出版社，2013：60．

传述。"①

那么，被胡适、顾颉刚等交相称誉的《考信录》究竟是何书呢？崔述缘何而作此书呢？他的学术思想和治学方法又源自何处呢？下面带着这些问题，我们来考察崔述的《考信录》及其思想渊源。

《考信录》书成于嘉庆十年（1805），是书包括《考古提要》2卷、《补上古考信录》2卷，是为前录，《唐虞考信录》4卷、《夏考信录》2卷、《商考信录》2卷、《丰镐考信录》8卷、《洙泗考信录》4卷，是为正录，《丰镐考信别录》3卷、《洙泗考信余录》3卷、《孟子实事录》2卷、《考古续说》2卷、《附录》2卷，是为后录，前录、正录、后录共36卷。该书整体上主要怀疑战国、秦、汉间古书中对于上古史（战国以前的历史）的记载，方法为"以经为主，传注之与经合者则著之，不合者则辨之，而异端小说不经之言咸辟其谬而删削之"②。据崔述言，此书为述先人之志、传先人之学而作。他说："《考信录》何为而作也？魏台崔述述其先君暗斋先生之志而作也。"③又说："余幼而愚鲁，长而钝拙，于人事一无所长。所幸先君邃于学而勤于教，虽寝食出入时，耳提面命，曾不少懈，以此得少有所窥。不然，为农为圃且不若人，况知经史为何物哉！先君既未及有所著述，而述安敢不溯其所由来乎！"④可知，崔述著此书主要是为了继承父亲的志向，传承父亲的思想。换言之，崔述的学术思想多来自他的家学，受他父亲崔元森的影响。

崔元森（1709—1771），字灿若，号暗斋，岁贡生。曾五应乡试不中，遂绝意仕进，闭门教授。时汪师韩⑤作墓志铭，称其学术：

---

① 钱穆. 中国学术思想史论丛（卷八）[M]. 合肥：安徽教育出版社，2004：280-281.

② （清）崔述. 考信录自序 [M]//顾颉刚. 崔东壁遗书（下）. 上海：上海古籍出版社，2013：921.

③ （清）崔述. 考信录自序 [M]//顾颉刚. 崔东壁遗书（下）. 上海：上海古籍出版社，2013：920.

④ （清）崔述. 考信附录（卷一）：家学渊源 [M]//顾颉刚. 崔东壁遗书（上）. 上海：上海古籍出版社，2013：465.

⑤ 汪师韩（1707—1774），字韩门，又字抒怀，号上湖，浙江钱塘人。雍正十一年（1733）进士，官编修、湖南学政，后主莲池书院讲席。著有《上湖分类文编》《理学权舆》等。

君为学严儒、释之辨。北方自苏门孙征君（孙奇逢）宗姚江王氏之学，远近信从；君独恪尊紫阳，而尤爱玩当湖陆清献公之书，躬行以求心得。薄世之无知妄作者，未尝著书。①

崔述在《先府君行述》中也对崔元森的学术进行了概括，他说：

先君虽授以举业，必为辨别人品之高下，学术之邪正，儒、禅、朱、陆之所以异，尤辟阳明所论良知之失，谓为学必由致知力行博文约礼而入，薛（薛瑄）、胡（胡居仁）、王（王阳明）、陈（陈白沙）必不可以并称。于《经》，则构自明以来诸家铨解盈架上，毫厘之疑必为诸生参考详辨之，务求圣人之意，不拘守时俗所训释。于制义，则以化（成化）、弘（弘治）、正（正德）、嘉（嘉靖）为宗，而间杂以天（天启）、崇（崇祯），发越其才思，不令趋风气，走捷径。读书之暇，则取诸卫道书为门人及不孝等解说，神异巫觋不经之事必为指析其谬；而陆清献公《三鱼堂文集》尤爱玩不忍去手。其他嘲风弄月之章，《高唐》《洛神》之咏，古今所传，家弦而户诵者，悉屏绝不令子弟读。②

从汪师韩的《墓志铭》和崔述的《行述》中可知，崔元森虽为北方学者，但他并没有像其他学者一样盲从当时盛行北方的孙奇逢之学，反而是对南方的陆陇其学术表现出了极大的信服。结合崔元森学术思想的要点，我们可以明确地肯定其学术思想的形成受到了陆陇其的影响。具体体现在：第一，在对待朱学和王学的态度上，他同陆陇其一样严于学术之辨，独尊朱子，罢黜阳明，反对朱王之间的调和；第二，在批判阳明学说时，他同样将批判的重点放到了阳明的"良知"之学，反对空疏和虚无，注重躬行实践，强调实行、实学；第三，在对待经学和科举时文方面，他一样要求学者治经崇尚实

---

① （清）汪师韩 . 考信附录（卷一）：暗斋先生墓志铭［M］// 顾颉刚 . 崔东壁遗书（上）. 上海：上海古籍出版社，2013：468-469.

② （清）崔述 . 先府君行述［M］// 顾颉刚 . 崔东壁遗书（下）. 上海：上海古籍出版社，2013：716-717.

证，不拘时俗，务求圣人之意，治学体贴身心，不趋风气，注重经世致用。

崔述幼承家学，相应地，他的思想也潜移默化地受到陆陇其的影响。他自己曾说："先君教述兄弟，从不令阅时下讲章，惟即本文《朱注》细为剖析。有疑义，则取诸名家论辨之书，别其是非得失而折衷之。若陆稼书先生之《大全困勉录》《松阳讲义》，尤所爱玩，不时为述讲授者。"① 整体上看，崔述在学术上受陆陇其和崔元森的影响主要体现在三个方面。

一是确立了考信辨伪的怀疑精神。崔元森在教授崔述读经时，要求他先熟读经文，体会圣人之意，然后再去翻看传注。这样可以直接探求经文大义，避免传注的干扰，较好地培养了崔述的考信辨伪精神。对于这一治学方法，崔述曾说：

> 南方人初读《论》《孟》，即合朱子《集注》读之；《大学》《中庸》章句亦然。北方人则俟《四书》本文皆成诵后，再读经一二种，然后读《四书注》；而读注时亦连本文合而读之。先君教述读注皆不然。经文虽已久熟，仍令先读五十遍，然后经注合读亦五十遍。于温注时亦然。谓读注当连经文，固也，读经则不可以连注。读经文而连注读之，则经文之义为注所间隔而章法不明，脉络次第多忽而不之觉，故必令别读也。②

胡适称这一方法是崔述《考信录》建立的基础，并指出这一方法源自朱熹③。其实，陆陇其在教授子弟读书时亦采用此种方法，他在《与席生汉翼汉廷》的信中要求他们读书，"每日应将《四书》一二章，潜心玩味，不可一字放过。先将白文自理会一番，次看《本注》、次看《大全》、次看《蒙引》、次看《存疑》、次看《浅说》。如此做工夫，一部《四书》既明，读他

---

① （清）崔述．先君教述读书法 [M]//顾颉刚．崔东壁遗书（上）．上海：上海古籍出版社，2013：470.

② （清）崔述．先君教述读书法 [M]//顾颉刚．崔东壁遗书（上）．上海：上海古籍出版社，2013：469-470.

③ 胡适．科学的古史家崔述 [M]//顾颉刚．崔东壁遗书（下）．上海：上海古籍出版社：2013：957.

书便势如破竹"①。当然，不管是朱熹还是陆陇其，这一治学方法由他们影响到崔元森，进而影响到崔述，最终成为崔述创作《考信录》的最主要的方法。

二是形成了经世致用的实学观念。崔述幼年时便被父亲崔元森教导为学要以资治、致用为先。受父亲影响，他自小便形成了学以资治的实学观念。父亲在解释他名字中"述"的缘由时说："吾少有志于世务，故好览此（吏治书籍）。五试于乡而不中，吾知已矣。故命尔名为述，欲尔之成我志尔。"② 可知，崔述寄托着崔元森经世资治的志向和抱负，"述"大有"述父之志"的含义。也正因此，崔元森在教导他们兄弟读书时，时时要求他们读有用之书，学经世之学，不要沉迷于时文举业。对此，崔述曾说：

> 今人读书惟重举业，自《四书》讲章时文外，他书悉所不问。先君教述，自解语后即教以日数官名之属，授书后即教以历代传国之次，郡县山川之名，凡事之有益于学问者无不耳提而面命之。③

从这段引文，我们可以看出，崔元森虽然五次参加乡试，但他从仕的目的并非获取名利，而是确实抱有经世之志。从他教授崔述学习的内容可以知道，他治学务实，倡导实学，所以他重史、重官名之属、重历代传国之次及郡县山川之名的考察，而这种务实、致用的治学态度必然会影响崔述的治学立场。崔述在三十五岁时便已写定《救荒策》四篇，后又写下《与杨赞府论漳水情形条议》《漳河源流利弊策》等文章，其体恤民艰、学以致用的倾向表现得十分鲜明。崔元森这种不耽于举业、务实致用的学术观点早在陆陇其的身上便已体现出来了。陆陇其在教育其子陆定征读书时便说："方做举业，虽不能不看时文，然时文只当将数十篇，看其规矩格式，不必将十分全力尽用于此。若读经读古文，此是根本工夫。根本有得，则时文亦自然长进。千言

① （清）陆陇其. 三鱼堂文集（卷六）：与席生汉翼汉廷［M］//张天杰. 陆陇其全集（第1册）. 北京：中华书局，2020：175-176.
② （清）崔述. 先府君行述［M］//顾颉刚. 崔东壁遗书（下）. 上海：上海古籍出版社，2013：715.
③ （清）崔述. 先君教述读书法［M］//顾颉刚. 崔东壁遗书（上）. 上海：上海古籍出版社，2013：470.

万语，总之读书要将圣贤有用之书为本，而勿但知有时文；要循序渐进，而勿欲速；要体贴到自身上，而勿徒视为取功名之具。"① 因此，崔元森的这种治学观点很难说不受陆陇其的影响。崔元森不但在学术上以陆陇其的思想影响着崔述，而且在做官和为人上也要求崔述向陆陇其看齐。崔述曾说："（先君）每语述：'异日若居官，当以稼书陆先生为法。'"② 而崔述在此后的为学、为官、为人中则时时以崔元森的教诲为准则，并以《考信录》来继承父亲之志。

三是表现出尊朱辟王的理学倾向。崔述在《考信录提要》中写道："吾尝谓自汉以后诸儒，功之大者，朱子之外，无过赵歧。"③ 又言："薛敬轩先生云：'自考亭以还，斯道已大明，无烦著作，直须躬行耳。'此不过因世之学者心无实得，而但剿袭先儒道学陈言以为明道，以炫世而取名，故为是言以警之耳。朱子以后，岂无一二可言者乎……况自近世以来，才俊之士喜尚新奇，多据前人注疏，强词夺理以驳朱子，是朱子亦尚有待后人羽翼者。"④ 从崔述的自述里，我们可以知道他奉程朱理学为儒学正宗，承认朱熹是汉代以后儒者中最有功者，并以朱子羽翼自居。另外，在对待陆王心学上，他同样持批评态度，认为陆王心学虚无缥缈，援佛入儒。他说："及陆、王之学兴，并所谓知者亦归之渺茫空虚之际，而正心诚意遂转而为明心见性之学矣。"⑤ 又说："近世诸儒类多撫拾陈言，盛谈心性，以为道学，而于唐、虞、三代之事罕所究心。亦有参以禅学，自谓明心见性，反以经传为肤末者。"⑥ 可知，在对待理学的态度上，他是具有尊朱辟王的学术倾向的。

---

① （清）陆陇其 . 三鱼堂文集（卷六）：示大儿定征［M］// 张天杰 . 陆陇其全集（第 1 册）. 北京：中华书局，2020：155.

② （清）崔述 . 先君教述读书法［M］// 顾颉刚 . 崔东壁遗书（上）. 上海：上海古籍出版社，2013：470.

③ （清）崔述 . 考信录提要（卷上）［M］// 顾颉刚 . 崔东壁遗书（上）. 上海：上海古籍出版社，2013：11.

④ （清）崔述 . 考信录提要（卷下）［M］// 顾颉刚 . 崔东壁遗书（上）. 上海：上海古籍出版社，2013：16-17.

⑤ （清）崔述 . 考信录提要（卷下）［M］// 顾颉刚 . 崔东壁遗书（上）. 上海：上海古籍出版社，2013：16.

⑥ （清）崔述 . 考信录提要（卷上）［M］// 顾颉刚 . 崔东壁遗书（上）. 上海：上海古籍出版社，2013：2.

　　关于崔述学派的归属问题，胡适认为他是"宋学中的朱学"："这里说崔元森的学派的性质，是很可注意的。他属于朱熹的一派，而不满意于王守仁的良知说。他主张，学问不是从良知来的，是从'致知力行，博文约礼'进来的，他虽是北方人，却不很赞成当日盛行北方的孙奇逢一派；他信服的人倒是那南方代表朱学的陆陇其。他是宋学中的朱学；他的儿子崔述也是宋学中的朱学。"① 也有学者认为，他是属于"超学派"的，即"非今（文）非古（文）、非汉非宋、非朱非王"，是兼采众家、不拘家法的②。本文采取胡适的观点，认为崔述受陆陇其的影响，是"宋学中的朱学"。但邵东方在论述胡适这一观点时，指出崔述和他父亲崔元森虽然都尊信朱学，但二人信服朱学的内容却不相同。他认为，崔元森信服的是朱学中关于性理发挥的"形上思辨"之学，而崔述信服的是朱学中关于实证、实学的"形下践履"之学。原因就在于，崔元森尊信陆陇其，而陆陇其讲求心性之学，崔述则又在成年后治学兴趣由理学而转向了考据之学③。可知，邵先生在论述崔述思想时，将程朱理学中的"形上""形下"内容分为两截来考察。依笔者愚见，邵先生此论颇有商榷之处，他忽略了程朱理学中"形上"和"形下"内容的统一性及清初的朱学和宋代的朱学存有时代的差异性及学者的重释性这些问题。在朱熹的理学体系里，既有"尊德性"的形上之学，又有"道问学"的形下之学，但"形下"最终是要走到"形上"的，这就是"下学而上达"之事，它们之间是互相统一的，不能被擭为两截。虽然崔述有言："述赋性愚钝，不敢言上达之事，惟期尽下学之功。"④ 但是，清初复兴的朱子学经陆陇其等学者的努力，其中"形上"部分的内容已逐步被诠释和改造为具有实有特征的"形下"内容。（具体可以参阅本书第四章的内容）换言之，经过陆陇其等人的努力，清初复兴的朱子学随着理学的反思和理学本体意义的嬗变，其中"形上"部分的内容已逐步趋于"形下"，最终出现二种相统一的情况，譬如

---

① 胡适. 科学的古史家崔述［M］∥顾颉刚. 崔东壁遗书（下）. 上海：上海古籍出版社，2013：955.

② 路新生. 中国近三百年疑古思潮史纲［M］. 上海：复旦大学出版社，2014：211.

③ 邵东方. 崔述学术中的几个问题［J］. 中国文化，1994（2）：110.

④ （清）崔述. 考信录提要（卷下）［M］∥顾颉刚. 崔东壁遗书（上）. 上海：上海古籍出版社，2013：16.

凌廷堪"以礼代理"学说的出现。所以说，不是崔述最终走向疑古辨伪，与其说是其学术兴趣发生了变化，倒不如说是朱子学在清中叶发展的结果，这个从其父亲崔元森治学偏重实学、实用这一特征也可以找到答案。

　　总之，《考信录》一书是崔述继承父亲崔元森志向的成果。崔述曾说："述学行既无所成，仅治一县，亦未克有所展布，所为承先志者止有《考信录》一书。所以命名为述者如斯而已乎？故备录先君之所以教述之方，以见述之不才，有负于先君之善教。"① 而崔元森治学又颇受陆陇其的影响，所以他在对崔述的教育中处处凸显着陆陇其的影子。受父亲的熏陶，崔述在论学中也多受陆陇其的影响，不但表现在对待理学的态度上，即使在考信辨伪方面亦是如此。他曾作《稷穄辨》全引陆氏观点并对其加以表彰，其言："稼书陆子作《黍稷辨》，谓稷乃今之谷而非饭黍，征之书传，详其形状，以纠前人之惑。其事虽小，而不肯言讹踵谬之心即此亦足见其万一。"② 他在文中以"陆子"称呼陆陇其，足见其对于陆陇其的尊重和推崇。

第三节　宗王学者对陆陇其理学思想的回应

一、彭定求对陆陇其的学术批判

　　彭定求（1645—1719），字勤止，号访濂，晚自称南畇老人，江苏长洲（今苏州）人。康熙十一年（1672）中举，康熙十五年（1676）中一甲一名进士，授翰林院修撰，历任国子监司业、翰林院侍讲，后乞假归里，以读书讲学为务。幼从学于汤斌，治学主张调和程朱、陆王，著有《儒门法语》《阳明释毁录》《密证录》《周易集注》《南畇文集》等。

　　彭定求既师事汤斌，故其学具有鲜明的王学色彩。门人罗有高称他"生

---

① （清）崔述．先君教述读书法［M］//顾颉刚．崔东壁遗书（上）．上海：上海古籍出版社，2013：470-471.
② （清）崔述．无闻集（卷二）：稷穄辨［M］//顾颉刚．崔东壁遗书（下）．上海：上海古籍出版社，2013：702.

平以读明儒七贤书，得开寤私淑之恩，于是为作《至高望吟》七章，怀思旧时七贤讲学之区。七贤者，白沙陈子、阳明王子、东廓邹子、念庵罗子、梁溪高子、念台刘子、漳浦黄子也"①。七贤者，除高攀龙明确尊朱外，其余六人皆与王学有莫大渊源，陈白沙开阳明心学之先，邹守益、罗洪先为阳明弟子，刘宗周、黄道周皆服膺王学②，即便是高攀龙也被陆陇其讥为"未脱王学之藩篱"。由此，彭氏宗王之意趣可见一斑。是时，学界"尊朱辟王"风气正盛，"黜王"学者中尤以陆陇其为巨擘。对此，彭定求批评道：

> 夫阳明先生为学，本末树猷反正之勤甚明白，今据宵小一时悖诞，芜秽实录，立浮议，讪名贤，是非之心果安在耶？锻炼舞文，甚于酷吏，而君子蹈之，岂不哀哉！且其论朱子之学陋弥甚，谓"偏于穷理者则泻之以主敬，偏于主敬者则泻之以穷理"，成何语耶？吾不知其所居何敬，而所穷者何理也？夫谓阳明倡为良知之说，病其为禅，则"良知"两言出于孟子，将并孟子而病之乎？程子有言："知者吾之所固有，然不致则不能得之。"又言："闻见之知，非德性之知；德性之知，不假见闻。"将并程子而病之乎？又谓"明之亡，不亡于朋党，不亡于盗寇，而亡于学术"，意以此归狱阳明。嗟夫，诚使明季臣工以致良知之说互相警觉，互相提撕，则必不敢招权纳贿，则必不敢妨贤虐忠，则必不敢纵盗戕民。识者方恨阳明之道不行，不图诬之者颠倒黑白，逞戈矛，弄簧鼓，至于斯极也。又谓"其间传阳明之学者，不无贤人君子，则由其天资之美，能胜其学"，此又矫揉不中之论。从来未有学术既非，犹得葆其天资者。不根游谈，层见叠出，蛊道真疑，来学恐遂偏颇乖离。③

---

① （清）罗有高．彭公定求行状［M］∥（清）钱仪吉．碑传集（卷四十四）．靳斯，校点．北京：中华书局，1993：1241.

② 侯外庐在《宋明理学史》中指出："黄道周的思想体系比较复杂，在理学思想方面，基本倾向朱学，但他也调和朱、陆，如他在《朱陆刊疑》一文中说：'用子静以救晦翁，用晦翁以剂子静。使子静不失于高明，晦翁不滞于沈潜，虽思、孟复生，何简之有？'在《子静直指》一文中又以为'阳明全是濂溪学问，做出事功'。"侯外庐，邱汉生，张岂之．宋明理学史（下）［M］．西安：西北大学出版社，2018：1320.

③ （清）罗有高．彭公定求行状［M］∥（清）钱仪吉．碑传集（卷四十四）．靳斯，校点．北京：中华书局，1993：1241-1242.

　　彭氏所批之人确指陆陇其无疑，他虽没有直接点名陆氏，但提到的"穷理泻之以主敬，主敬泻之以穷理""良知之说为禅学""明亡于学术""天资与学术之辨"皆为陆氏批判王学之观点。针对陆陇其的学术观点，彭定求逐一进行了反驳：他直指陆氏"偏于穷理者则泻之以主敬，偏于主敬者则泻之以穷理"之论是不解"穷理""居敬"之义；他指责陆氏言阳明"良知之学为禅学"是欲将禅学之病归咎于孟子、二程；他痛斥陆氏称"明亡于学术"是将明亡原因归咎于阳明，此颠倒黑白之举，是逞戈矛、弄簧鼓；他批评陆氏于学者分"天资之病与学术之病"是矫揉不中之论。彭定求对于陆陇其的批评可谓激烈和严厉，他以"甚于酷吏"来形容陆氏其人，以"学陋弥甚""偏颇乖离"来形容其学，批判力度远甚于其师汤斌，几近于谩骂。

　　单从学术角度而论，彭定求对于陆陇其的批判却未能击中要害：第一，他对陆氏"穷理""居敬"的批评是没有完全理解朱子学的学术主旨，"穷理""居敬"本是程朱理学的治学法门，"穷理"强调的是外在践履，"居敬"主张的是内在修养，程朱理学本就要求外在践履与内在修养的统一，现陆氏要求"偏于穷理者则泻之以主敬，偏于主敬者则泻之以穷理"，"穷理""居敬"相互补充，本无不妥，而他站在王学的立场却言"不知其所居何敬，而所穷者何理也"，理解似有偏颇；第二，他指责陆氏欲将阳明"良知之学"归之于禅学，此举有病之于孟子、二程之嫌，其实彭氏所责实乃没有完全领会陆氏所论阳明"良知"之深义，陆氏以佛学之"知觉"言阳明之"良知"，其论与孟子所言之"良知""良能"不同，此观点陆氏在《答秦定叟书》中已做出过明确的解释（详见本章第二节内容）；第三，他指出陆氏将明亡原因归罪于学术及阳明是颠倒黑白之举，以此痛斥陆氏为"酷吏"，然清初学界从学术层面反思明亡原因是当时学者的治学倾向，顾炎武、王夫之等学者均有"明亡于学术"的言论，故他以此驳陆氏有点牵强；第四，他批评陆氏于学者分"天资之病与学术之病"是矫揉不中之论，此观点，陆氏在《学术辨下》已有详论，他还称"未有学术即非，犹得葆其天资者"，陆氏《学术辨下》中所举颜真卿、富弼、赵抃皆为学术有疵①，而功业卓著之人，故此点所驳亦

---

　　①　这里的"学术"是站在儒家学者的立场上，指的是以儒家思想为正统的学术。

未能令人信服。

彭定求所驳陆氏之观点后来集中体现在他晚年所著的《阳明释毁录》。《阳明释毁录》成书于彭氏去世前两年，属其思想成熟之作品，是书专为辩护阳明而作。在书中，他不但对王学极尽辩护而且还对陆陇其进行了点名批评，他说：

> 当湖陆侍御以清德名儒，著书讲学，天下宗之。余读《三鱼堂文集》，见其所讲，专以排击王文成为事，意在尊朱也。尊朱是矣，排击文成则甚矣。既辟其学术，复议其功业，且坐以败坏风俗，致明季之丧乱。吁，又甚矣！余不觉恫心骇目，既深为文成痛，而转为侍御惜焉。文成入手工夫，与朱子有毫厘之别，故其训格物也，实与朱子抵牾，至其所归，同传孔、曾、思、孟微言，同究濂、洛渊源。文成揭出良知宗旨，警切著明，于朱子居敬穷理之学，未尝不可互相唱提也。文成之学传之当时者，若邹文庄，若欧阳文庄，若罗文恭，皆粹然无疵者也。沿及鹿忠节、蔡忠襄、孟云浦、黄石斋，谨守宗旨。而蕺山刘先生，阐扬洗涤，尤集厥成，实为有明一代扶翼道统，主持名教之归。而近之宗述文成者，若孙苏门、李二曲、黄梨洲诸先生，率皆修持邃密，经济通明，侍御欲尽举而贬抑之亦不能也。且侍御之所宗者，不过如陈清澜之《学蔀通辨》，与近今□□□①、应潜斋、张承武之言而已。以彼生平行谊，视前哲为何如哉？余之深为侍御惜者此也。②

彭定求首先点名批评陆陇其排击阳明太甚，随后又力证阳明学说并非异端。他所举论点有三：一是阳明学说同朱子学在本质上同属儒学正统，都是孔孟圣学之真传，其旨与濂、洛相同，所差的只是治学方法的不同，二者实完全可以互补并行；二是信奉阳明学说的学者多学术纯正、品行高洁之人，远如邹守益、欧阳德、罗洪先、鹿善继、蔡懋德、孟化鲤、黄道周、刘宗周，近如孙奇逢、李颙、黄宗羲等人皆为一时之典范；三是陆氏所提倡的学者诸

---

① 按：文中挖去三字，疑为"吕留良"。
② （清）彭定求. 姚江释毁录（卷二）[M]. 清光绪七年刻本.

如陈建、应撝谦、张烈，在学术和生平行谊方面是无法同信奉王学的学者相比拟的。客观来讲，陆陇其对阳明学说的批评确实存在"排击过甚"的情况，但彭定求回护王学之观点亦未能客观，诸如他所举阳明后学邹守益、欧阳德、罗洪先、刘宗周、孙奇逢等人皆为修正王学流弊之人，而其于王艮、王畿、罗汝芳、何心隐、李贽等引王学入异端的学者却未论及。

《阳明释毁录》成书于彭定求去世前两年，也即其七十三岁时，有趣的是，在他五十五岁时（康熙三十八年，1699）陆陇其弟子席汉翼、席汉廷兄弟将刊行陆氏遗作《困勉录》，嘱彭氏为之作序，彭氏在序文中对陆氏已有较委婉的批评。序文写道：

> 有宋大儒蔚兴，力洗汉人训诂支离之病，而后邹鲁坠绪，揭若日星。然朱子《传》《注》既作，微独承其后者，论解叠陈，即以《朱子语类》所载推广，《传》《注》同异，不妨互存，总为圣贤义蕴无穷，好学者折衷以求，至是爱取于旁通曲畅，引申不已，固非可以排决藩篱，亦非可以横分畛域也。①

彭定求认为，圣贤之说义蕴无穷，不妨互存，进而以折中求之，如果强分门户，则必然树学术之藩篱，分学术之畛域。此论实对陆陇其独尊朱子而排斥阳明而发。序文又载：

> 搜辑群书，远宗近取，辨其醇疵，晰其深浅，既以《大全》为经，复以是《录》为纬，于整齐画一之中，寓融会贯通之致。旧闻新得，相辅弥彰，而独名之困勉，则岂徒竭蹶编摩，泥守书册之谓哉？②

序文中提到的"徒竭蹶编摩""泥守书册"即指陆氏点订《四书大全》

---

① （清）彭定求．困勉录序［M］//张天杰．陆陇其全集（第4册）．北京：中华书局，2020：1．
② （清）彭定求．困勉录序［M］//张天杰．陆陇其全集（第4册）．北京：中华书局，2020：2．

且固守朱子之说而论。

彭定求对陆陇其的批评反映了清初宗王学者在面对宗朱学者大肆讨伐的情况下做出的反击，陆氏在当时作为"尊朱辟王"的代表，他却直接点名批评，亦反映了清初"朱王之争"的激烈。梁启超在评论清初"朱王之争"时曾说："晚明时候，有一位广东人陈清澜著一部《学蔀通辨》专驳他（王阳明），朱王两派交换炮火自此始。后来顾亭林的《日知录》也有一条驳《晚年定论》，驳得很中要害。而黄梨洲一派大率左祖阳明，内中彭定求的《阳明释毁录》最为激烈。"①

二、李绂对于"良知"之说的辩解

清初复兴的朱子学，上经康熙帝的扶持与倡导，下经各类学者的推崇与发展，一时成为显学。庙堂上涌现出了陆陇其、李光地、张伯行等理学名臣，民间则出了张履祥、陆世仪、吕留良等理学名儒。尤其是雍正二年（1724）陆陇其得以入祀孔庙，预示着朱子学在清初发展到了顶峰，而陆陇其则以"理学醇儒"的身份成为朱子学在清代的代言人。与此同时，陆王心学则走向了衰落，特别是到了乾嘉时期，随着考据学的兴起，几乎成了绝学。但即使是在这样的情况下，还是有学者愿意"为往圣继绝学"的，李绂便是其中的代表人物。

李绂（1675②—1750），字巨来，号穆堂，江西临川（今抚州）人。历经康、雍、乾三朝，官至内阁学士、兵部侍郎、广西巡抚、直隶总督等职，是雍、乾时期的重要学者。生平为学，以陆王为宗，被梁启超称为"清代陆王学派的最后一人"③，钱穆也称其"以有清一代陆王学者第一重镇推之，当无

---

①　梁启超．中国近三百年学术史［M］．夏晓虹，陆胤，校．北京：商务印书馆：2011：127.

②　关于李绂的生年，大致有三种说法：一说认为生于康熙十二年（1673），全祖望主此说；一说生于康熙十三年（1674），冒怀辛主此说；一说生于康熙十四年（1675），李绂之弟李纮主此说。据杨朝亮考证，李绂生年当为康熙十四年，今从其说。杨朝亮．李绂与《陆子学谱》［D］．北京：中国社会科学院，2003：3.

③　梁启超．中国近三百年学术史［M］．夏晓虹，陆胤，校．北京：商务印书馆，2011：67.

愧矣"①。著有《穆堂类稿》《穆堂别稿》《陆子年谱》《朱子晚年全论》《阳明学录》等。

前面我们已经谈到，陆陇其对于王学的批判主要集中在它的"阳儒阴释"方面，具体体现为王阳明关于"良知"和心体"无善无恶"的解释，而李绂也正是从这两方面来为王学辩解。他在《书〈王学质疑〉后》中开篇便指责陆陇其不懂王学，其言："往阅陆稼书先生文集，有《王学质疑序》攻王阳明先生甚力，而所言皆无当于阳明，盖未尝知王学者也。"② 检视陆陇其的《王学质疑序》，我们可以看到，他批判的重点主要在于王阳明的"良知"之说是佛、老之学。他说：

> 余尝闻高子景逸之言曰："姚江天挺豪杰，妙悟良知一洗支离，其功甚伟，岂可不谓孔子之学？然而非孔子之教也。今其弊昭昭矣。始也扫见闻以明心耳，究且任心而废学，于是乎《诗》《书》《礼》《乐》轻，而士鲜实悟；始也扫善恶以空念耳，究且任空而废行，于是乎名节、忠义轻，而士鲜实修。"斯言似乎深知阳明之病者，然余不能无疑焉。既曰非孔子之教，又可谓孔子之学乎？学与教有二道乎？阳明之所谓良知，即无善无不善之谓也。是佛、老之糟粕也，非孟子之良知也，何妙悟之有？支离之弊，正由见闻未广、善恶未明耳。扫见闻、扫善恶以洗之，支离愈甚矣，功安在乎？徒见其流之弊，而未察其源之谬。③

陆陇其认为，王阳明的"良知"之说是采佛、老之糟粕，并非如高攀龙所言为孔子之学。至于高攀龙讲"良知"之学可以洗支离之弊，陆陇其也表示了反对，认为他是没有弄清支离弊端的源头。他指出，正是由于王阳明标帜"良知"，才会出现"扫见闻以明心""任心而废学"的情况，使得见闻未

---

① 钱穆. 中国近三百年学术史［M］. 北京：九州出版社，2011：308.

② （清）李绂. 穆堂类稿（初稿）：卷四十五：书《王学质疑》后［M］. 清道光十一年奉国堂刻本.

③ （清）陆陇其. 三鱼堂文集（卷八）：王学质疑序［M］∥张天杰. 陆陇其全集（第2册）. 北京：中华书局，2020：254-255.

广、善恶未明，进而导致支离愈甚。那么，他讲的"良知"之学是佛、老之糟粕，具体又指的是什么呢？陆陇其进一步说道："若夫禅者，则以知觉为性……阳明言性无善无恶，盖亦指知觉为性也。其所谓良知，所谓天理，所谓至善，莫非指此而已。"① 也就是说，在他看来，王阳明所讲的"良知""天理"等概念都指的是知觉。

因此，对于"良知"与"知觉"的区分，成为李绂维护王学的重点。为此，他特地作《致良知说》上、下两篇来为"良知"辩解，他说：

> 当时首与阳明辨者为罗整庵，然往复二书未及致良知……至于致良知之辨，见于《答欧阳崇》一两书。世俗之人颇主其说，不知其支离而不足据也。其驳良知即天理之说，以为良知乃知觉，非天理。崇一答之，谓知觉与良知名同而实异。知恻隐羞恶恭敬是非为良知，知视听言动为知觉，盖即人心道心之分也。整庵复书乃谓人之知识不容有二，然则心亦岂容有二乎？盖心本一也，就义理言则为道心，就气质言则为人心。道心不离乎人心，而人心不能冒道心之称，故必于人心之中别其为道心也。知发于心，心本一，故知亦一。然就义理言则为良知，就气质言则为知觉。良知不离乎知觉，而知觉之知不能冒良知之称，故必于知觉之中别其为良知也。整庵又谓，知乃虚字，不可指为天理，而引程子"知是知此事，觉是觉此理"以为证，不知先知后知先觉后觉并指人言，则此知字即实字矣。大学八条目格致诚正修齐治平八字皆虚，而天下国家身心意知物皆实……又谓天地万物皆具天理，而良知则山河大地草木金石皆未尝有，以证良知之非天理，则其说尤谬。人所具之天理即《大学》所谓"明德"，盖虚灵不昧，具众理不②应万事者也。动物之有知者犹不能全具，况草木金石，岂能具人之天理乎……其论之谬如此，顾可据以驳良知之说乎？然世之人据其言以相诋諆，纷纷然至今而未已者，虽由

---

① （清）陆陇其．三鱼堂文集（卷二）：学术辨中［M］∥张天杰．陆陇其全集（第1册）．北京：中华书局，2020：28.
② 按："不"字疑为别字，应当为"而"。

于章节口耳之俗学，道听而途说。①

此段长文是李绂借罗钦顺与欧阳德论辩"良知"来反驳陆陇其、张烈等人对于阳明"良知"之学的批判。欧阳德（1496—1554）为阳明高足，是江右王门的主要代表人物，他曾经与罗钦顺就"良知"与"知觉"的关系展开论辩。罗钦顺认为，阳明所讲的"良知"并非天理，而是知觉。他说："孟子曰：'孩提之童，无不知爱其亲也，及其长也，无不知敬其兄也。'以此实良知良能之说，其义甚明。盖知能乃人心之妙用，爱敬乃人心之天理也。以其不待思虑而自知此，故谓之良。近时有以良知为天理者，然则爱敬果何物乎？程子尝释知觉二字之义云：'知是知此事，觉是觉此理。'又言佛氏之云觉：'甚底是觉斯道？甚底是觉斯民？'正斥其认知觉为性之谬尔。"② 在罗钦顺看来，孟子所言"良知"之"知"是指"人心之妙用"，即心感知事物的知觉能力，并非指"天理"，心中的爱、敬才是"天理"；而心中的爱、敬可以不虑而知，这就是"良"。因此，他指出阳明讲的"以良知为天理"等同于佛家的"认知觉为性"，这是不对的。针对这一观点，欧阳德进行了反驳。他指出，"知觉"和"良知"中"知"名同实异。因为，知恻隐、羞恭、敬恶、是非为"良知"，知视、听、言、动为"知觉"，他将"知"区分为"道德之知"与"见闻之知"，并以道心、人心来对应。换言之，他将知"恻隐、羞恭、敬恶、是非"等道德因素的"知"称为良知，将知"视、听、言、动"等感官认知的"知"称为知觉，进而来说明"良知"和"知觉"是不同的。我们知道，欧阳德的这种区分是有问题的，因为道德因素是建立在感官认知的基础之上的，没有视、听、言、动也就无法激发心中恻隐、羞恭、敬恶、是非等道德功能的发挥，显然将二者强行割裂开来是不妥的。所以，罗钦顺反问，知岂能有两个知，就像人岂能有两个心。他指出，道心、人心的划分只是义理、气质对于心的影响不同，且道心不离乎人心，而并非欧阳德所说的人有二心，知有二知。

对于罗钦顺与欧阳德关于"良知"和"知觉"的论辩，李绂显然是站在

---

① （清）李绂. 穆堂类稿（初稿）：卷十八：致良知说下 ［M］. 清道光十一年奉国堂刻本.
② （明）罗钦顺. 困知记（续录卷上）［M］. 明万历刻本：52.

欧阳德的立场上的。首先，他指出以义理讲为良知，以气质讲为知觉，虽然良知不离乎知觉，但也不能以知觉之知来等同于良知之知。可知，他认为良知和知觉是不同的，并非如罗钦顺所言的"良知""知觉"是相等的。两人之所以会有不同的结论，是因为罗钦顺在论述"良知"时只将"知"看成了"人心之妙用"（感知功能），而李绂则将"良知"之"知"看成了"感知之知"和"道德之知"的合体。因为，在阳明学说里，"良知"本就指判断是非准则的标准，具有道德准则的意义，这也是欧阳德和李绂立论的基础。

接着，罗钦顺又提出"良知"之"知"是"心体之妙用"，即是心体认知的一种功能，是虚字，它后面紧接着是具体的认知对象，故不能以"天理"来言的观点。对此，欧阳德没有细论，李绂则进行了具体反驳。他指出，"良知"之"知"是指人言，绝非虚字，这从《大学》八目中就可以看出。《大学》八目中的格、致、诚、正、修、齐、治、平等用力处才是虚字，而其后的家、国、身、心、意、知、物等皆是实物，故而"良知"可指"天理"。可知，罗钦顺讲的"良知"之"知"指的是认知主体的认知功能，而李绂讲的"知"是认知对象的具体实物，二人还是立论的角度不同。

随后，罗钦顺又提出第三个问题：如果"良知是天理"，那么"天理"存于万物，"良知"也应存于"万物"，为何山、河、大地、草、木、金、石等自然物没有"良知"？对于此一问题，欧阳德没有回应，李绂则以人所具之"天理"较动物全面，故能具众理而应万事答之。

李绂之所以借罗钦顺与欧阳德的学术争论来论述"良知"的含义，原因就在于罗钦顺批判阳明"以良知为天理"的观点等同于佛氏的"认知觉为性"，他的这一批判颇具代表性，后来的程朱学者均以此来责难阳明。陆陇其在清初可谓批判阳明的代表，而他批判的重点也在于王学"以知觉言性"，其作《学术辨中》专论此事。李绂引文中提到的"世之人据其言以相诋諆，纷纷然至今而未已者"，其中的"至今而未已者"即指陆陇其、张烈等人。

第四节　陆陇其理学思想与晚清程朱理学的中兴

一、晚清程朱理学的特点

程朱理学发展到乾嘉时期，随着考据学的兴盛，已逐渐趋于式微。它虽然还是官方认定的学说，但此时影响力已大不如前，体现为：一是没有大理学家叱咤学坛；二是极少影响深远的理学著作问世；三是无独树一帜的理学流派出现①。反观考据学则先后出现了江永、惠栋、戴震、程瑶田、钱大昕、纪昀、阮元等考据名家和吴派、皖派、扬州学派等各具特色的考据派别，可谓盛极一时。以至于曾国藩说道："乾隆中叶，海内魁儒畸士，崇尚鸿博，繁称旁证，考核一字，累数千言不能休，别立帜志，号曰'汉学'。深摒有宋诸子义理之说，以为不足复存。"② 然而，考据学发展到了道光时期，由于脱离现实，缺乏创新，在激烈动荡的社会变革下，它的治学方法和内容已不能适应社会发展的需求。进入道光一朝，隐藏在乾嘉时期的各种社会矛盾相继涌现出来，军备废弛、官吏贪腐、民生凋敝、动乱四起，再加上鸦片走私猖獗、外力诱逼日盛，整个王朝已是岌岌可危。社会政治的败坏不得不令当时的士大夫们开始从学术上进行反思，龚自珍的"九州生气恃风雷，万马齐暗究可哀"的诗句便是当时开明士大夫的真实写照。诚如梁启超所言："嘉道以还，积威日驰，人心已渐获解放，而当文恬武嬉之即极，稍有识者，咸知大乱之将至。追寻根原，归咎于学非所用，则最尊严之学阀（考据学），自不得不首当其冲。"③ 因此，在社会动乱和经世思潮的双重刺激下，具有经世致用和躬行实践特点的程朱理学便再次得到了复兴。道光时期，理学中兴的标志有两个明显的特征：一是宗程朱理学者日渐活跃，特别是在京师形成了以唐鉴等为核心的学术群体；二是形成明正学术、编纂学史的高潮，涌现出《汉学商

① 李帆. 清代理学史（中卷）[M]. 广州：广东教育出版社，2007：27.
② （清）曾国藩. 曾文正公诗文集 [M]. 四部丛刊景清同治本.
③ 梁启超. 清代学术概论 [M]. 北京：人民出版社，2008：49.

兑》《姚江学辨》《国朝学案小识》《续理学正宗》等一批理学著述①。

晚清理学的中兴，当起始于道光二十年（1840）唐鉴由江宁布政使转任太常寺卿。唐鉴从道光二十年入京供职，到道光二十六年（1846）肘疾复发，奏请回籍调理，在京时间前后共六年，而这六年也是他宣扬程朱理学，在京师结成以官员为主要群体的理学集团的关键时期。曾国藩在《唐确慎公墓志铭》中便写道："时（道光二十年）如今相国倭仁艮峰、侍郎吴廷栋竹如、侍御窦埏兰泉、何文贞公桂珍辈皆从公考德问业，国藩亦追陪几杖，商榷古今。"② 因此，在唐鉴的周围聚集了倭仁、吴廷栋、何桂珍、窦埏、曾国藩等一大批颇具影响力的官员学者，他们恪守程朱，互为声气，利用在政治上的特殊身份，形成了影响巨大的理学政治群体。特别是同治时期，倭仁、吴廷栋在朝内身居要职且又被时人誉为"海内大贤"，引领一时风气。方宗诚称道："（吴廷栋）与倭公艮峰、文园李公（李棠阶）同朝。时倭公以大学士为师傅，李公以尚书掌军机，虽各有分位，未能越俎，而道义相契，可以密相赞襄，切磋德业，海内称为三大贤。都中凡有志正学之士，皆以三公为依归焉。"③ 而在地方上，更是形成了以曾国藩为首的湘军集团，他们以经世为目的，以程朱理学相砥砺，最终促成了"同治中兴"的出现。与此同时，一批具有影响力的理学著述也相继撰成，诸如唐鉴的《国朝学案小识》、方东树的《汉学商兑》、罗泽南的《姚江学辨》及何桂珍的《续理学正宗》，它们从不同方面提高和壮大了程朱理学的地位和声势，促进了程朱理学的中兴④。

晚清理学复兴的一个重要背景便是考据学在复杂的社会巨变中表现出的脱离现实与束手无策，而此时的理学家从中央到地方均呈现出一种经世致用、克己修身、躬行实践的态度，特别是以曾国藩为首的湘军集团在镇压太平天国运动中所起到的作用，改变了人们对理学"空疏"的看法。诚如梁启超所言："当洪杨乱事前后，思想界引出三条新路。其一，宋学复兴。乾嘉以来，

---

① 张昭军. 清代理学史（下卷）[M]. 广州：广东教育出版社，2007：52.

② （清）曾国藩. 曾文正公诗文集 [M]. 四部丛刊景清同治本.

③ （清）方宗诚. 吴竹如先生年谱 [M]. 清光绪四年畿辅志局刻本.

④ 以上关于晚清理学中兴的论述多采张昭军的观点，具体请参阅张昭军著《清代理学史》。张昭军. 清代理学史（下卷）[M]. 广州：广东教育出版社，2007：27-28.

汉学家门户之见极深，'宋学'二字，几为大雅所不道，而汉学家支离破碎，实渐已惹起人心厌倦。罗罗山（罗泽南）、曾涤生（曾国藩）在道咸之交，独以宋学相砥砺，其后卒以书生犯大难成功名。他们共事的人，多属平时讲学的门生或朋友。自此以后，学人轻蔑宋学的观念一变。"① 曾国藩等人的事功造就了晚清的"同治中兴"，相应地，他们政治地位的提升，又反过来扩大了理学的影响，成就了理学的中兴。

晚清复兴的程朱理学与清初的程朱理学相比，明显具有自己的学术特点。其中，最突出的特点便是这一时期的理学家均奉陆陇其为清代程朱理学的宗主，所论的内容也大多数没有超出陆氏论述之范围。换言之，晚清复兴的程朱理学在内容和学理上受陆陇其影响较大。具体而言，大致有以下三个方面的特点：

第一，程朱理学完全沦为了维护封建纲常秩序的工具，在学理上鲜有创新。前面我们已经提到，为了清除程朱理学中佛、老思想的影响，陆陇其开始对程朱理学中"形上思辨"的内容进行改造和重释，后又经过汪绂、程瑶田等人的努力，理学中"形而上"的内容完全被实有、日用的"形而下"内容所解构，理学中具有最高哲学范畴的"理""道"也被维护伦理秩序的"礼"所取代，尤其是戴震直斥宋儒"以理杀人"及凌廷堪"以礼代理"学说的提出，程朱理学中原有的学术思辨性被彻底改造和抽空，只剩下维护封建等级秩序的纲常说教。另外，再加上道光时期纲常礼仪的败坏及世道人心的衰落，从封建统治者的角度看，清王朝也需要利用程朱理学中那套维护纲常秩序的说教来束缚人心，而对于其中涉及学理发挥的"形而上"的内容则要加以控制。唐鉴便说："天下惟长幼、尊卑不相陵替，而后纪纲可以立，教化可以行，人民可以和，风俗可以厚。"② 罗泽南更是反对性理的发挥，强调以理学来达到天下治平的目的，他说："居今之日，思欲用世，不能不应科举。欲应科举，不能不作时文。然朝廷之以文章取士者，非徒欲其能文也，欲其平日读书穷理，探四子之精微，阐五经之奥义，扩其识见，端其身心，

---

① 梁启超 . 中国近三百年学术史 ［M］. 夏晓虹，陆胤，校 . 北京：商务印书馆，2011：32.

② （清）唐鉴 . 唐鉴集 ［M］. 李健美，校点 . 长沙：岳麓书社，2010：47.

储其谋猷，以为天下国家用。"① 因此，晚清复兴的程朱理学虽有经世致用的目的，但最终还是沦为了维护封建统治秩序的工具。当然，随着佛、老思想影响的清除及统治者对于学者思想的钳制，这也是程朱理学在清代发展的必然结果。

第二，尊陆陇其为清代程朱理学的正统，严守朱王疆界。陆陇其在清初高举"尊朱辟王"的理学大旗及严守朱学门户的理学态度对这一时期的程朱理学家影响非常大，他们基本上都以陆氏的理学态度为准则，承认其上接明代的薛瑄、胡居仁、罗钦顺，是清代朱子学的正统。唐鉴在《国朝学案小识叙》中写道："蒙是编，自平湖陆先生始，重传道也。有先生之辨之力，而后知阳明之学断不能传会于程朱；有先生之行之笃，而后知程朱之学断不能离格致、诚正而别为宗旨；有先生之扶持辅翼于学术败坏之时，而后知天之未丧斯文。有宋之朱子，即有今之陆先生也。与先生同时诸儒，以及后之继起者，间多不及先生之纯，而能遵程朱之道，则亦先生之心也。"② 他以"宋之朱子"来比喻陆陇其对清代理学的影响，并在《国朝学案小识》中将陆氏置于《传道学案》之首，极尽推崇之意。稍后的理学家贺瑞麟也表达了同样的看法，他说："陆稼书为国朝理学之宗，次杨园，次仪封（张伯行）。若桴亭著述虽多，间有不纯处。王复斋（王建常）规模稍逊桴亭，然纯正则稼书、二张之亚也。"③ 因此受陆氏的影响，晚清的理学家在论学时多视王学为异端和洪水猛兽，呈现出门户之见较深、宗派意识较强的学术特点。如唐鉴批判王学是"邪说诬民"，其言："明自正嘉以后，讲新建者大肆狂澜，决破藩篱，逾越绳检，人伦以坏，世道日漓，邪说诬民，充塞仁义。"④ 罗泽南作《姚江学辨》专言阳明"良知"之失，其言："后世主良知之说者，犹自张其诞而哓哓不休。圣学不明，人不复寻其绪于遗经者，直自阳明之毒中之。吾辈既知其害之大，正宜剖析毫厘，决其疑似，以障狂澜于既倒，不可有一毫假借，

---

① （清）罗泽南. 罗泽南集 ［M］. 符静，校点. 长沙：岳麓书社，2010：101.

② （清）唐鉴. 唐鉴集 ［M］. 李健美，校点. 长沙：岳麓书社，2010：262-263.

③ （清）贺瑞麟. 贺瑞麟集 ［M］. 王长坤，刘峰，点校. 西安：西北大学出版社，2014：845.

④ （清）唐鉴. 唐鉴集 ［M］. 李健美，校点. 长沙：岳麓书社，2010：264.

使人主出奴者为之窃发于其间也。"①

第三，注重实学、实行，强调经世致用。清初的朱子学自陆陇其重新诠释和改造后，其中"形而上"的性理发挥已逐渐被"形而下"的道德践履所取代。其后汪绂、程瑶田等学者论学更是看重朱子学中的"践履"内容，而于其中的"形上思辨"则采取一种漠视或者排斥的态度。晚清复兴的程朱理学基本上延续了这种理学态度，这时的理学家反对虚理的发挥，注重经世致用，强调躬行实践和言行合一。罗泽南便说："吾人为学，固当于身心下工夫，而于世务之烦琐、民情之隐微，亦必留心穷究。准古酌今，求个至是处。庶穷而一家一乡，处之无不得其宜，达而天下国家，治之无不得其要。此方是真实经济，有用学问。使徒自说性、说天，而不向事物上穷求，虽于本原上有所见，终不能有济于实用也。"② 应当指出的是，晚清的程朱理学家强调的"实学""实行"及经世致用的思想同清初的理学家所强调的有很大的不同，清初的程朱理学家诸如陆陇其、张履祥、吕留良他们强调的"实用""实行"及经世致用的重心在于国计民生和民族大义，而晚清的理学家看重的则是道德教化的维系、伦理纲常的践行。

二、陆陇其与唐鉴的《国朝学案小识》

《国朝学案小识》是晚清时期最具有影响力的理学著作之一，该书始作于道光二十三年（1843）初，成书于道光二十五年（1845）夏，作者是道光年间理学界的领军人物唐鉴。

唐鉴（1778—1861），字栗生，号镜海，又称小岱山人，湖南善化（今属长沙）人。嘉庆十四年（1809）进士，次年入翰林院，改庶吉士，步入仕途，先后任广西平乐府知府、贵州按察使、江宁布政使等职。道光二十年（1840）入京任太常寺卿，道光二十五年（1845）返乡养病。咸丰元年（1851）受诏入京，"凡进对十有五次，中外利弊，无所不罄"③。晚年主讲金陵、钟山、白鹿洞诸书院。咸丰十一年（1861），病逝于湖南宁乡。唐鉴先后经历了乾

① （清）罗泽南．罗泽南集［M］．符静，校点．长沙：岳麓书社，2010：93.
② （清）罗泽南．罗泽南集［M］．符静，校点．长沙：岳麓书社，2010：95.
③ （清）曾国藩．曾文正公诗文集［M］．四部丛刊景清同治本.

隆、嘉庆、道光、咸丰四朝，为官时期主要在嘉道年间。其一生虽算不上高官显宦，但于晚清的理学中兴却起着非常重要的作用。《清代理学史》称其为"理学名家"："晚清时期，宗理学者多，但能以理学名家者少，唐鉴当可称为理学名家之一。他恪守理学道统，著述丰富，弟子众多，对晚清理学产生了相当大的影响。"①

唐鉴在理学思想上的主要代表作便是《国朝学案小识》，该书通过梳理学术史的方式，对清初以来二百年间的学术进行了辨析和总结，旨在表彰程朱理学。道光二十五年（1845）由弟子何桂珍、窦垿、曾国藩及外甥黄兆林、黄倬等人校阅刊行。全书共有十四卷，五大学案：卷一、二为《传道学案》，收录陆陇其、张履祥、陆世仪、张伯行 4 位学者；卷三至五为《翼道学案》，收录汤斌、顾炎武等 19 位学者；卷六至九为《守道学案》，收录于成龙、魏裔介等 44 位学者；卷十、十一为《待访录》，收录应撝谦、刁包等 68 位学者；卷十二至十四为《经学学案》，收录了黄宗羲、朱鹤龄等 104 位学者，其中卷十四末附《待访录》，收王鸣盛等 8 位学者；卷末为《心宗学案》，收录张沐、潘平格、赵御众等 3 位学者，后附《待访录》，收邵廷采等 6 位学者。全书加上末卷，实为十五卷，共收录 256 名学者。

《国朝学案小识》中《传道学案》《翼道学案》《守道学案》占全书篇幅的 80% 以上，可知，是书为表彰正学而作。其中陆陇其被置于《传道学案》之首，足以说明唐鉴尊崇程朱而又视陆氏为清代程朱理学之宗主的意图。对此，他在《国朝学案小识后序》中详细说明了此书创作的背景和意图，并解释了立《传道学案》《翼道学案》《守道学案》及尊陆陇其为学案之首的原因。他说：

> 然天之生民也，一治一乱，大抵阅数百年而变一见。明之有阳明，横浦（张九成）、象山之流也，而其焰炽于横浦、象山，以朱子为洪水猛兽，以孔子为九千镒，是竟欲变朱子之道而上及于孔子者也。而及其后也，龙溪、泰州、山农、海门诸人，尊师说而益肆无所忌惮，数十年间

---

① 张昭军. 清代理学史（下卷）[M]. 广州：广东教育出版社，2007：71.

若颠若醉，不知何者为洛闽，并不知何者为洙泗，惝恍迷离，任其心之所至而已。而甚者，遂至于犯法乱纪而不之顾。入国朝，其流波余烬尚未息也。平湖陆子起而辟之，而桐乡、太仓、仪封三先生先后其间，与陆子同。夫而后天下之学者，上之则相与为辅翼，次之亦不失所持循。即一名一物之长，一字一句之是，或以明故训，或以征博闻，消其意见，去乃诋訾，亦何不可进于道哉！而且正学日昌，狂澜自倒，间有二三言新建者，知之未真，奉之亦苟，随声附和，如蚓吹蝉吟，既无所宗主，亦复何所提唱。而后知平湖诸先生辟之之功，历百数十年而更著也。道之不变，夫复何疑！虽然，孔子远矣，颜子、曾子远矣，子思子、孟子远矣，程子、朱子远矣。即陆子，亦不可复见矣。学者回思故明，正、嘉而后，学术大乖，人心胥溺，至有痛定思痛者。则余辑是编，而以心学附其后，虽不免过虑之诮，而亦无非仰承吾平湖陆子之遗意也。①

唐鉴在序文中表达了三层意思：

其一，交代了《国朝学案小识》创作的学术背景。明代的王阳明以朱子为洪水猛兽，以孔子为九千镒，欲替代朱子儒学正统的地位而直接孔子。其后，阳明后学尊师肆无忌惮、任心所至，致使学术败坏、正学晦暗，更有甚者，至于违法乱纪而不顾。这种学术风气一直延续到了清初。

其二，讲明了《国朝学案小识》中各个学案设立的意图。入清后，面对王学带来的种种弊端，陆陇其起而辟之，随后张履祥、陆世仪、张伯行互为声援，是为《传道学案》；后"天下之学者，上之则相与为辅翼，次之亦不失所持循"，是为《翼道学案》和《守道学案》；对于那些"明于训诂""征于博引"的学者，他们的考据有利于圣道的昌明，故设《经学学案》；对于那些仍言"良知"、信奉王学的学者，他们如蚓吹蝉吟，亦无所宗主，设《心宗学案》。

其三，重点表彰了陆陇其的传道、卫道之功。面对王学造成的学术和人心上的败坏，陆陇其详辨学术，直斥王学援佛入儒，惑乱正学，为昌明程朱

---

① （清）唐鉴. 唐鉴集［M］. 李健美，校点. 长沙：岳麓书社，2010：724-725.

学说而不遗余力。正是由于陆氏的努力，学术日渐昌明，到现在"历百数十年而更著也"。所以，他将陆陇其与孔子、颜子、曾子、子思、孟子、程子、朱子等儒学宗主相提并论，尊称为"陆子"，并指出其作《国朝学案小识》亦不过是仰承陆氏之遗愿。

　　通过上述序文，我们可以知道，唐鉴对于陆陇其极尽尊崇，视其为儒学在清代的正统，直接上承朱熹。他自己也说："人能持此道于必不变，则可与天地立矣。然而自孔子以后，又有几人哉？余因平湖诸先生而重念之，未尝不有望于天下之学者也。"① 唐鉴为晚清时期的理学名家，在他的周围围绕着一大批理学人士，他们相互砥砺，共同论学，促使了晚清理学的复兴。同样，受唐鉴的影响，他们也均奉陆陇其为清代儒学的正统，以陆氏所论作为论学和实践的准则。

---

　　① （清）唐鉴. 唐鉴集［M］. 李健美，校点. 长沙：岳麓书社，2010：725.

结　语

　　陆陇其生活的"明末清初"，是一个天崩地解的时代。明亡清兴，周鼎转移。明清的易代深深刺激着清初士大夫的神经，他们在检讨明亡原因时无不将其归咎于阳明学说的"空谈误国"。因此，反对空虚、强调致用是他们共同的思想基调，而扫清晚明学术的混乱、重建儒学的正统地位则是他们共同的文化关怀。基于此，清初不论是主陆王还是宗程朱的学者，抑或是具有程朱倾向但又不限于程朱的学者，甚至是理学的批评者，无一不致力于理学的"反省"和儒学"正统的重建"。主陆王的学者诸如黄宗羲、孙奇逢、李颙，他们对阳明及其后学理论中存在的缺陷和弊端进行了反思和修正，企图使王学重新获得儒学学术思想上的正统地位，其中尤以黄宗羲对于王学的总结和修正为代表①；具有程朱倾向但又不局限于程朱的学者像王夫之、顾炎武，他们在重建儒学正统地位的过程中，或对整个宋代的道学（濂洛关闽）进行总结和改造，或开出了新的研究天地；颜元、李塨则对理学展开批判，反对读书，形成了以"实行"为正学的极端实践主义学派。然而，在多数学者看来，要扫清晚明文化的混乱，重建儒学学术思想的正统，最直接的方法便是回归朱学。

　　陆陇其在理学"反省"和学术"重建"的过程中同样将朱子学作为自己的最终选择。与清初其他学者相比，他对朱子学的尊崇表现得更为绝对和激烈。他认为朱子学才是真正的圣人之学，也只有朱子学才能拯救晚明以来败坏的学术和人心，提出了"宗朱子者为正学，不宗朱子者即非正学"的观点，甚至要求仿照董仲舒"罢黜百家，独尊儒术"的做法使朱子学以外的学说

---

　　①　李明友．一本万殊：黄宗羲的哲学与哲学史观［M］．北京：人民出版社，1994：1.

"皆绝其道，勿使并进"。陆陇其对朱子学的极端尊崇是他理学"反省"的结果，他认为晚明出现学术败坏的乱象，主要原因就在于阳明学说的援佛入儒。在他看来，阳明学说强调的"良知即天理"和"心体无善无恶"等言论正是来自佛家的"认知觉为性"的思想，阳明学说完全是阳儒阴释之学，是异端曲学，应当加以抵制和摒弃。可知，陆陇其的理学"反省"是以清除佛、老对儒学的影响为主要目的，这不但体现在他对于王学的批判上，还体现在他对朱子学的"诠释"和"重建"上。我们知道，佛、老思想（尤其是佛）对于理学影响最大者在于其本体论的思维模式及在此基础上建构起来的精密的形上思辨体系。佛学本体论的思维模式不但对陆王心学有着重要的影响，它也是程朱理学形上体系建构的基础。程朱理学中具有最高哲学范畴的"理""道"，它们身上体现出的本体意义便是受此影响而来。因此，清初理学的"反省"不仅仅是王学的批判和反思，还应包含朱子学的反省和修正。陆陇其为了消除佛、老思想对于程朱理学的影响，开始对朱子学中"形上思辨"的内容进行"实学化"的诠释，使"理""道"从"天道"回归到了人身与日用，开始从根本上消除理学的本体意义。陆氏的这一做法直接影响到了朱子学在清代的发展，乾嘉时期的汪绂、程瑶田正是沿着这一路径来解读朱子学，在他们的努力下，理学的本体意义终至凌廷堪"以礼代理"说的提出而被消除殆尽，此后程朱理学中具有本体意义的"理""道"被约定社会秩序及习俗的"礼"所取代，程朱理学所具有的"经世致用"思想也演变成了封建伦理纲常的维护。而朱子学学术思想的这一转变在晚清中兴的理学中得到了很好的体现。

民国以降，章太炎、梁启超、钱穆等学者对陆陇其的学术思想均持消极的评价，他们以"门户之见太深""毫无学术创见"等来总结其学术特征。实际上，这涉及了学术与资治之间的关系问题。"资治治学观，因学术与政治紧紧捆在一起，学术本身被视为政治的工具，学术的第一要义——求真便往往只能落为'第二义'而不得不让位于政治的需要，因而变得'不需要'，至少是'不顶重要'。在政治的干预下，学术的求真便往往受到伤害。"① 章、

---

① 路新生．中国近三百年疑古思潮史纲［M］．上海：复旦大学出版社，2014：200．

梁等人对于陆陇其的学术评价无一不是建立在他们本身所处的环境与所持的理念的基础之上的，他们或出于反满之政治需要，或出于民族主义之激励，或出于批判礼教之时代需求，等等。总之，他们对于陆氏的学术评价都是建立在一定的政治需求之上的。因此，欲明确陆陇其理学思想之底蕴在思想、学术史上的真正位置，必须抛开主观的政治偏见而将其放置于其所处的时代和环境下进行综合考察。我们清楚，陆陇其生活的时代正是王学末流盛行，明清易鼎的大变革时代，王学末流带来的政治、经济和思想上的危害，使他有切肤之痛。翻阅他的文集、著作，可以明确地感受到，他的"尊朱辟王"思想并非当时学术思潮的应景之作，而是生活、学习的切实感悟。同样，如果抛开学术与资治的关系，陆陇其对于阳明学说的批判何尝不是损害了学术的"求真性"呢？阳明曾言自己的"良知"之说是"从百死千难中得来的千古圣圣相传的一点滴骨血"①，是他的辛苦体悟。单从学术角度来看，阳明学说论述的"空疏"正是他学说的可贵之处，也正是他对"形而上"的严谨阐述才使得儒学发展到了一个新的高度。可知，陆陇其对阳明学说的批判刚好如同章太炎、梁启超等人对于他的批判，都是从资治的角度出发，进而多少损害了学术的"真实性"。

最后，如果单以朱子的忠实信徒来言陆陇其的治学态度，则似乎亦未必恰当。虽然陆陇其常言"今之论学者无他，亦宗朱子而已"②，但其所言的"朱子"是回归到了宋代原汁原味的朱子学，还是被注入了时代特色而重新诠释或改造过的朱子学，这是一个耐人寻味的问题，或许他自己也没有意识到，他所强调的朱子学已多少与宋代朱子的学说有了些差异，而这些差异正是他对朱子学说的解读造成的。不过可以肯定的是，在他思想的对立面，佛、道始终都是"正学"的主要敌人，而在理学内部，他是旗帜鲜明的陆王反对者，他对朱子学说理解上的细小差异则来自他对程朱理学中形上本体概念的"实学化"诠释和重建。

---

① （明）王守仁. 王阳明全集（第4册）［M］. 上海：上海古籍出版社，2014：1412.

② （清）陆陇其. 三鱼堂外集（卷四）：经学［M］//张天杰. 陆陇其全集（第2册）. 北京：中华书局，2020：464.

参考文献

本书目之胪列方式，依序为：古籍文献、研究专著、期刊论文、学位论文。每类依其作者姓氏字母之先后次序排列，字母次序相同则依姓氏笔画之多寡排列，如若姓氏笔画亦相同，则以姓氏第二字字母次序排列。

一、古籍文献

[1]（宋）程颢，程颐．二程集［M］．王孝鱼，点校．北京：中华书局，1981.

[2]（清）程瑶田．程瑶田全集（第1册）［M］．陈冠明，等校点．合肥：黄山书社，2008.

[3]（清）戴震．戴震集［M］．上海：上海古籍出版社，2009.

[4]（清）习包．四书翊注［M］．文渊阁四库全书补编本．

[5]《东林书院志》整理委员会．东林书院志［M］．北京：中华书局，2004.

[6]范志亭，范哲．汤斌集［M］．郑州：中州古籍出版社，2003.

[7]（清）方东树．汉学商兑［M］．虞思徵，点校．上海：上海古籍出版社，2018.

[8]（清）方宗诚．吴竹如先生年谱［M］．清光绪四年畿辅志局刻本．

[9]顾颉刚．崔东璧遗书［M］．上海：上海古籍出版社，2013.

[10]（明）顾宪成．小心斋札记［M］．李可心，点校．北京：中国社会科学出版社，2020.

[11]（清）顾炎武．顾亭林诗文集［M］．华忱之，点校．北京：中华书

局，1959.

[12]（清）贺瑞麟．贺瑞麟集 [M]．王长坤，刘峰，点校．西安：西北大学出版社，2014.

[13]（清）胡渭．易图明辨 [M]．郑万耕，点校．北京：中华书局，2008.

[14]（清）黄汝成．日知录集释 [M]．栾保群，校点．北京：中华书局，2020.

[15]（清）江锦波，（清）汪世重．江慎修先生年谱 [M]∥薛贞芳．清代徽人年谱合刊．合肥：黄山书社，2006.

[16]（宋）黎靖德．朱子语类 [M]．王星贤，点校．北京：中华书局，2020.

[17]（清）李绂．穆堂类稿 [M]．清道光十一年奉国堂刻本.

[18]（清）陆陇其．三鱼堂日记 [M]．杨春俏，点校．北京：中华书局，2016.

[19]（清）陆世仪．陆桴亭先生遗书 [M]．清光绪二十五年唐受祺刻本.

[20]（清）陆世仪．思辨录辑要 [M]．清文渊阁四库全书本.

[21]（明）罗钦顺．困知记 [M]．明万历刻本.

[22]（清）罗泽南．罗泽南集 [M]．符静，校点．长沙：岳麓书社，2010.

[23] 马其昶．韩昌黎文集校注 [M]．上海：上海古籍出版社，2021.

[24]（宋）欧阳修．归田录 [M]．林青，校注．西安：三秦出版社，2003.

[25]（清）彭定求．姚江释毁录 [M]．清光绪七年刻本.

[26]（清）钱仪吉．碑传集 [M]．靳斯，校点．北京：中华书局，1993.

[27]（清）唐鉴．唐鉴集 [M]．李健美，校点．长沙：岳麓书社，2010.

[28]（元）脱脱，等．宋史 [M]．北京：中华书局，1985.

[29]（清）汪绂．读困知记 [M]．清光绪二十一年刻本.

［30］（清）汪绂．读问学录［M］．清光绪二十年刻本．

［31］（清）汪绂．理学逢源［M］．清道光十八年敬业堂刻本．

［32］（魏）王弼，（唐）孔颖达．周易正义［M］．北京：中国致公出版社，2009．

［33］（清）王炳燮．毋自欺室文集［M］．清光绪十一年广仁堂刻本．

［34］（清）王夫之．读四书大全说［M］．北京：中华书局，1975．

［35］王重民．徐光启集［M］．北京：中华书局，2014．

［36］吴光．黄宗羲全集［M］．杭州：浙江古籍出版社，2012．

［37］吴光，钱明，董平，等．王阳明全集［M］．上海：上海古籍出版社，2014．

［38］（清）吴光酉，郭麟，周梁，等．陆陇其年谱［M］．褚家伟，张文玲，点校．北京：中华书局，1993．

［39］吴震．王畿集［M］．南京：凤凰出版社，2007．

［40］（清）熊赐履．学统［M］．清康熙二十四年刻本．

［41］徐世昌，等．清儒学案［M］．沈芝盈，梁运华，点校．北京：中华书局，2008．

［42］（汉）许慎．说文解字［M］．蔡梦麟，校释．长沙：岳麓书社，2021．

［43］严佐之，戴扬本，刘永翔．近思录专辑（九）［M］．丁红旗，校点．上海：华东师范大学出版社，2014．

［44］（清）杨光先，等．不得已［M］．陈占山，校注．合肥：黄山书社，2000．

［45］尹楚兵．高攀龙全集［M］．南京：凤凰出版社，2020．

［46］尹占华，韩文奇．柳宗元．柳宗元集校注［M］．北京：中华书局，2013．

［47］（清）永瑢，等．四库全书总目［M］．清乾隆武英殿刻本，1594．

［48］（清）余龙光．汪双池先生年谱［M］．光绪二十二年刻本．

［49］俞国林．吕留良全集［M］．北京：中华书局，2015．

［50］（清）曾国藩．曾文正公诗文集［M］．四部丛刊景清同治本．

[51]（清）张履祥．杨园先生全集 [M]．陈祖武，点校．北京：中华书局，2002．

[52] 张天杰．陆陇其全集 [M]．北京：中华书局，2020．

[53]（清）张廷玉，等．明史 [M]．北京：中华书局，1974．

[54] 张显清．孙奇逢集 [M]．郑州：中州古籍出版社，2003．

[58]（清）章学诚．文史通义 [M]．仓修良，编注．北京：商务印书馆，2017．

[56] 中国第一历史档案馆．康熙起居注 [M]．北京：中华书局，1984．

[57]（宋）周敦颐．周敦颐集 [M]．梁绍辉，徐荪铭，等校点．长沙：岳麓书社，2007．

[58] 朱杰人，严佐之，刘永翔．朱子全书 [M]．上海：上海古籍出版社，合肥：安徽教育出版社，2002．

[59]（清）朱筠．笥河文集 [M]∥王云五．丛书集成初编．上海：商务印书馆，1935．

[60]（宋）朱熹．四书章句集注 [M]．北京：中华书局，1983．

[61] 朱铸禹．全祖望集汇校集注 [M]．上海：上海古籍出版社，2000．

二、研究专著

[1] 陈谷嘉．清代理学伦理思想研究 [M]．长沙：湖南大学出版社，2019．

[2] 陈来．中国近世思想史研究 [M]．北京：生活·读书·新知三联书店，2010．

[3] 陈来．诠释与重建：王船山的哲学精神 [M]．北京：北京大学出版社，2013．

[4] 陈来．朱子哲学研究 [M]．上海：华东师范大学出版社，2000．

[5] 陈来．宋明理学 [M]．北京：北京大学出版社，2020．

[6] 陈荣捷．朱学论集 [M]．重庆：重庆出版社，2021．

[7] 陈寅恪．金明馆丛稿初编 [M]．上海：上海古籍出版社，2020．

[8] 陈祖武．清代学术源流 [M]．北京：北京师范大学出版社，2012．

[9] 陈祖武．清初学术思辨录 [M]．北京：中国社会科学出版社，1992．

[10] 陈祖武．清儒学术拾零［M］．长沙：湖南人民出版社，2002.

[11] 方诗铭，方小芬．中国史历日和中西历日对照表［M］．上海：上海辞书出版社，1987.

[12] 葛荣晋．中国实学思想史［M］．北京：首都师范大学出版社，1994.

[13] 侯外庐，邱汉生，张岂之．宋明理学史［M］．西安：西北大学出版社，2018.

[14] 黄爱平，吴杰．中国近代思想家文库：方东树唐鉴卷［M］．北京：中国人民大学出版社，2015.

[15] 嵇文甫．王船山学术论丛［M］．北京：生活·读书·新知三联书店，1962.

[16] 李明友．一本万殊：黄宗羲的哲学与哲学史观［M］．北京：人民出版社，1994.

[17] 刘师培．中国近三百年学术史论［M］．徐亮工，编校．上海：上海古籍出版社，2006.

[18] 林国标．清初朱子学研究［M］．长沙：湖南人民出版社，2004.

[19] 梁启超．中国近三百年学术史［M］．夏晓虹，陆胤，校．北京：商务印书馆，2011.

[20] 梁启超．清代学术概论［M］．北京：人民出版社，2008.

[21] 梁启超．论中国学术思想变迁之大势［M］．上海：上海古籍出版社，2001.

[22] 梁启超．梁启超论儒家哲学［M］．北京：商务印书馆，2012.

[23] 路新生．中国近三百年疑古思潮史纲［M］．上海：复旦大学出版社，2014.

[24] 牟宗三．宋明儒学的问题与发展［M］．上海：华东师范大学出版社，2004.

[25] 钱穆．中国学术思想史论丛［M］．合肥：安徽教育出版社，2004.

[26] 钱穆．中国近三百年学术史［M］．北京：九州出版社，2011.

[27] 钱穆．国史大纲（修订本）［M］．北京：商务印书馆，1994.

［28］史革新．清代理学史（上卷）［M］．广州：广东教育出版社，2007.

［29］孙尚扬．明末天主教与儒学的互动［M］．北京：宗教文化出版社，2013.

［30］王茂，蒋国保，余秉颐，等．清代哲学［M］．合肥：安徽人民出版社，1992.

［31］吴震．阳明后学研究［M］．上海：上海人民出版社，2003.

［32］徐海松．清初士人与西学［M］．北京：东方出版社，2000.

［33］徐宗泽．明清间耶稣会士译著提要［M］．上海：上海书店出版社，2010.

［34］萧一山．清代通史［M］．北京：中华书局，1986.

［35］余龙生．陆陇其与清初朱子学［M］．长春：吉林人民出版社，2010.

［36］杨伯峻．孟子译注［M］．北京：中华书局，1960.

［37］杨向奎．清儒学案新编［M］．济南：齐鲁书社，1985.

［38］余英时．论戴震与章学诚：清代中期学术思想史研究［M］．北京：生活·读书·新知三联书店，2012.

［39］余英时．历史与思想［M］．台北：联经出版事业公司，1976.

［40］朱伯崑．易学哲学史［M］．北京：昆仑出版社，2009.

［41］张寿安．以礼代理：凌廷堪与清中叶儒学思想之转变［M］．石家庄：河北教育出版社，2001.

［42］张晓林．天主实义与中国学统：文化互动与诠释［M］．上海：学林出版社，2005.

［43］章太炎．章太炎全集［M］．上海：上海人民出版社，1984.

三、期刊论文

［1］陈勇．"不知宋学，则无以评汉宋之是非"：钱穆与清代学术史研究［J］．史学理论研究，2003（1）.

［2］樊克政．陆陇其理学思想初探［J］．中国哲学史研究，1987（3）.

［3］金玲．清代徽州经学家互动的微观图景：以程瑶田礼学交游为中心
［J］．学术界，2016（8）．

［4］晋圣斌．陆陇其理学思想述评［J］．中州学刊，1994（2）．

［5］孔定芳，林存阳．清代学人的价值取向与乾嘉考据学的形成
［J］．哲学研究，2017（6）．

［6］林国标．陆陇其理学思想评议［J］．孔子研究，2004（2）．

［7］梁启超．近代学风之地理的分布［J］．清华大学学报（自然科学
版），1924，1（1）．

［8］雷平．朱陆之辨在清初的延续：由《明史》"道学传"引发的争议
［J］．湖北大学学报（哲学社会科学版），2011，38（2）．

［9］［日］三浦秀一．汤斌と陆陇其：清初士大夫の人间理解と经世意识
［J］．文化，1984（1）．

［10］孙达时．陆陇其八股文批评略论［J］．湖北社会科学，2017（9）．

［11］孙杰．陆陇其思想对《灵寿县志》修纂的影响［J］．中国地方志，
2010（7）．

［12］邵东方．崔述学术中的几个问题［J］．中国文化，1994（2）．

［13］单智伟，陈勇．清初"朱王之争"与陆陇其对朱子学的"实学"
诠释［J］．朱子学研究，2023（1）．

［14］唐明贵．从《松阳讲义》看陆陇其《论语》学特点［J］．社会科
学战线，2008（4）．

［15］王俊才．清初"二陆"异同论［J］．河北学刊，1990（1）．

［16］余龙生，张文革．清初理学名臣陆陇其的治政思想评述［J］．朱子
学刊，2004（0）．

［17］余龙生，李承红．清初理学家陆陇其法律思想探析［J］．沧桑，
2007（4）．

［18］张岱年．中国古典哲学中若干基本概念的起源与演变［J］．哲学研
究，1957（2）．

［19］张猛．陆陇其的民生思想及其当代价值研究［J］．嘉兴学院学报，
2017，29（2）．

［20］张天杰，肖永明．从张履祥、吕留良到陆陇其：清初"尊朱辟王"思潮中的一条主线［J］．中国哲学史，2010（2）．

［21］张天杰．陆陇其的独尊朱子论：兼谈其对东林以及蕺山、夏峰等学派的评定［J］．中国哲学史，2021（3）．

［22］张天杰．陆陇其的《四书》学与清初的"由王返朱"思潮［J］．浙江社会科学，2016（10）．

［23］张涛，任利伟．《宋史·道学传》在清代的论争及影响［J］．河北学刊，2008（6）．

四、学位论文

［1］杜凯．陆陇其理学思想研究［D］．淮北：淮北师范大学，2017．

［2］姜婧姝．言行无愧的生哀死荣：清康熙朝名臣陆陇其研究［D］．大连：辽宁师范大学，2011．

［3］刘盛．陆陇其尊朱黜王思想研究［D］．北京：中国人民大学，2005．

［4］陆志豪．陆陇其思想述评（A Critical Study of the Thought of Lu Longqi 1630—1693）［D］．香港：香港大学，1999．

［5］林雨洁．陆陇其《四书》学研究［D］．台北：台湾政治大学，2009．

［6］单智伟．考据学风下程瑶田的义理学［D］．上海：华东师范大学，2011．

［7］吴旺海．清儒陆陇其研究［D］．长沙：湖南大学，2020．

［8］许颖．陆陇其《读礼志疑》研究［D］．武汉：武汉大学，2009．

［9］杨朝亮．李绂与《陆子学谱》［D］．北京：中国社会科学院，2003．

［10］翟盼盼．陆陇其"笺注"《周易传义》整理与研究［D］．绵阳：西南科技大学，2017．

后 记

我迈进清代学术史的殿堂是 2008 年在华东师范大学读研究生期间，依稀记得当时我的硕士生导师路新生教授送给我一本他的著作《中国近三百年疑古思潮研究》。他告诉我读懂这本书需先去读钱穆和梁启超两位先生的同名著作《中国近三百年学术史》。正是在这样的背景下，我开始研读清代学术史方面的相关著作，进而对清代学术史产生了浓厚的兴趣，从中了解到了顾炎武、王夫之、黄宗羲以及吴派、皖派……也真正喜欢上了清代学术史的思考和研究。故而，我的硕士论文便是以乾嘉时期皖派学者的代表程瑶田作为研究对象，论述他的理学思想。

2020 年我开始到上海师范大学历史系攻读博士学位。虽然自研究生毕业到去攻读博士，已过去近 10 年的时间，但在这 10 年的时间里，我并未停止对清代学术史的思考和研究，先后发表了《张履祥的教育思想与当代大学生的德育培养》《陆陇其廉政思想的当代价值与启示》等文章。进入上海师范大学后，在博士生导师陈勇教授的帮助下，我依然将博士学位的论文选题聚焦在了清代学术史方面，以清初学者陆陇其作为研究对象，梳理其在清初学风转变的背景下对朱子学的发展做出的贡献。

本书正是在博士论文的基础上加以完善而成的。正如书中绪论所言，本书主要遵循两条主线。第一，将陆陇其的理学思想置于清初朱子学重建的基础上加以考察，指出清初朱子学的重建共分两步来完成：第一步是对朱子学"形而下"实学内容的重视；第二步是对朱子学"形而上"部分的"实学化"改造。第二，指出陆陇其在清初朱子学建设中所呈现出的两个非常重要的学术特征：一是理学本体意义的嬗变，二是理学"实学"发展的异化。理学本体意义的嬗变体现在理学本体意义的消解和心、性主动作用的减弱；理学"实学"发展的异化体现在朱子学中具有的"致用"和"务实"精神逐渐异化为伦理纲常的维护和道德操守的实践，最终成为僵化的纲常名教。最后，本书的定位是通过聚焦"诠释"和"重建"，突出陆陇其对朱子学的"实学化"改造，进而指出朱子学的"实学化"发展直接影响了乾嘉时期理学发展的走向（偏实证化和日用化）。所以，本书题目命名为《诠释与重建》。

　　本书的完成离不开诸多师友的支持与帮助，特别是我的博导陈勇教授和硕导路新生教授，他们对于书中的内容和结构提出了诸多宝贵的意见，保证了书中内容的顺利完成，在此，我表示衷心的感谢。另外，我还要特别感谢我的妻子张建琴博士，正是由于她承担了家里的大部分家务及照顾女儿的重任，才使得我有足够的时间和精力进行学习和书稿的撰写。

　　当然，本书的完成只是我对于清代学术史研究的一个小小的总结，也是我学术生涯的一个逗号。未来路漫漫，我仍需不断努力。

单智伟

2024 年 9 月 10 日于嘉兴